教育部人文社会科学一般项目（18YJA890024）
结项成果

儿童青少年动作发展特征及动作学习发生机制

王兴泽 _____ 著

ZHEJIANG UNIVERSITY PRESS
浙江大学出版社
·杭州·

图书在版编目(CIP)数据

儿童青少年动作发展特征及动作学习发生机制/
王兴泽著. —杭州：浙江大学出版社，2022.5
ISBN 978-7-308-22512-0

Ⅰ. ①儿… Ⅱ. ①王… Ⅲ. ①儿童—动作(体育)—体
育教学—研究—中国②青少年—动作(体育)—体育教学—
研究—中国　Ⅳ. ①G807.2

中国版本图书馆 CIP 数据核字(2022)第 062639 号

儿童青少年动作发展特征及动作学习发生机制
ERTONG QINGSHAONIAN DONGZUO FAZHAN TEZHENG JI DONGZUO XUEXI FASHENG JIZHI

王兴泽　著

策划编辑	吴伟伟
责任编辑	陈　翩
责任校对	丁沛岚
责任印制	范洪法
封面设计	雷建军
出版发行	浙江大学出版社
	(杭州市天目山路 148 号　邮政编码 310007)
	(网址:http://www.zjupress.com)
排　版	杭州朝曦图文设计有限公司
印　刷	杭州高腾印务有限公司
开　本	710mm×1000mm　1/16
印　张	12
字　数	215 千
版 印 次	2022 年 5 月第 1 版　2022 年 5 月第 1 次印刷
书　号	ISBN 978-7-308-22512-0
定　价	58.00 元

浙江大学出版社市场运营中心联系方式:0571—88925591;http://zjdxcbs.tmall.com

前　言

人类个体一生的发展，历经孕期的胚胎发育、婴儿、幼儿、儿童、少年、成年、青年、壮年、老年等阶段。其中，在儿童青少年阶段，个体成长迅速，身体的形态、结构、机能、功能的变化在单一维度的时间内交织。每一个体的儿童青少年阶段，可能都有特定的故事。

我出生在山东聊城梁水镇一个普通村子，自幼在家干农活、上学、帮忙做家务等。小学三年级以前，学校没有体育课(或体育活动)，我每天(周一至周六)早上、上午、下午都步行去学校(500 米左右)上课(语文、数学)。四、五年级时，增加了体育课(2 周 1 次)，体育教师由数学老师(班主任)兼任，课程内容是传统的体育游戏("长江—黄河"、集体跑步等)。小学 5 年，我基本没有学到正规的体育动作技术知识和理论知识。进入初中阶段，每周 1 次体育课，体育老师教我们跑步、跳高、跳远等动作技术。学校每年办一次田径运动会，我获得过跳高冠军和 1500 米长跑冠军。基于这段经历，以及课余时间的举重训练，我感觉自己的体育成绩尚可。进入高中(聊城市)后，每周 2 节体育课，我这才意识到自己对体育技能知之甚少，集体运动项目(篮球、足球、排球等)根本不会，因为之前从来没有接触过。于是我下定决心学习，掌握了很多体育运动方面的动作技术。高考后，我进入体育教育专业学习。回顾自己的儿童青少年时期，基本是荒废了，比如，基本动作模式、基本动作技能、基本运动技能、专项动作技能等，没有系统地学习或练习过，老师只是在零星几节体育课上简单做介绍，根本没有条件展示相对完整的教学与训练等过程。此外，学校的场地、器材都是成人化的，小篮球、小排球等适合儿童的体育器材或场地基本空缺。

2008 年，动作发展学科正式进入中国，我逐渐了解动作行为及其 3 个分支领域——动作发展、动作学习、动作控制。在高校，我接触了美国动作发展专家针对动作发展、动作学习的研究；硕士、博士毕业以及主持与完成国家社科基金课题后，我才逐渐认识到动作发展在中国刚刚起步。2021 年 11 月，上海体育学院 2021 级体育教育专业培养方案中才出现动作发展的课程，动作学习(运动技能学习与控制)相关课程则是在 2016 年进入体育学课程培养方案，目前已经被列入核心课程，发展前景明朗。总的来说，十几年过去了，动作发展的研究在中国才刚刚起步，动作学习的研究还没有从体育教学、体育教材教法的框架中走出来,进入体育教法学领域。美籍教授梁国立在国内的推进工作分外艰辛,可喜的是根已经植入了一些有志发展动作科学的年轻学者的观念中。

当前,儿童青少年的体质健康水平持续下滑,国家加大了对体育课的落实力度,设置了空前严格的体育或体质健康达标率等。相关指令的下达,对儿童青少年的动作发展、动作学习等有一定的促进作用,但要持续提高儿童青少年的健康水平,最根本的是要在发展视野下进行体育教学。本书共包括五章,第一章是对儿童青少年发展、动作发展和动作学习的概述;第二章介绍儿童青少年动作发展特征,是本书的核心内容;第三章主要介绍动作学习的特征、内容及相关影响因素;第四章介绍动作学习发生机制,是本书的另一核心内容;第五章主要介绍动作学习的理论、研究方法和案例等内容。需要说明的是,本书是对我主持的国家社科基金项目的进一步提炼与完善。在课题攻关中,我另辟蹊径,提出成长期、稳定期和老年衰退期的动作学习发生机制,该内容是我近几年专门研究的结果。希望本书的出版能为动作发展的研究、动作学习的实践等提供一些思路,也为体育教育、运动训练、健康锻炼等一线工作者提供理论与实践参考。由于学识有限,书中难免存在不足之处,恳请广大读者指正。

王兴泽

2021 年 12 月 31 日

目　录

第一章　绪　论

动作行为包括动作发展、动作学习、动作控制。前两者是本书重点关注的内容。动作发展是个体形成健康生活方式、进行运动锻炼、提高技能等的前提,但是在中国体育教育师资培养中该门课程长期缺席,国内目前仅有上海体育学院尝试开设动作发展相关课程。动作学习是指通过练习或经验获得的永久性的动作技能改变的过程。其特征主要体现在:动作学习的结果来自学习、练习或经验,不能直接观察到;动作学习中的变化源于特定的变化;动作学习过程显示中枢神经系统的变化。学会了的动作技能,在正常生命过程中一般会保持,除非有外部因素导致中枢神经系统运动神经中断。

第一节　儿童青少年发展概述

人类个体一生的发展,历经孕期的胚胎发育、婴儿、幼儿、儿童、少年、成年、青年、壮年、老年等阶段。不同的阶段蕴含不同的发育过程,赋予后继阶段成长的联系。个体在每个阶段中的发育与成熟过程都是动态的,各阶段之间没有明确的生理年龄界限,仅仅是相对前面的发展的后续阶段。[①] 个体不同阶段的发展应该是自然的,自然发展过程中蕴含着自我意识,即个体主动掌控生命的方向或趋势。由于外部环境的制约,个体在发展过程中会受到限制。不同个体进入社会后,由于工

---

① 福禄培尔.人的教育[M].孙祖复,译.北京:人民教育出版社,2012:5-31.费尔德曼.发展心理学:一生的发展(第3版)[M].北京:北京大学出版社,2006.

作任务或学习任务不同,表现出不同水平的适应性;同时,在某个特定阶段,个体经验、任务设置和环境适宜程度的交互影响,会约束个体发展。[①]

儿童青少年时期是个体在学校度过的特殊阶段。在该阶段,个体身体迅速发育,认知发展水平和情绪心理发展水平处于不稳定状态,运动技能交互发展,因而呈现出差异化发展现象。儿童青少年在不同动作领域的发展速度存在差异,尤其是与运动技能相关的动作发展领域,该领域的发展是由身体发育程度、认知发展水平和情绪心理发展水平共同决定的。儿童青少年的生理年龄一般认为在 3—17 岁,其间,生理变化、身体形态变化、情绪心理变化等交互作用下的动作行为变化,在不同个体中展现得淋漓尽致。动作行为虽有个体差异,但又有相似的特征。比如,在动作发展过程中,具有里程碑意义的动作特征有翻身、坐起、站立、行走、跑步等,不同个体的里程碑式动作的出现时间稍有不同。了解不同个体的动作发展特征,比知道该个体的实际年龄更有助于指导其锻炼或进行运动技能的学习与控制。

儿童青少年阶段具体又包含儿童期和青少年期,采用中国通用的年龄划分方式,主要分为儿童前期(U3—5)、儿童中后期(U6—11)、青少年期(U12—14)、少年中后期(U15—17)、成年期(U18)等。本书主要研究儿童前期、中后期和青少年期的动作发展特征与动作学习发生机制。儿童青少年阶段的发展不是线性的,而是动态变化的,有时快、有时慢,作为教育工作者,需要把握儿童青少年群体的总体发展特征和个体的发展差异性,因材施教,方能取得良好的教学效果。本书提出"大时间尺度"概念,即在指导儿童青少年动作发展的过程中,突破以岁为单位的阶段限制。比如,当前的体育课程学制设计中,"水平一"为小学 1—2 年级,"水平二"为小学 3—4 年级,"水平三"为小学 5—6 年级,"水平四"为初中 1—4 年级,基于这种线性增长的生理年龄划分来实施体育课程教学有不妥之处,尤其是对于以运动技能学习为身体锻炼体验内容的体育与健康课程而言。以个体自然发展特征为依据划分运动技能学习的阶段,更利于设计与编排运动技能学习内容,科学地制定每个阶段的学习任务,体现"以学生为中心"的教学理念。

[①] Santrock J W. Life-span Development[M]. 13th ed. New York:McGraw Hill,2011:15-27.

第二节　动作发展概述

在动作行为（动作发展、动作学习、动作控制）课程方面，美国已有 40 余年的理论研究与实践，中国在 2007 年才将动作发展引入高校课堂。当时，以美籍教授梁国立（见图1-1）为首席专家的宣讲团，在中国不同高校、教育机构等开展培训，推广动作发展理论。2007 年，耿培新、梁国立主编的《美国学校体育国家标准研究》由人民教育出版社出版；2008 年，由格雷格·佩恩（Grey Payne）、耿培新、梁国立主编，中美两国学者合作研究、共同撰写的《人类动作发展概论》在人民教育出版社出版，该书是国内第一部有关人类动

图 1-1　梁国立教授

作发展的学术著作（见图 1-2）。在美国动作发展专家团队来中国之前，中国学者相关研究或多或少也涉及该领域，如董奇、淘沙主编的《动作与心理发展》（北京师范大学出版社，2002）。

图 1-2　《美国学校体育国家标准研究》与《人类动作发展概论》封面

从理论与实践的角度看，动作发展在中国的推进可以分为三个阶段。

第一个阶段：动作发展理论与实践的介绍和推广。以梁国立教授为首席专家的宣讲团先后两次（轮）来中国，在高校、研究机构等进行动作发展理论与实践的介绍与

推广。宣讲团成员大多是世界知名的动作发展专家,除梁国立外,还有美国路易斯安那大学的艾米莉亚·李博士和梅琳达·所罗门博士、马里兰大学巴尔的摩分校的吉尔·怀特博士、特拉华大学的南希·盖切尔博士等。第一次中国之行是在 2007 年 10 月,主要目的是推荐《人类动作发展概论》一书,分享美国高校与研究机构关于动作发展研究的理论与实践。当时,美国动作发展领域的 10 位专家分成 4 个小组,分别在人民教育出版社、北京师范大学、北京大学、北京体育大学(2007 年第八届体育科学大会期间)进行介绍和推广。同时,4 个专家小组还去了沈阳体育学院、香港大学、河南大学、华东师范大学、上海体育学院、上海交通大学、上海科技大学、河北师范大学、山西大学、湖南师范大学、华南师范大学等高校。此行可以说是动作发展理论与实践知识在中国的首次呈现。但经过近两个月的推广,收效甚微,多数高校对动作发展以及发展学(发展心理学)等相关学科没有予以足够的重视。第二次中国之行在是 2009 年 10 月,同样是以梁国立教授为首席专家的宣讲团来中国进行动作发展理论与实践知识的介绍和推广。当时,《人类动作发展概论》出版 1 年多,中国读者对动作发展的认知程度并没有因为这本书的出版而提升。第二次中国之行的目的是了解中国高校对开设动作发展课程的意见,以及现有教学计划中动作发展课程的安排与实施情况,比如教学方法、相关实验、课后作业和考评方式等。他们还考察了国内高校在动作发展方面 1 年多的实践。在介绍和推广活动中,他们主要阐述了动作发展的定义、重要性、基本概念和原理,影响动作发展的因素,动作发展的方法,等等;同时,基于《美国学校体育国家标准研究》中提出的发展的视角,对动作发展进行了深入讨论与案例分享。

图 1-3 《动作发展理论探索与实践》
论文集封面

经过两轮(次)的介绍和推广,国内开始有所响应,尤其是在体育教育一线。例如,2011 年 10 月推出会议论文集《动作发展理论探索与实践》(见图 1-3),呈现了樊江波、沈菁、张琦娟等体育教育工作者的理论总结和实践探索。体育教育工作者形成了如下认知:身体练习是体育课程的主要教学手段;动作发展规律是体育课程设置和教学实践的一个重要影响因素;要从多角度分析动作发展对体育课程的影响;要注重课程内容的选择与分析、教学计划的制订和实施;等等。

　　第二个阶段:动作发展理论研究与实践的深化。以北京体育大学主办"2016 年儿童少年动作发展与身体活动促进"国际论坛(参会者有美国春田大学刘展教授、美国东斯特劳斯堡大学张鹏副教授等)为标志,国内动作发展在理论与实践层面取得实质性进展。在这一阶段,国内学者主要关注儿童青少年动作发展的基础教学知识、基本动作模式、基本动作技能、基本运动技能等,以及美国在动作发展领域的研究进展和趋势等。中美学者共同编写了一套以动作发展理论和终身体育理念为指导的体育教学用书,包括《新体育概论——终身身体活动:理念、知识和实践》《小学体育教法学》《中学体育教法学》。该阶段的标志性成果有:国家哲学社会科学基金项目"人类动作发展视野下的体育与健康课程标准研究"(11CTY021),教育部人文社会科学研究规划基金项目"儿童青少年动作发展特征及动作学习发生机制研究"(18YJA890024),"儿童基本动作技能量表的编制及常模建立"(19YJC890061),江苏省重点教研课题"动作发展视角下的跳跃项群技能教学设计研究",10 余篇学术论文①,以及学术专著《人类动作发展视野下体育与健康标准研究》。该阶段代表性的学者有:王兴泽(赣南师范大学、上海体育学院、湖州师范学院)、耿培新(人民教育出版社)、樊江波(石家庄外国语学校)、沈菁(江苏省江阴市中小学教学研究室)、吴升扣(中国人民大学)等。

　　第三个阶段:动作发展课程在中国体育专业院校落地。在上海体育学院 2020 级体育教育专业本科培养方案中,动作发展课程作为专业素养选修课;在其 2021 年版体育教育本科培养方案中,动作发展课程作为教师教育理论必修课。由上海体育学院邵斌教授和蔡玉军教授主编的新版《体操》教材(高等教育出版社,2022)中增设了动作发展相关章节。这说明动作发展理论与实践在国内高校尤其是在上海体育学院等专业院校中,已经能够指导专业体育教学和训练了。体育类高校研究生教育中,上海体育学院、赣南师范大学(具有体育学一级学科硕士点)将"动作科学概论"课程作为体育教育训练学研究方向的必修课,该课程主要讲授动作发展、动作学习、动作控制。以北京体育大学、上海体育学院、赣南师范大学等为代表的教学单位设计的动作发展课程,逐步进入常规本科院校的体育教育、运动训练等专业培养方案中,这无疑有助于提升体育学本科生、研究生的素养。

---

　　①　如:王兴泽,黄永飞,谢东北,等.动作发展序列理论及体育教学案例分析[J].北京体育大学学报,2014(3):98-106.王兴泽,黄永飞,谢东北,等.小学生个体(U6—11 阶段)动作发展与运动技能学习目标研究[J].课程·教材·教法,2015(7):94-100.黄永飞,王兴泽.动作发展视野下学校武术课程设置研究[J].北京体育大学学报,2016(6):102-109.王兴泽.踢毽子动作发展序列特征研究及案例教学分析[J].北京体育大学学报,2016(11):89-96,118.张诚,王兴泽.动作学习视野下校园足球课程设置及案例教学分析[J].北京体育大学学报,2017(5):73-80.

值得指出的是,在实际的教学应用中,动作发展理论可以有效指导儿童青少年足球运动教学与训练,仅就此而论,动作发展理论在中国的应用前景就值得期待。2015 年,国务院发布《中国足球改革发展总体方案》,明确提出改革推进校园足球发展,发挥足球育人功能,推进校园足球普及。教育部则委托人民教育出版社出版校园足球教材。2015 年 3 月,足球教育专家、中小学教研员、一线体育教师共同编写完成《中小学校园足球用书》,共分为 7 册,学生用书 4 册、教师用书 3 册,涵盖小学三年级至高中阶段。遗憾的是,动作发展的相关理论与实践在该套教材中体现不足,反映出动作发展理论对足球运动教学的指导还有较大的提升空间。

第三节 动作学习概述

"动作学习"一词在中国是由北京体育大学张英波教授首次提出。与之相关的中文版著作有:《运动技能学习与控制》(任杰,2019)、《动作学习与控制》(张英波、夏忠梁,2019)、《运动技能学》(章建成,2018)、《运动技能学习与控制》(王树明,2018)、《动作控制与动作学习》(胡名霞,2017)、《开放式运动技能学习理论与实践》(王晋,2016)、《动作学习与控制》(张英波,2003、2011)、《运动技能学习与控制》[理查德·玛吉尔(Richard A. Magill),2006]等。这些著作极大地方便了体育爱好者对动作学习、动作控制、运动技能等的了解与研究。

中国传统的体育教育主要从运动解剖、运动生理、体育保健、运动心理学、学校体育学等理论课程教学,以及体操、田径、球类、武术等技术实践方面培养人才。以2008 年北京奥运会的召开为契机,中国体育科学的研究视角开始由竞技体育转向全面健身、体育产业、体育现代化等。国家体育总局科教司依据体育学类教学质量国家标准《普通高等学校本科专业类教学质量国家标准》(2018),针对体育专业人才培养,提出将"运动技能学习与控制"课程作为本科生必修课。该规定尤其针对体育教育、运动训练、社会体育、运动康复等相关专业的人才培养。实际上,国家体育总局已于 2015 年增设了"运动技能学习与控制"课程,是在动作发展基础上延伸出来的课程。2016 年,全国各地的体育专业院校陆续将该课程纳入本科生培养方案。当时,国内大部分体育专业院校选用的是高等教育出版社、北京体育大学出版社出版的教材,以北京体育大学、上海体育学院为代表的高校则各自选用本校教师主编的教材。比如,北京体育大学主要选用张英波主编的教材,上海体育学院主要选用任杰主编的教材,北京师范大学、华东师范大学均选用王树明主编的教材,其他院校多数选用任杰、王树明主编的教材。

当前,国内对"动作学习"的认知还存在较多模糊地带。比如,2015 年之前,多数体育专业院校的本科生培养方案中没有运动技能学习与控制的相关课程,在继续教育培养方案中也没有纳入相关课程;多数在岗体育教师不了解动作学习的相关理论与实践,开展教学与训练主要以运动生理学中的运动技能形成规律以及运动训练学中的训练原则、方法、途径等为指导。动作行为科学主要包括动作发展、动作学习、动作控制。当前,高校讲授的动作学习,是介于动作发展和动作控制之间的内容。体育专业教师在没有掌握动作发展相关知识的情况下直接教授给学生动作学习的知识,显然是不妥的,其对个体的了解相对不足。动作学习的结果来自经验(因而不能直接观察到),来自特定的变化和中枢神经系统的变化等。近 5 年来,国内体育专业院校中真正开设"运动技能学习与控制"课程的不是很多,有的学校是师资力量不足而暂时不能开设,有的学校是缺乏发展动力而一再延迟开设,在开设之后教学效果较差。

国内针对"运动技能学习与控制"课程的学习与培训,近几年逐渐增多,但由于新冠肺炎疫情的影响,多数在线上进行。2015 年以来,共举办各类培训或讲座 20 余场次,培训规模达到每月 3000 人次。纯粹以"动作学习"为主题进行的培训或继续教育尚不多见,这是因为国内对 motor learning 的翻译出现了分野,如张英波译为"动作学习",张忠秋译为"运动技能学习",胡名霞译为"动作学习"。当前,北京体育大学还是沿用"动作学习"这一译法,任杰、王树明等则逐渐沿用"运动技能学习"这一译法。

美国针对动作学习与控制、动作发展等学科建有多个实验室,重点在神经康复、物理治疗、儿童发展、非运动控制等方面进行研究。美国统一的教材 *Motor Learning and Control* 有多个版本,由不同教授编写,知名学者有理查德·玛吉尔、大卫·安德森、蒂莫西·李、理查德·施密特等。对于动作行为学科,美国学者基本认同如下观点:先掌握动作发展相关知识,再掌握动作学习与控制相关知识。在课程设置中,动作发展课程是基础课程,动作学习与控制课程是应用型课程。美国部分学校还对动作发展课程、动作学习与控制课程进行了纵向拓展,比如,马里兰大学巴尔的摩分校医学院物理治疗与康复学系、威斯康星大学麦迪逊分校将动作发展课程或学科贯穿于本科至博士培养阶段;路易斯安那州立大学将动作学习与控制课程延伸到博士培养阶段或博士后科研工作站。

第二章 儿童青少年动作发展特征

第一节 终身发展历程和发展的视角

发展是人类从出生到生命结束的历程,在发展过程中,由于环境的变化和自我特异性演化等,不同个体存在不同的发展方式,但其总体存在一个范式或模式。比如:语言方面,从牙牙学语到字句联结,再到精准化的语言表达;动作方面,从翻身、爬行、坐立到站起,再到行走、跑、跳等。

就动作发展而论,其体现了个体在群体中的差异性,主要有正常发展、超常发展、滞后发展等类型。动作发展还具有累积性,生活经验、遗传基因,以及这两个因素的交互作用,对个体的动作发展都具有重要的影响。[①] 在儿童青少年动作发展过程中,教师了解个体动作发展特征是很重要的。比如,在某一动作发展序列中,儿童所达到的水平而非其生理年龄,是教师判断儿童动作发展水平的重要参考。教师应该了解该动作发展序列特征,判断个体发展到何种水平,设计科学合理的个性化教学方式促进其发展。动作发展具有终身性,贯穿于孕期、婴幼儿、儿童、青少年、成年、中年、老年等各个阶段。在人类个体的自然发展过程中,每个阶段都重要,并且前期发展蕴含在后期的"准备"过程中,只有在前期获得充分发展,下一个阶段才能完全进入发展状态。[②] 如果相关阶段有额外干预,则个体在该阶段的发展以及后续相关阶段的总体发展就会受到不良影响。每一个体的动作发展都会随

---

① Greg Payne,耿培新,梁国立.人类动作发展概论[M].北京:人民教育出版社,2008:10.耿培新,梁国立.美国学校体育国家标准研究[M].北京:人民教育出版社,2007:6.
② 福禄培尔.人的教育[M].孙祖复,译.北京:人民教育出版社,2012:5-31.

着生理年龄的增加而有所变化,这些变化与年龄相关,但不是由年龄决定的。这提醒我们,在儿童青少年的动作发展与动作学习中,要基于发展的视角①,秉持终身自然发展的原则②。

一、发展性变化

个体的发展是随生理年龄的增长以可预测和有序的方式进行的。它具有双重性,包括增长和衰退两个方面。发展性变化的主要特征是相对持久,区别于动作行为的暂时性变化。如,游泳技能、骑自行车技能的掌握等属于发展性变化,个体如果掌握了该项技能,神经系统、动作系统、认知系统的操作与之前有本质的区别,包括神经—肌肉接头改变、突触传递形态变化、募集肌纤维的数量和质量变化等。

在发展性变化过程中,参数的改变缘于身体机能、功能、素质等方面的发展,尤其是身体功能的发展(提升或下降)。儿童青少年时期,身体功能处于上升阶段,个体动作发展整体水平的提升体现于最慢发展到的系统功能、机能水平。比如,肌肉力量增加在身高、体重增长之后,通常来说,在身高增长的 4 个月后体重才慢慢增长,随后的 14 个月,随着体重的增加,肌肉力量才慢慢适应身体对抗等的需要。③然而,老年阶段身体功能整体水平的衰退体现于最早衰退的那个系统功能、机能水平。运动技能学习过程中的发展性变化体现在,即当个体的肌肉力量、身体柔韧性、协调能力、平衡能力、认知能力等提高到一个关键水平时相对稳定的运动技能表现,主要涉及神经网络自由度、中枢神经系统神经的传导通路。

二、终身发展历程

在人的发展历程中,终身性具有一贯的指导意义。人的不同阶段的发展是累积的,前期发展是后期发展的基础,后期发展是前期发展的延续,其间没有完全的断裂与明确的划分。

德国教育家福禄培尔提出,儿童发展要遵循自然性。即,在个体所处的不同阶段(儿童期、少年期、成年期)所实施的教育培训或学习干预,都应该是顺其自然的,达成一般意义上的学习任务即可,不应该施加额外的特训或进行培训干预,否则其后继阶段的发展或终身的发展将会受到负面的影响,即总体发展效果不佳。儿童

---

① 耿培新,梁国立.美国学校体育国家标准研究[M].北京:人民教育出版社,2007:1-22,35-60.

② 福禄培尔.人的教育[M].孙祖复,译.北京:人民教育出版社,2012:5-31.

③ Thomas J R. Motor Development During Children and Adolescence[M]. Minneapolis:Burgess Publishing Company,1984:128.

青少年的动作发展与动作学习可遵循如下顺序:先学习基本动作模式、基本动作技能、基本运动技能,再学习组合的基本运动技能和简单的专项动作技能。其中,必须先达到基本动作自动化(在掌握基本动作技能之后)和基本运动技能障碍突破(在掌握基本运动技能之后),才可进入专项动作技能的学习与掌握阶段。基于终身自然发展原则,个体发展的若干阶段没有轻重之别,每一个阶段都是前一个阶段的延续、后一个阶段的基础,即个体在所处的每一个阶段获得充分发展,才能实现终身的总体发展。

三、发展的视角

儿童青少年在成长过程中,通过学习运动技能,提高个体发展水平。然而,对于动作发展与动作学习的关系,部分教师或家长存在错误认知。比如,小学 5 年级(10 岁)学生通过学习踢毽子,多数人(60%～70%)能够连续踢 2～3 次,极少数人仍然像 1—2 年级(6—7 岁)的小学生那样,只会一次一次地踢,不能连续踢 2～3 次。对于体育教师或家长来说,应该要了解的是,这部分学生(或个体)的动作发展滞后,还没有达到视—动协调的水平,需要耐心等待,同时鼓励其继续学习与练习;过一段时间(可能是 3 个月或 12 个月),他们通过努力学习与练习,突然能够完成该项动作技能了。但是,也有可能存在部分学生经过一段时间(12 个月以上或更长)仍不能掌握该项动作技能的情况,这也是正常发展现象。因此,以发展的视角进行体育运动技能的教学或指导儿童青少年的成长是十分必要的。

基于发展的视角进行教学与训练指导,主要是驱使个体从零基础的运动技能学习阶段进入动作技巧成熟的高效技能阶段。对于初学者来说,无论其是儿童青少年还是成年人,都会经历动作技术笨拙、存在多余动作、动作逐渐协调、动作初步自动化、动作技术娴熟的发展阶段。其中,儿童青少年的技能发展与成年人有所区别,同时存在着明显的个体差异性。比如,正常成年人能够在 8 周掌握某项单一技能,未成年人由于肢体器官不成熟,需增加学习周期,比如 12 周才能掌握,这属于正常现象。另外,儿童学习某一专项技能时,由于平衡性、感觉、知觉和动作存在一定的联结不畅、联结障碍甚至无法联结等现象,导致学习效果不佳或时长增加,这也是正常现象。家长和教师应坚持发展的视角,耐心地等待儿童青少年的成长。

个体的最终表现行为主要取决于个人发展或经验水平、环境、任务这三个方面。在个人发展或经验水平方面,生理年龄只是相关因素,而不是决定因素,即与生理年龄相关但不由生理年龄决定。环境是直接影响因素,环境如果与个体发展相适应,则能激发个体产生行为动机或完成任务。任务(如学习任务)的设置要符合个体发展水平,难度大学不会,难度小进步慢,因此,利用最近发展区理论设计教学或学习任务是对教育工作者最直接的实践考核。

第二节　儿童青少年发展特征

儿童青少年的自然发展过程,被人为划分成不同的发展阶段,比如,按照教育部指导方针,多数儿童 3 岁左右进入幼儿园小班,后续进入中班和大班,一般在 6 岁左右进入小学一年级,12 岁左右进入初级中学,15 岁左右进入高级中学。这在不同国家和地区大同小异。在儿童青少年的发展历程中,不同阶段的发展特征不同,动作发展、认知发展、情绪心理发展等均不同步,同时,不同的发展领域会交互影响。另外,不同的环境和任务在交互过程中扮演着不同的角色,影响个体的自然发展速度。

一、U3—5 发展特征

U3—5 动作发展特征为"躯干四肢大动作行为"。该阶段属于儿童前期,多数健康个体在身体发育方面表现出身长变化较快、头部围度变大、体重增加明显、内脏和大脑等神经系统迅速发育等特征。认知方面体现"辨析""跟随"的外在特征,主要是由于大脑、中枢外周神经系统的发育限制,脑容量渐进储备,各种动作行为从无序和杂乱逐步发展为有序和有目的性的感知行为模式。在情绪心理方面,个体处于启蒙状态,体现出各种环境引导下的精力干扰、生理限制、目标诱导等的情绪发展雏形。动作发展方面,在身体发育、认知发展、情绪心理的交互作用下,躯干四肢大动作行为逐步向精细动作发展,如身体重心位移、躯干和上下肢屈伸、跟随简单操控等方面的大动作行为。该阶段动作发展序列主要体现在 U3—4 的位移动作、U4—5 的控物动作、U5—6 的移动和控物的组合动作,其体现出闭合(移动)技能和开放(控物)技能的结合能力。

(一)U3—5 动作发展特征

3—5 岁是儿童发展基本运动技能的黄金时期。根据 Gallahue 等提出的动作发展三角沙漏模型,3—5 岁儿童处于发展基本运动技能的初级阶段。① 相较于0—2 岁幼儿,3—5 岁儿童在表现基本运动技能时,动作控制、协调性,以及对时间与空间的整合能力均得到显著提升,但动作仍普遍受到限制或被夸大。儿童的动作发展遵从由近至远原则,其平衡稳定技能率先得到发展,然后是位移技能,物体控制技能发展最为缓慢。比如,儿童先学会站立,再学会行走,然后才可以掌握踢球技能。从平衡、位移与物体控制技能进行分析,平衡能力是儿童进行走、跑、跳等各种位移动作的前提与基础,若缺少足够的平衡能力,儿童动作技能的提高将受到限制。相比于婴幼儿,学前阶段儿童的感觉系统得到快速发展。② 学前期,身体重心相对下降,肌肉力量的增长足以克服地球引力,学前儿童逐渐学会使用四肢与躯干大肌肉来维持身体平衡,3—4 岁儿童可以用脚尖走路,单脚站立 3~5 秒③,大部分 5 岁的孩子都能够用单脚维持平衡长达数秒④。关于位移技能,3—5 岁儿童已经可以采用爬、走、跑、跳等位移技能在较大空间内不受限制地自由移动。此阶段儿童的跑步动作技能发展迅速,5 岁的儿童跑步动作已经较为成熟,其可以用脚前掌跑动,支撑腿蹬地充分,摆动腿的膝关节折叠充分,屈臂与腿相反摆动。总体上,3—5 岁儿童的跑、侧滑步等位移技能发展水平较高,跑跳步等由多种位移技能组合成的复杂位移技能掌握状况较差。关于物体控制技能,多项研究表明学前儿童的物体控制技能发展要落后于位移技能。⑤ 该阶段个体动作发展遵循由粗大动作向精细动作逐步过渡的顺序,即由相对较大肌肉群为主动肌群向小肌肉群为主动肌群过渡(按照主动肌群大小)。由于儿童小肌肉群发展落后于大肌肉群,视—动协调能力发展水平不足,加之动作发展遵循由大到小的顺序,所以此阶段儿童的物体控制技能发展水平相对较差。多数儿童不能够运用手指运球,不会用脚背踢球,持网球拍来击打反弹的球的准确度较低。

(二)U3—5 认知发展特征

根据皮亚杰(Jean Piaget)的认知发展阶段理论,3—5 岁儿童的认知发展处于

① Gallahue D L, Ozmun J C. Understanding Motor Development: Infants, Children, Adolescents, Adults[M]. 12th ed. New York: McGraw-Hill, 2012: 49-58, 168-242.

② 马瑞,沈建华,王改芳.美国"幼小衔接"动作技能学习对我国学前运动教育的启示[J].体育学刊, 2020(4): 121-126.

③ 张秀丽,张威,刘改成.少年儿童身体运动功能训练[M].北京:科学出版社, 2018: 35-46, 81-90, 144.

④ 琼·利特菲尔德·库克,格雷格·库克.儿童发展心理学[M].和静,张益菲,译.北京:中信出版社, 2020: 230-233.

⑤ 刁玉翠.3—10 岁儿童基本动作技能发展比较研究[J].中国体育科技, 2013(3): 129-132. 辛飞,蔡玉军,施铭烁,等.澳门 6—10 岁儿童基本动作技能与身体活动的关系[J].体育学刊, 2019(4): 129-134.

前运算阶段。[①] 此阶段的儿童以具体想象思维为主,以初级抽象思维为辅。儿童已经掌握语言、想象等符号图式,并能将其运用于思考与交流。此阶段儿童的认知发展特征主要表现为以自我为中心,即儿童觉得自己是宇宙的中心,所有人思考问题的方式都与自己一样,此时儿童还不能从他人的角度看待问题。儿童觉得一切没有生命的事物都是有意识、有感觉、有生命的。譬如,太阳、月亮在儿童心中都是有生命的。守恒意识方面的研究也提示,该阶段儿童不具备逆向思维能力,不能理解物质的守恒定律,比如,将一个杯子里的水倒入另一个细长的杯子,儿童会觉得细长杯子里的水更多。

关于感觉,此阶段儿童的感觉系统一直处于发育阶段。此阶段儿童多为远视眼,而且视野较小,看到直线视野外物体的能力非常有限,不能长时间集中注意力于近距离的工作。此阶段儿童的味觉非常敏感,对食物味道的分辨能力较强。此外,3—5岁儿童的手部触觉能力发展迅速。关于知觉,此阶段儿童通常不能准确地评估自身能力,多数儿童会高估自身的能力。有研究表明,学前儿童自我感知的基本运动能力要高于其真实的基本运动能力。[②] 关于空间知觉,多数3岁儿童可以分辨上下方位,4岁儿童可以分辨前后方位,部分儿童可以辨别左右方位。关于时间知觉,3—5岁儿童仅能辨别昨天、今天与明天,其对前天、后天处于迷茫状态。综上,此阶段儿童的感知运动能力虽然正在迅速发展,但其对身体、方向、时间和空间的意识仍处于相对困惑状态。注意力方面,该阶段儿童的无意注意高度发展,注意的时间短,容易分散,范围小,且经常带有情绪色彩。学前儿童的无意注意占优势,3—4岁儿童的有意注意时间为10分钟左右,5岁儿童不超过15分钟。[③]

(三)U3—5 身体发展特征

在童年早期,男、女童体型非常相似。儿童平均每年长高5～7厘米,体重增加2.5千克。儿童的身体变化主要表现为头部尺寸相对变小,肩膀变宽,上半身和腿部变长,肚子更加扁平,手脚变大,身体也更加修长。[④] 此阶段儿童的骨骼更加粗壮,肌肉质量也有所提高,肌肉组织的比例保持相对稳定,约占总体重的25%,大肌肉先于小肌肉发育。关于运动系统,3—5岁儿童的肌肉中水分较多、蛋白质与

---

① Wadsworth B J. Piaget's Theory of Cognitive and Affective Development[M]. 5th ed. New York: Longman Publishers,2004:137-146.

② 刁玉翠,董翠香,李静.4～9岁儿童基本运动技能与其自我知觉的关系研究[J].天津体育学院学报, 2017(4):326-331.

③ 张秀丽,张威,刘改成.少年儿童身体运动功能训练[M].北京:科学出版社,2018:35-46,81-90,144.

④ 琼·利特菲尔德·库克,格雷格·库克.儿童发展心理学[M].和静,张益菲,译.北京:中信出版社, 2020:221-224.

无机盐较少,肌肉力量、耐力较差,易疲劳也容易恢复;儿童的骨骼骨化速度加快,骨的弹性大、硬度小,易弯曲而不易骨折;关节软骨层较厚,关节囊及周围韧带薄而松弛,关节灵活性较好、稳固性较差。① 关于神经系统,相比婴儿期,3—5 岁儿童的大脑发展、突触形成以及髓鞘化较为缓慢。3 岁儿童的大脑重量约为成人大脑重量的 75%,6 岁时,其大脑重量约为成人大脑重量的 90%②;3 岁时脊髓神经髓鞘化已经完成,4 岁时大脑与小脑之间的纤维传导脊髓化完成,6 岁时运动和感觉区域的神经元髓鞘发育完好,传导通路的神经纤维都已髓鞘化,为神经冲动的传递提供了物质条件,儿童完成动作的复杂程度和熟练程度也随之提高。3 岁的儿童在踢球或者拿东西时可能会时左时右,大多数儿童直到 6 岁时才能确定优势侧肢体。关于呼吸与循环系统,学龄前期儿童的心肺器官体积比较大,心脏的收缩能力和肺的弹性较差,因此,此阶段儿童的心率较快,为每分钟 90～110 次,呼吸频率较快,为每分钟 20～25 次,且以腹式呼吸为主。

(四)U3—5 情绪心理发展特征

3—5 岁儿童的情绪心理处于启蒙状态,体现出各种环境为引导的精力干扰、生理限制、目标诱导等的情绪发展雏形。具体特征有 5 个。第一,性别认同与隔离。3 岁儿童在选择玩伴时已经具有明显的性别隔离特征,即儿童倾向于与同一性别的玩伴玩耍、交往。儿童 5 岁时,在活动、行为、玩具甚至性格特征等方面的性别偏好都已经发展完备。③ 譬如男孩更喜欢追逐打闹、超级英雄游戏,以及高对抗型、竞争型运动,而女孩更喜欢玩娃娃、过家家等强调亲密的社交关系的游戏。第二,自主能力形成。此阶段的儿童已经能意识到自身作为单独、独特的个体存在。此阶段的儿童以自我为中心,认为其他人的想法都与自己一样,因此不愿意与其他人共享、合作,和同伴吵架是常事;他们对陌生的环境感到害怕,不愿意离开有安全感的、熟悉的环境和人。④ 第三,此阶段儿童的社交能力较弱,常常独自玩耍或者在其他同伴旁边玩耍,不太擅长集体类、合作型游戏。第四,道德发展方面,儿童学会自我调节、了解自我情绪之后,也开始形成内在的道德观。3—5 岁的儿童已经内化了很多规则,会因为自己的错误行为而感到内疚,也会在其他儿童或成人被冤

---

① 张秀丽,张威,刘改成.少年儿童身体运动功能训练[M].北京:科学出版社,2018:35-46,81-90,144.

② Gallahue D L, Ozmun J C. Understanding Motor Development: Infants, Children, Adolescents, Adults[M]. 12th ed. New York: McGraw-Hill, 2012: 49-58, 168-242.

③ 琼·利特尔菲尔德·库克,格雷格·库克.儿童发展心理学[M].和静,张益菲,译.北京:中信出版社,2020:287-299.

④ Gallahue D L, Ozmun J C. Understanding Motor Development: Infants, Children, Adolescents, Adults[M]. 12th ed. New York: McGraw-Hill, 2012: 49-58, 168-242.

枉时产生同情心。第五,情绪性强,行为容易受情绪支配,而情绪易受外界环境、事物影响。另外,此阶段的儿童活泼好动、爱模仿,好学、好问、好探究。

二、U6—7 发展特征

U6—7 动作发展特征为基本动作最低限度自动化,且具备独立运用自我肢体能力。儿童早期(U3—6)阶段在身体形态上表现为快速成长,而在动作行为方面表现出动作欠协调的笨拙现象。"迅速成长"是该阶段的主要特征。[①] 伴随着用力动作的作用,个体的骨骼、肌肉力量得以增长。由于成长迅速,其肢体功能不能同步跟随,需要通过日常行为或特意的锻炼来适应由于快速生长而带来的功能变化。[②] 该阶段,多数个体认知领域发展介于前运算阶段、表征周期系统水平阶段[③],空间认知能力较差,即路径整合能力较低[④]。心理情感方面,该阶段的儿童个体完成 3 个人以上的集体活动能力较差或不具备该能力,活动兴趣主要依赖于环境的变化,在个体、环境、任务的交互中,环境设置引领其动作、认知、社会情绪的发展。不同性别儿童的兴趣具有趋同性。[⑤]

(一)U6—7 动作发展特征

根据 Gallahue 等提出的动作发展三角沙漏模型,6—7 岁儿童处于发展基本运动技能的熟练阶段。[⑥] 此阶段的儿童能较为高效地、协调地完成多种基本运动技能。随着学习经验的增多,儿童基本运动技能的远度、速度、数量与准确度等量化表现将得到持续提高。虽然多数 6 岁的儿童就能熟练地掌握多种基本运动技能,譬如攀爬、单脚跳与双脚跳等大环节动作技能,但此阶段的儿童仅能完成对原地运动物体的控制,其仍然不能熟练掌握需要视觉追踪与物体拦截的物体控制技能。例如接球、单手击打反弹球,因为这些动作需要儿童具备一定的视—动协调能力,而此阶段儿童尚处于视—动不协调阶段。[⑦] 此外,目前国内外有大量研究表明,儿

---

① John W S. Life-Span Development[M]. 3rd ed. New York:McGraw-Hill,2011:208-216.

② Payne V, Isaacs L. Human Motor Development:A Lifespan Approach[M]. 8th ed. New York:McGraw-Hill,2012:8,383-416.

③ Wadsworth B J. Piaget's Theory of Cognitive and Affective Development[M]. 5th ed. New York:Longman Publishers,2004:137-146.

④ 宛小昂.人类路径整合的现象与机制[M].杭州:浙江大学出版社,2016:77-98.

⑤ Anderson S,Greisemer B,Johnson M,et al. Intensive training and sports specialization in young athletes[J]. Pediatrics,2000(1):154-157.

⑥ Gallahue D L,Ozmun J C. Understanding Motor Development:Infants, Children, Adolescents, Adults[M]. 12th ed. New York:McGraw-Hill,2012:49-58,168-242.

⑦ 王兴泽.人类动作发展视野下的体育与健康课程标准研究[M].北京:北京体育大学出版社,2017:42-69.

童基本运动技能发展滞后现象较为严重，多数6—7岁儿童并不能熟练地掌握多种基本运动技能，物体控制技能发展滞后现象较为普遍。6—7岁儿童的动作发展总体特征表现为"基本动作最低限度自动化，且具备独立运用自我肢体能力"，即练习控制成长中的身体。此生理年龄阶段的儿童由于身体的迅速生长（即动作行为方面表现出动作欠协调的笨拙现象）①，在认知、身体与情感等的交互作用下会产生适应环境的学习运用自我的现象。伴随着用力动作的作用，儿童的骨骼、肌肉力量得以增长，儿童需要时间来学习如何适应生长中的骨骼与发展中的肌肉系统功能的发展，其通过处理快速成长过程中伴随着的可能的笨拙动作来提高运动技能。由于儿童的身体结构发展速度较快，其机体功能不能同步跟随，需要通过一定时间的日常行为或者刻意的锻炼来适应。早期儿童的迅速成长这一生长特征成为其动作行为表现的主要依据，即"基本动作最低限度自动化，且具备独立运用自我肢体能力"。这个阶段的儿童逐渐学会控制自我成长中的身体，绝大多数的儿童在艰难地学习基本的位移技能、平衡技能与物体控制技能。因此，该阶段儿童的动作发展特征为"基本动作最低限度自动化，且具备独立运用自我肢体能力"的过程。基于动作发展特征，此年龄段的健康个体在身体行为表现方面应该以肢体徒手动作适应学习为主。

（二）U6—7认知发展特征

多数6—7岁儿童的认知发展处于前运算阶段、表征周期系统水平阶段②，空间认知能力较差，即路径整合能力较低③。相比于学前儿童，此阶段儿童的认知发展水平显著提高，但其仍以具体、形象思维为主，以抽象思维为辅。关于感知觉，6—7岁儿童的视觉发展很快，视觉输入的发育更为成熟，视敏度的差别感受性显著增强，主要表现在颜色视觉和颜色偏好方面。6岁前，男女童的颜色喜好相同，橙、黄、红、绿是其最喜欢的颜色；6岁以后，男生更喜欢黄色与蓝色，女生则更喜欢红色与黄色。④ 多数儿童为远视，不能进行长时间的近距离注视。关于时间与空间的知觉，6—7岁儿童的形状知觉发展局限于教科书与日常生活中出现的物体形状，习惯突出物体形状的特点，并且习惯用熟悉物体代替形状名称（如碗形、窗户形等）。此阶段儿童具备基本的空间认知能力和路径整合能力，能较好地辨认前后与

---

① John W S. Life-Span Development[M]. 3rd ed. New York：McGraw-Hill，2011：208-216.

② Wadsworth B J. Piaget's Theory of Cognitive and Affective Development[M]. 5th ed. New York：Longman Publishers，2004：137-146.

③ 宛小昂. 人类路径整合的现象与机制[M]. 杭州：浙江大学出版社，2016：77-98.

④ 张秀丽，张威，刘改成. 少年儿童身体运动功能训练[M]. 北京：科学出版社，2018：35-46,81-90,144.

上下方位,对于左右方位的辨别稍显不足。比如,一年级学生在执行"向左转或向右转"的口令时,大约30％的学生会发生错误。7岁儿童尚不能熟练辨别3个物体之间的左右关系。关于时间知觉,此阶段儿童对于时间单位的理解具有直观、表面的特点,其对于小时、日与周的理解较好,对于月与分钟的理解较为不足。随着年龄的增长,儿童对于分钟的理解越来越准确。关于注意,6—7岁儿童的有意注意开始发展,但其无意注意仍然占主导地位;对抽象材料的注意逐步形成,但具体的、直观的事物对引起他们的注意仍然起重要作用。此阶段儿童的注意带有情绪色彩,具有较强的选择性和目的性,有意注意的时间较短,大约为15分钟;关注的范围较窄,不能同时关注3个以上的物体。此外,此阶段儿童的有意记忆与无意记忆都在发展,效果和发展速度相当。

(三)U6—7身体发展特征

"迅速生长"是6—7岁儿童身体发展的总体特征。[1] 此阶段儿童的身高每年增长5.1～7.6厘米,体重每年增加1.4～2.7千克,7岁儿童平均身高为1.2米,平均体重为25.0千克。[2] 此阶段儿童的下肢骨骼增长速度特别快,这是其身高增长的主要原因。

关于运动系统,此阶段儿童机体中的软骨成分较多,骨干短且细,骨化尚未完成;骨骼中蛋白质等有机成分较多,钙、磷等无机成分较少,二者比例约为1:1,骨骼的弹性大、硬度小。6—7岁儿童的小肌肉群尚未发育完好,不能胜任有精细动作的运动。关于呼吸与循环系统,学龄初期儿童的肺部发育已经成熟,肺容量逐渐增大,肺泡数量已接近成年人,呼吸深度增大,呼吸频率降低,肺活量不断上升,7岁左右的儿童以胸式呼吸为主,呼吸频率约为每分钟20次;儿童的心脏发育呈跳跃式,7岁前和青春期发育最快,7岁时心脏容积增至100～110毫升,左室壁逐渐增厚,弹性纤维增加,心脏的收缩功能和弹性增加,但糖酵解功能系统尚未发育完好。[3] 神经系统方面,6岁儿童的脑重量约为1.2千克,大脑体积已经达到成年人大脑体积的95％,此时儿童神经系统的结构发育基本成熟,但在功能上尚处于高速发展时期,是大脑感觉区域运动区的第一个快速发展时期。此阶段,与高级神经活动有关的大脑额叶显著增大,随着神经细胞体积增大,细胞之间轴突与树突的联

①　王兴泽.人类动作发展视野下的体育与健康课程标准研究[M].北京:北京体育大学出版社,2017:42-69.

②　琼·利特菲尔德·库克,格雷格·库克.儿童发展心理学[M].和静,张益菲,译.北京:中信出版社,2020:311.

③　张秀丽,张威,刘改成.少年儿童身体运动功能训练[M].北京:科学出版社,2018:35-46,81-90,144.

系更加紧密,出现大量新的神经环路,儿童的运动协调性与准确性有所提高。儿童神经系统的兴奋过程与抑制过程都有所发展,但相对于成年人来说,儿童神经系统的兴奋过程要大于抑制过程,过度的神经兴奋容易诱发儿童的神经疲劳、破坏第一信号与第二信号之间的关系。

(四)U6—7 情绪心理发展特征

6—7 岁儿童的情感仍然具有学前儿童的一些特征,如容易冲动、情绪不稳定、情感外露等,但儿童的情感控制能力逐渐增强,并逐渐朝内化、稳定的方向发展。此外,由于学习与同学互动已经成为儿童的主要活动,儿童的社交面得到扩大,一些与学习、人际关系(同学或老师)相关的社会性情感越来越占主要地位,如理智感、荣誉感、友谊感、责任感与审美感等高级情感的内容越来越丰富。

此阶段儿童的情感发展主要有以下特征:①自我概念与社会比较。学龄初期的儿童只关注自身的外部特征,只能使用简单的概念来描述自己,譬如"黑色头发、大眼睛、喜欢运动"等,以分类识别为主;但儿童的自我概念逐渐向比较性评价过渡,如"我比同桌跑得快"等。小学阶段是形成社会比较的重要时期,在确立自我的过程中,儿童会特别注重自己与同龄人的比较状况。他们会观察同学,并且问:"我和他们长得一样高、跑得一样快吗?"通过与同龄人做比较,儿童会更加清楚地了解自己,以及自己的优缺点。此阶段儿童仍会高估自己的能力,因此自我评价往往过于乐观、不符合实际,譬如认为自己跑得特别快、数学运算能力特别好。②性别差异。男女性别差异主要表现为男孩更加活跃且具有攻击性,女孩则更加情绪化且乐于助人。① ③依从性。6—7 岁儿童由于刚入学,面对全新的环境,多数人会有一种陌生感与不安全感,很自然地把教师当成权威人物与依从的对象。教师的一言一行,儿童都看在眼里、记在心里,认为是神圣的、不可侵犯的。譬如,我们经常会听到儿童说"这是王老师说的"等类似的话,儿童把教师说的话当作"真理"与"圣旨"。此外,此阶段儿童的合作意识仍然较薄弱,其完成 3 个人以上的集体活动能力较差或不具备该能力。比如,在课间的广播体操集体活动中,每节广播体操,个体都可以通过学习做对,但是节奏有快有慢,如果让班级同学同时去完成,其结果将是乱糟糟。

三、U8—9 发展特征

U8—9 动作发展特征为"基本动作技术最低限度的自动化"。"基本动作技术

---

① 琼·利特菲尔德·库克,格雷格·库克.儿童发展心理学[M].和静,张益菲,译.北京:中信出版社,2020:386-388.

最低限度的自动化"是该阶段正常发展个体通过学习 35 种基本动作后,具有能够单个自由使用这些动作且不存在障碍的能力。35 种基本动作技术包括位移类、稳定类、操控类和传统类,见表 2-1。

表 2-1 35 种基本动作技术

位移类		稳定类		操控类	传统类	
走	双脚跳	扭曲	停	投掷	静坐	跪膝
跑	单脚跳	转体	平衡	接	腹式呼吸	甩手
侧滑步	跨越跳	屈体	着地	踢	站桩	龙游
连续前垫步	攀爬	伸展	挥动	击打	太极云手	金鸡独立
连续垫步跳	匍匐	团身	摇摆	控物	白鹤亮翅	熊走(五禽戏)

资料来源:耿培新,梁国立.美国学校体育国家标准研究[M].北京:人民教育出版社,2007:2-3.

运动技能的学习主要体现在采用正确的方式方法获得科学合理且适合个体的运动技术(或动作表现形式),典型的发展条件,即在个体具备一般预期限制(力量、身高、动机)的身体条件和典型环境(体育馆)下进行正常的学习(运动指导、日常活动)。① 在儿童中期阶段,个体在生长发育方面呈现出稳定增长状态,以及下肢逐渐增长导致重心下移的力学特征。由于身体形态稳定和重心下移产生的稳定性增加,该阶段儿童个体充分利用变化不大的身体形态,提升其动作记忆功能以及动作学习效率。多数儿童个体在动作学习方面呈现较好的学习效果,但不涉及动作技能效果,即动作表现(运动成绩)。身体发展方面,U8—9 是一个身体成长相对更慢、更稳定的时期。② "稳定成长"促进动作学习。认知和情绪方面,其认知水平介于具体运算阶段、系统水平向单一抽象的过渡阶段。心理情感方面,不同性别之间呈现出兴趣的差异化。根据纽维尔(K. Newell)的个体—环境—任务模型,个体因素是 U8—9 动作发展的主导因素。③

(一)U8—9 动作发展特征

根据加拉休(D. L. Gallahue)等提出的动作发展三角沙漏模型,8—9 岁儿童的

① Kathleen Haywood,Nancy Getchell. 动作发展:终身观点[M].杨梓楣,陈重佑,等译.台北:禾枫书局,2016:1-6.

② Robert M M,Claude B. Growth,Maturation and Physical Activity[M]. 2nd ed. Champaign:Human Kinetics,2004

③ Newell K. Physical constraints to development of motor skills[M]//Thomas J, ed. Motor Development During Preschool and Elementary Years. Minneapolis:Burgess Publishing Company,1986:105-120.

动作发展处于基本运动技能向专项运动技能的过渡时期,即此阶段大多数儿童已经能熟练地掌握多项基本运动技能,并能将其组合应用于各种体育游戏与竞赛中。① 但国内外大量研究显示,儿童基本运动技能发展滞后问题较为普遍②,多数8—9岁儿童仍不能熟练掌握多项基本运动技能。此年龄段的儿童如果能熟练地掌握多种基本运动技能,其以后便能较好、较快地掌握更加高级、更加复杂的专项运动技能,否则儿童将会经历运动技能障碍,其今后的运动技能娴熟程度将会受到限制。

8—9岁儿童的动作发展特征为"基本动作技术最低限度自动化"。运动技能的学习主要体现在采用正确的方式或方法获得科学、合理且适宜于个体的运动技术。③ 8—9岁儿童在身体生长发育方面表现出稳定增长状态,腿部生长速度超过头部与躯干的生长速度,致使个体重心从腰部下移至臀部,儿童身体的稳定性增加,从而间接地促进了个体平衡等运动技能的学习效率。多数儿童个体在动作学习方面呈现较好的学习效率,但只是动作过程学习,而不涉及距离、速度与幅度等动作技能量化结果。比如,8—9岁儿童通过一定的练习,可以完整地完成立定跳远动作技术(屈膝预摆、腾空起跳与屈膝下蹲),但不同儿童之间的动作质量存在差异,有些儿童技术不够成熟,如预备起跳时手臂上摆的高度不够、屈膝缓冲不充分等。此外,由于此阶段儿童的下肢力量不足,其立定跳远的远度要远落后于成年人。身体、认知发展的局限性导致该动作仅能处于完成而不完善的正常发展状态。此年龄段儿童的具体动作特征如下:首先,儿童已经具备良好的身体平衡能力,熟练地完成前滚翻、侧滚翻等稳定类技能,且能正确、连贯地完成跑、单脚跳、侧滑步等多种位移类动作;其次,儿童小肌肉群得到发展、视—动协调初步建立,已经能较为准确、协调地完成相关精细动作技术,且能较好地完成接球、踢球等需要视觉与动觉高度协调的运动技能。

(二)U8—9认知发展特征

根据皮亚杰的认知发展阶段理论,8—9岁儿童的认知水平处于具体运算阶

① Gallahue D L, Ozmun J C. Understanding Motor Development: Infants, Children, Adolescents, Adults[M]. 12th ed. New York: McGraw-Hill, 2012: 49-58, 168-242.

② Bolger L E, Bolger L A, O'Neill C, et al. Global levels of fundamental motor skills in children: A systematic review[J]. Journal of sports sciences, 2020(38): 1-37. Vallence A-M, Hebert J, Jespersen E, et al. Childhood motor performance is increased by participation in organized sport: The CHAMPS Study-DK[J]. Scientific Reports, 2019(1): 1-8.

③ 王兴泽. 人类动作发展视野下的体育与健康课程标准研究[M]. 北京:北京体育大学出版社,2017: 42-69.

段。此年龄段的儿童会出现认知不平衡问题,并且其会进行抽象反思。经历这样的过程之后,儿童会逐渐调整自己的认知结构并重建自己对世界的理解。儿童的认知结构是可运算的,儿童会用客观的逻辑来思考这个世界,从而摆脱直觉思维下错误观念的干扰。[①] 8—9岁儿童的具体认知特征有4个。①逆向思维。此阶段的儿童具有反向思维的能力,可以从多个角度思考问题,关注事物变化过程中的动态过程。比如,此阶段的儿童已经能理解物质守恒定律,明白将一杯水倒入不同形态的杯子之后,两个杯子中水的体积仍然是一样的。②类包含。儿童可以用不同的方式,从不同的层次对事物进行分类。③序列化。儿童可以根据物体的大小、高低、数量等对一系列物品进行排序。④传递性推理。儿童具备了排序能力之后,可以运用大脑比较事物之间的关系,进行推理。比如,儿童知道小明的身高比小张高,小张比小强高,其就可以推算出小明的身高比小强高。虽然此阶段的儿童已经具备了排序、推理等逻辑能力,但其心理运算局限于具体的事物与情景,一旦换成无形或抽象的物体,儿童就不能运算出具体答案了。

关于感知觉,此年龄段儿童的视觉追踪能力逐渐提高,视—动协调能力逐步提升,多数儿童仍为远视,不能进行长时间的近距离注视,儿童对时间与空间的知觉能力得到进一步提升。关于注意与观察,8—9岁儿童的有意注意开始发展,但其无意注意仍然占主导地位,儿童有意注意的时间较短,为15～20分钟[②],然而这个年龄的男孩和女孩会花几小时在他们感兴趣的活动上[③];儿童注意范围较窄,不能同时关注3个以上的物体,观察的随意性较强,没有顺序与系统性,因此儿童不能全面评价自己或同伴运动技能的整体动作过程表现。此外,此阶段的儿童渴望学习和取悦成年人,在做决定时需要帮助和指导;儿童有良好的想象力,展现出富有创造力的头脑;儿童在知识上是好奇和急切的,想知道为什么。

(三)U8—9身体发展特征

8—9岁是儿童身体成长相对更慢更稳定的时期。[④] 相比于学前阶段,此阶段儿童的身高和体重缓慢而稳定地增长,体型的变化较小,整个儿童时期,四肢的生长速度都快于躯干的生长速度;由于下肢生长速度较快,儿童的身体重心由腰部下

---

① 琼·利特菲尔德·库克,格雷格·库克.儿童发展心理学[M].和静,张益菲,译.北京:中信出版社,2020:342-354.

② 张秀丽,张威,刘改成.少年儿童身体运动功能训练[M].北京:科学出版社,2018:35-46,81-90,144.

③ Gallahue D L, Ozmun J C. Understanding Motor Development: Infants, Children, Adolescents, Adults[M]. 12th ed. New York: McGraw-Hill, 2012:49-58,168-242.

④ Robert M M, Claude B. Growth, Maturation and Physical Activity[M]. 2nd ed. Champaign, Illinois: Human Kinetics, 2004:3,6,29.

移至臀部;儿童的身高增长较快,体重增加较为缓慢,因此儿童的身体较为修长;力量发展落后于体重增加,小肌肉群发育落后于大肌肉群发育。关于运动系统,此阶段儿童的骨骼中有机物较多,无机物较少,因此骨骼弹性好、硬度差、不易骨折但易弯曲;肌肉中水分较多,蛋白质与无机盐较少,因此肌肉收缩力量较小、耐力差、易疲劳;关节面软骨较厚,关节囊、韧带的伸展性大,关节周围的肌肉细长,关节活动范围大于成人,但关节的牢固性差,在外力作用下容易脱位。关于神经系统,此阶段儿童神经系统的结构基本发育成熟,脑重量为 1.4 千克左右,接近成年人水平,但在功能上仍处于快速发育时期,8—9 岁是儿童大脑感觉区与运动区的第一个快速发展时期。[①] 神经系统的兴奋过程占优势,表现为活泼好动、注意力不集中,动作的准确性与协调性较差,易出现错误动作,神经细胞的工作耐力差,易疲劳,但由于神经过程有较大的可塑性,所以疲劳消除也较快。此阶段儿童的神经活动中第一信号系统占主导地位,对形象具体的信号容易建立条件反射,第二信号系统相对较弱,抽象思维与逻辑分析能力较差。关于血液循环系统,此阶段儿童心脏体积小,心肌收缩力量弱,因此每搏输出量较少,运动时主要以增加心率来提高心排血量,以此满足运动的需求。呼吸系统方面,此阶段儿童的胸廓狭小,呼吸肌的力量弱且呼吸表浅,因而呼吸频率较快,肺活量较小,在进行运动时,主要以提高呼吸频率满足运动需求。[②] 此外,8—9 岁是儿童发展协调能力、柔韧素质与提升肌肉反应速度的敏感期。[③] 因此,针对此阶段儿童的体育教学应该以直观形象、充满趣味性的教学法为主,语言要尽可能精简;教学中应避免长时间、大强度的身体练习,以及长时间的静力性练习;注意儿童大小肌群、身体左右侧的协同发展。

(四)U8—9 情绪心理发展特征

8—9 岁是儿童学会调节与控制自我情绪,提高自己准确理解他人情绪能力的重要时期。[④] 虽然此阶段儿童的情绪仍较不稳定,易受环境影响,但 8—9 岁儿童的情感控制能力逐渐增强,并呈现内化与稳定的趋向。8—9 岁儿童由于社会交往逐渐扩大,其与老师和同学之间的社会性情感逐渐得到发展,如友谊、责任与荣誉感等。

8—9 岁儿童具有如下 4 个情感特征。①自我概念。8 岁儿童已经能对自己的外貌、运动、学习等方面形成较为全面的认知与评价。此阶段的儿童能通过与同龄

---

① 张秀丽,张威,刘改成.少年儿童身体运动功能训练[M].北京:科学出版社,2018:35-46,81-90,144.
② 王瑞元,苏全生.运动生理学[M].北京:人民体育出版社,2012:440-460.
③ 张春燕.青少年身体素质敏感期及锻炼方法[J].中国青年政治学院学报,2014(5):68-70.
④ 琼·利特菲尔德·库克,格雷格·库克.儿童发展心理学[M].和静,张益菲,译.北京:中信出版社,2020:383-403.

人的比较,对自己的能力形成相对准确的认知,对自己的评价会更加贴近实际。刁玉翠等研究发现,8—9岁儿童自我感知的基本运动技能水平与其真实的基本运动技能水平呈显著正相关。[①]　②平行性。儿童通过与同学之间的不断交往,开始按照兴趣、外在因素的相似性等形成好友关系,而不再局限于距离型社会交往。③兴趣差异化。心理情感方面的发展体现出性别之间兴趣的差异化。此阶段的男生十分活跃并且富有攻击性,更喜欢对抗型、竞争型与户外型游戏,以及大范围移动的活动;女生则更喜欢灵巧型的活动和社交类活动。④责任感。儿童喜欢展示自己的能力,并希望得到老师及同学们的认可。他们能够应付新的情况,渴望更多地了解自己和他人的世界。此外,8—9岁儿童尽管在小群体的情况处理上表现得较好,但其在多人、大型游戏中表现得不是很好。此阶段儿童已经能较好地理解游戏或比赛的规则,并能遵守规则,但未能建立正确的胜负观。儿童在情感上主要依赖于外部环境,多通过肢体语言表达自己的情感,好奇心强,喜欢模仿与接触新的事物。

四、U10—11 发展特征

U10—11 动作发展特征为"基本动作组合技能障碍突破"。儿童早中期获得的基本位移、平衡和姿势控制等技能,在被改造了的比赛中得到应用。儿童后期体重增长速度大于身高增长速度、肌肉力量发展滞后于身高增长,而在动作方面表现出合理的基本动作技能学习和应用现象。其动作学习表现为动作技术过程的学习,动作应用表现为在儿童早期合理运用自我肢体,以及基本运动竞技能力简单技战术的应用。该阶段"体重的增长速度快于身高的增长速度",体现生长现象。体重的增加在身体功能(对抗、冲击、撞击等)中有较好的表现,其促进运动技能的发展。"肌肉力量发展滞后于身高增长现象",即肌肉力量的增长比身高增长至少晚一年。儿童中后期,男孩身高的发育一般比肌肉力量要早,这解释了男童为什么会经历一个短暂的笨拙期,因为他们还没有获得应对变大的身体所必需的肌肉力量。[②]　一般而言,女生较早进入青春期,但在身体上还未有明显的差异。[③]　认知方面,多数个体进入情景特定化时期的具体运算阶段。心理兴趣和情感方面,男女生之间出

---

①　刁玉翠,董翠香,李静.4—9岁儿童基本运动技能与其自我知觉的关系研究[J].天津体育学院学报,2017(4):326-331.

②　Thomas J R. Motor Development During Children and Adolescence[M]. Minneapolis: Burgess Publishing Company,1984:128.

③　James W,Thomas L,Corinne H. Human Development[M]. New York:McGraw-Hill,2007:380-388.

现明显的兴趣差异。

（一）U10—11 动作发展特征

根据 Gallahue 等提出的动作发展三角沙漏模型，10—11 岁儿童处于发展专项运动技能的过渡与应用阶段。[①] 在专项运动技能过渡时期，儿童的稳定技能、位移技能以及物体控制技能均得到进一步的改善、组合与分化，儿童开始将各种基本运动技能运用于体育游戏与比赛中。在专项运动技能应用时期，随着认知能力的提高、动作经验的丰富，儿童能够根据个体、环境与任务因素作出大量的学习决策与活动参与决策，儿童开始有意识地决定是否参与某种运动。这些决定在很大程度上是基于儿童如何看待任务、自己以及环境中的哪些因素增加了或减少了享受乐趣和体验成功的机会。然而由于国内外儿童基本运动技能普遍发展滞后，目前多数 10—11 岁儿童的动作水平仍处于专项运动技能的过渡阶段。

10—11 岁儿童的动作发展特征为"基本动作组合技能障碍突破"。即，由于儿童后期体重增长速度快于身高增长速度、肌肉力量发展滞后等生理特征，而在动作方面表现出合理的基本动作技能学习和应用现象；其中，动作学习表现为动作技术过程的学习，即学习基本动作组合技术，动作应用表现为在儿童早期合理运用自我肢体，以及基本运动竞技能力简单技战术的应用，即达到基本动作组合技术障碍突破的水平。该阶段"体重的增长速度快于身高的增长速度"，体现生长现象。体重的增加在身体功能（对抗、冲击、撞击等）中有较好的表现，其促进运动技能的发展。"肌肉力量发展滞后于身高增长现象"，即，肌肉力量的增长比身高至少晚一年。儿童中后期，男孩身高的发育一般比肌肉力量要早，这解释了男童为什么会经历一个短暂的笨拙期，因为他们还没有获得应对变大的身体所必需的肌肉力量。[②] 这两个特征使得儿童在动作行为上显示出类似成年人的动作技能行为，但功能效果上远不如成年人。譬如，儿童应能完全掌握双脚立定跳远的动作技术，但其跳远成绩要远远落后于成年人。因此，对此阶段儿童运动技能的评估应以过程性评价为主、结果性评价为辅。此阶段儿童的具体动作特征如下：①平衡、稳定技能得到了较大发展。②视—动协调关系建立，儿童具备对不同方向运动物体的控制能力。如儿童在做接球动作时，能够根据来球的方向、飞行弧度与速度等信息，预判球的落点，

① Gallahue D L, Ozmun J C. Understanding Motor Development: Infants, Children, Adolescents, Adults[M]. 12th ed. New York: McGraw-Hill, 2012: 49-58, 168-242.
② Thomas J R. Motor Development During Children and Adolescence[M]. Minneapolis: Burgess Publishing Company, 1984: 128.

并迅速做出身体姿势调整,较为协调、准确地接住来球。③动作技能趋于细化,动作的准确性、协调性、连贯性得到提高。

(二)U10—11 认知发展特征

根据皮亚杰的认知发展阶段理论,10—11 岁儿童的认知水平处于具体运算的末期,部分认知发展水平较快的儿童有可能已经处于形式运算阶段。即此阶段的多数儿童已经具备了逆向思维、类包含、序列化与传递性推理等逻辑能力,部分儿童已经具备假说—演绎推理能力、抽象思维能力(思考无形或非具体事物的能力)、区分事实与可能性的思维能力、组合逻辑能力、反思性思维能力(个体能够思考自己的思维特点,批判性地分析自己的思维、观点与信仰)等。

关于想象,一般认为 10 岁左右是个体形象思维向逻辑思维过渡的转折期,这时儿童思维的灵活性、独立性与自觉性,以及想象的随意性都迅速增强,想象的内容也越来越丰富,想象的目的性和有意性也逐渐加强,但儿童的想象常常与现实相去甚远,而且多变、缺乏稳定性。随着新概念的日益丰富,此阶段儿童的概念数量迅速增加,概念内涵也不断得到拓展;分析综合能力加强,能进行发散的联想、推理、概括、归纳等抽象思维活动。因此,此阶段的儿童具备较丰富的想象力和较强的创新思维。关于时间与空间知觉,此阶段儿童的时间、空间知觉进一步完善,能较为准确地理解年、月、日与小时、分钟、秒等时间概念,对于前后、左右等不同方位概念,以及不同物体之间的相对关系都有较为准确的理解,视—动协调已经建立。比如,儿童可以根据来球的飞行速度、轨迹等特点,进行姿势调整,从而准确地截击来球。关于记忆,此阶段儿童的无意记忆发展速度减慢,有意记忆快速发展,致使两种记忆的差距越来越大。与 7—8 岁儿童相比,9—11 岁儿童的记忆效率增加 1 倍。从记忆的质量上来看,此阶段儿童的记忆有以下 3 个特征:①有意识记忆与有意重现等目的性记忆增加;②意义层面的、理解性的识记方法逐渐占主导地位;③对抽象内容的记忆能力迅速提升。[①]

(三)U10—11 身体发展特征

10—11 岁儿童身体发展的总体特征为体重增加落后于身高增长,肌肉力量增长落后于体重增加。[②] 相比于 8—9 岁儿童,该阶段儿童的运动系统、神经系统、呼吸与循环系统等的结构与功能都继续提高,但相比于成年人,其不同系统功能仍处

---

① 张秀丽,张威,刘改成.少年儿童身体运动功能训练[M].北京:科学出版社,2018:35-46,81-90,144.
② 王兴泽.人类动作发展视野下的体育与健康课程标准研究[M].北京:北京体育大学出版社,2017:42-69.

于发育阶段,譬如肌肉力量弱、耐力差、易疲劳,呼吸与循环系统摄入、利用氧气的能力较差。① 通常,女生各方面的生长、发育都要快于男生,女生青春期的开始与结束都比男生早2年左右。少部分10—11岁儿童会进入青春期早期,此阶段个体的身高、体重、力量都会快速增长,身体肌肉与脂肪的数量和比例也会发生变化,第一性征与第二性征开始发育。青春期各部位发育时间与发育速度不同。生长顺序被称为青春期生长向心律,即肢体生长早于躯干,四肢的生长从远端开始,下肢生长突增顺序为脚、小腿、大腿,上肢生长突增顺序为手、小臂、大臂,最后是躯干。关于呼吸与循环系统,随着年龄的增长,安静时心率呈现负增长,最大心率也随年龄增长而下降。青春期前,女孩血压值高于男孩;青春期后,男孩血压值高于女孩。此外,此阶段儿童的肺活量也随年龄的增长而增加,女孩的增加量要低于男孩,男孩每年增加量为200～500毫升,女孩每年增加量为100～300毫升。关于大脑发育,10—12岁,大脑一些区域的髓鞘形成增加92%。由于神经传导加快,此阶段儿童能够更快更高效地加工信息。② 关于身体素质,10—11岁是儿童发展灵敏素质、柔韧素质与提升肌肉反应速度的敏感期。③

(四)U10—11情绪心理发展特征

10—11岁儿童的心理兴趣和情感方面开始出现明显的性别差异。男生活跃且具有攻击性,其更喜欢高对抗型、竞争型运动;女生则更喜欢舞蹈类运动。此阶段是儿童学会调控自己情绪并理解他人情绪的重要时期,儿童不仅能识别喜怒哀乐等基本情绪,且对紧张、害羞、沮丧等复合情绪的识别能力也逐渐提高,儿童的情绪虽然仍易受外界环境影响,但总体的情绪发展趋势由外露逐渐转向内隐。④

此阶段儿童的自我概念发展有以下3个特征:①此阶段儿童对自己的认知不再局限于外部特征,其开始更多地关注自己的心理特征和内在品质,不再局限于简单的描述,更侧重于抽象的描述,如"一个非常帅气、勇敢、聪明的小男孩"。②儿童关于自我的认知开始多样化,关注自我的多个方面。譬如,他们会这样描述自己:"我擅长数学,但我的语文成绩不好。"③儿童已经具备通过评价与比较来认知自己的能力。此外,儿童会对自己在体育运动中表现出来的一些优势感到开心、自豪,

① James W,Thomas L,Corinne H. Human Development[M]. New York:McGraw-Hill,2007:380-388.
② 琼·利特菲尔德·库克,格雷格·库克.儿童发展心理学[M].和静,张益菲,译.北京:中信出版社,2020:430-433.
③ 张春燕.青少年身体素质敏感期及锻炼方法[J].中国青年政治学院学报,2014(5):68-70.
④ 张秀丽,张威,刘改成.少年儿童身体运动功能训练[M].北京:科学出版社,2018:35-46,81-90,144.

比如,"我跳得比小明远,我跑得比小明快"。关于人际交往,学龄初期的儿童喜欢 6～7 人一起玩游戏。随着年龄的增长,儿童交友的范围会逐渐缩小,学龄后期儿童的好朋友数量会减少至 1～2 人。儿童选择好朋友也不再以物理距离为标准,共同的志趣与追求、性格相近是其交友的重要选择标准。关于道德判断,10 岁时,大部分儿童仍处于道德观发展的第一或第二阶段。有些儿童则渐渐明白规则是社会的传统,并且能够从他人的角度理解失误,他们开始表现出传统的道德观念。在传统这一层面,儿童遵守规则是因为他们认为维持个人的社会地位或者整个社会的秩序很重要。他们逐渐观察到别人如何看待自己的行为,并且知道自己的行为会影响他人。到了第三阶段,儿童遵守规则主要是为了获得父母、老师与朋友的认可。①

五、U12—14 发展特征

U12—14 动作发展特征为"基本动作技术向专门动作技术的过渡,即尴尬或笨拙的多种运动技能尝试过程"。该阶段,青少年在动作上表现出半成品技术到完整动作技术的转变,该过程是神经建立联系的重塑时期。身体形态方面,随着青春期的到来,生长速度提高导致身高剧增,部分男生中反射出不协调的笨拙现象时有发生,而女生个体突增,但前移 2 岁,且速度慢于男生。个体在从事某一特定的竞技项目中越来越感觉到体能素质的局限性。在此阶段主要是学习动作技术,不能仅仅追求运动成绩。② 身体功能方面,身高变化后的 5 个月肌肉力量才跟着增长,14 个月之后肌肉力量才得以体现,这是动作技术不协调、笨拙的生理属性。情绪心理领域,个体获得充分发展,但该阶段个体理性思维能力和情绪控制能力不够,会出现情境性启动等现象。认知领域,处于抽象周期中单一抽象过渡到映射水平阶段,包括"大脑额叶同其他脑区之间的联系"在内的脑生长指标也会突然变化。③ 动作技术方面,复杂技能被进一步提炼,一些多余、不协调的动作逐步减少,同时,生物机能的成熟促进神经重塑。④ 大脑的发育依赖于行为,所形成的突触中,不断使用

① 琼·利特菲尔德·库克,格雷格·库克.儿童发展心理学[M].和静,张益菲,译.北京:中信出版社,2020:386-390.
② 张秀丽,张威,刘改成.少年儿童身体运动功能训练[M].北京:科学出版社,2018:35-46,81-90,144.
③ 王兴泽.U12—14 阶段动作发展特征及武术运动技能案例教学分析[J].北京体育大学学报,2015(9):101-110.
④ Michael S. Gazzaniga,Richard B. Ivry,George R. Mangund.认知神经科学:关于心智的生物学[M].周晓林,高定国,等译.北京:中国轻工业出版社,2011:247-255.

的将得到加强,而不被使用的那些将被大脑裁剪。① 基于动作认知发展理论,有如下判断:U6—9,神经连接;U10—13,神经剪枝;U14—17,髓鞘化。②

(一)U12—14 动作发展特征

U12—14 是个体青春期发展的一个过渡阶段,基于个体身体赋使特征、生活环境特征和动作学习任务特征,以及三者交互影响下的动作发展特征,体现出"基本动作技术向专门动作技术的过渡过程"③。该阶段个体应该具备基本运动技能(粗大动作、精细动作和综合动作协同),根据教师指导和个人兴趣逐步认识和尝试不同的运动形式。由于个体身体发育和成熟的速度存在差异,在进行不同专项动作学习过程中,宜以"与自身运动能力相适应"为主要原则。整个青春期的动作发展表现为 3 个阶段,即"基本动作技术的协同过渡到特定专项阶段—专项训练全面提高阶段—特定专项综合训练达到完美表现阶段"。不同阶段有不同的动作表现特征,不同个体以各自的发展速度度过相同的阶段。青少年个体特定运动技能的获得需要专业训练、高质量的训练指导、生态化的比赛环境等。另外,个体还需要在 6 岁之前具备基本动作技能、7—11 岁之间具备基本运动技能和综合应用基本运动技能(基本运动技能障碍突破)的能力。这样,个体在 12—14 岁再进行不同专项动作的基础学习与练习,比如"排球基本动作技术—排球专项动作技术"④。该阶段专项动作的学习是基于基本运动技能和体能因素,专项动作技术的学习过程主要是"单一动作技术动作的认知—练习—巩固加强—自动化"。14 岁左右,个体的大脑神经连接比 7 岁左右时更加稀疏。这是因为,个体在生长发育过程中,大脑神经元的树突和轴突随着年龄的增加(1—6 岁)逐步达到峰值,且随着认知与学习能力的变化逐渐单一化,即总体变得稀疏且有规律(见图 2-1)。6—7 岁以后,随着各门学科知识的学习,个体在加强某一种技能学习时,一些大脑回路的连接会加强,而大脑中其他的树突和轴突会受损,在进入下一个阶段后个体则变得只擅长于极少数或某一个技能领域(特定的神经连接)。大脑神经元的变化也符合神经剪枝理论。⑤

---

① 琼·利特菲尔德·库克,格雷格·库克.儿童发展心理学[M].和静,张益菲,译.北京:中信出版社,2020:386-390.

② 唐纳·科克,库尔特·W.费希尔,杰拉尔丁·道森.人类行为、学习和脑发展:典型发展[M].宋伟,梁丹丹,主译.北京:教育科学出版社,2013:75-109.

③ 王兴泽.人类动作发展视野下的体育与健康课程标准研究[M].北京:北京体育大学出版社,2017:56-57.

④ Gallahue D L, Ozmun J C. Understanding Motor Development: Infants, Children, Adolescents, Adults[M]. 6th ed. New York: McGraw-Hill, 2006: 312-331.

⑤ Wallis C. What makes teens tick[J]. Time, 2004(19): 56-62, 65.

专项动作技术的学习使个体神经系统发生质的变化，即大脑发生连接。该阶段动作学习的过程主要涉及大脑的神经元、突触和髓磷脂，通过不断的单一动作练习，神经信号反复穿过神经元时，神经胶质细胞就会产生髓磷脂（这是髓鞘化过程。髓鞘是包裹在神经细胞轴突外面的一层膜，由施万细胞和髓鞘细胞膜组成，其作用是绝缘，防止神经电脉冲从神经轴突无规律地传递至另一神经轴突。髓鞘化是保持和保护动作记忆的一种方式，能够增强细胞组织间连接的稳定性，比如，熟能生巧、老马识途等就是髓鞘化的结果①)，其包裹在轴突周围（见图 2-2）。个体从基本动作技术向专门动作技术的过渡，会刺激大脑神经元在原有基础上（基本动作技能建构的大脑连接）发生新的连接（特定运动项目或局部动作环节的自动化发展过程），由于该阶段会进行不同的运动项目学习（不同的动作学习类型）和不同方式的练习，个体会形成不一样的脑神经回路。这些脑神经回路的形成，反映出个体抑制经验并超越经验给出的动作指令。② 该阶段形成的动作学习内容（特定的运动项目或局部环节规定动作）存在不可逆的特征，即学习与掌握错误动作后要想纠正极为困难，因为人作为复杂系统，神经通路形成（髓鞘化或产生髓磷脂）的变化是不可逆的。尽管个体持续进行动作纠正练习可以消除影响，但是个体不可能恢复到先前的状态。

图 2-3 描述了个体健康动作行为动态发展情况，从中可知，12—14 岁个体的动作学习能够促进其大脑中特定神经回路的搭建与髓鞘化。个体通过该阶段的发展进入体育素养阶段后，其在更高水平上的映射结果是不可预测的，这是多方面因素的交互影响所致。③ U12—14 动作发展特征体现了基本动作技术向专门动作技术的过渡，该阶段属于宽泛的动作学习时期，只有不停重复相同学习阶段的不同动作学习任务（执行动作学习课程就是构建神经回路的大脑），才能建立起动作任务的专门规则、目标、情境，为下一阶段的体育运动素养奠定动作和神经回路的基础。

① 倪闽景.学习的进化[M].上海:上海科技教育出版社,2022:5-7,140.
② 斯特兰·奥尔松.深层学习:心智如何超越经验[M].赵庆柏,唐云,陈石,等译.北京:机械工业出版社,2017:6-12.
③ 胡名霞.动作控制与动作学习[M].北京:人民卫生出版社,2017:96-98.

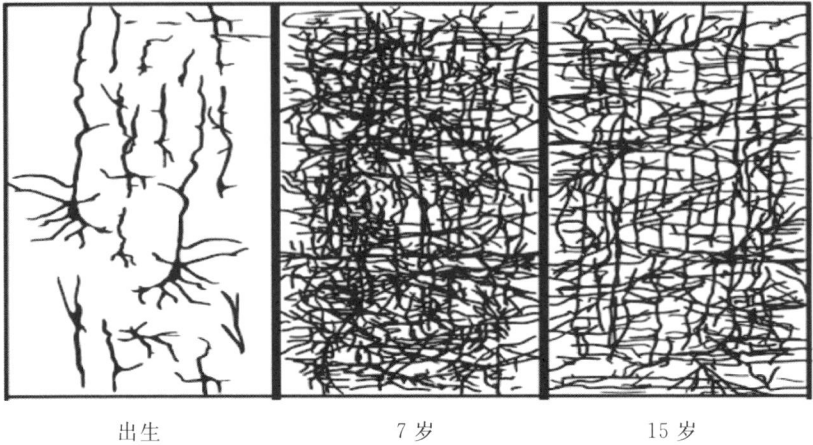

出生　　　　　　　　　　7 岁　　　　　　　　　　15 岁

图 2-1　人类大脑神经的发展变化（突触的密度）

资料来源：Sigelman C K，Rider E A. Life-Span Human Development［M］. 9th ed. London：
Cengage Learning，2018：133.

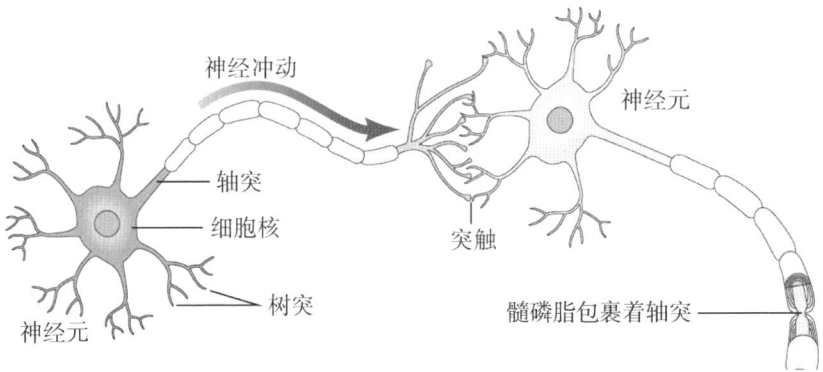

图 2-2　髓磷脂包裹着神经元的轴突

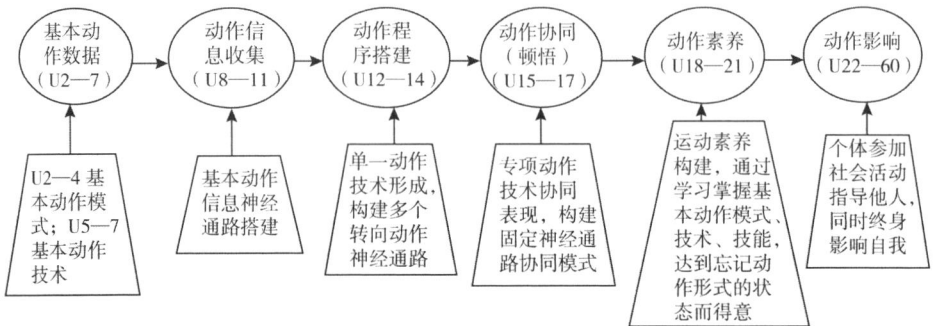

图 2-3　个体健康动作行为动态发展概况

(二)U12—14 认知发展特征

学习从属于发展,从属于主体的一般认知水平。[①] 认知能力的改变并不能自动引起技能的变化,人们必须花时间和精力去切实习得技能。技能的掌握是建立在能力状态之上的,诸如任务、环境因素也有助于习得实际技能。根据当前对大脑的研究,认知能力的发展暗含着大脑的发展,突然形成认知能力时,"大脑额叶同其他脑区之间的联系"在内的脑生长指标也会突然变化。[②] 行为控制系统中,每一新的发展水平都有能够促进该水平技能建构的新的神经网络增加来支持。在脑和认知能力发展中,该神经网络增加的非连续性很明显,在此之后,该神经网络逐渐修剪,从而形成更有效的神经网络。在新技能学习的动作控制过程中,一些与大脑相关的生长指标缓慢下降,一些与认知相关的指标则缓慢增加。[③] 当神经网络固定后,一个新技能联系的神经网络就发育成熟了,同时下一个新类型的技能神经网络就开始进入下一个发展水平,即一个新的系列的不连续也随之开始。人类行为非连续性的证据表明,从婴儿早期到30岁的成人,共需要经历10个水平的系列发展。出生后的1个月内,个体经历了3个发展水平。婴儿期过后,快速增长期的间隔时间变得更长,分别是在4岁、7岁、11岁、15岁、20岁和25岁。

依据皮亚杰的认知理论,U12—14 阶段的青少年正处于具体运算阶段向形式运算阶段的转化期。[④] 该阶段第二信号系统的技能进一步发展,联想、推理、概括等抽象思维能力逐渐提高。因此,个体能够对共性特征进行归纳、总结,并在概念化的基础上予以创新。随着神经系统反应的潜伏期缩短,个体的分化能力有了大幅度的提高,其神经系统指挥小肌肉活动的机能逐步完善,已经具备了掌握较为复杂的高难度技术动作的生理基础。在这一阶段的运动技能学习中,动作学习是一个逐渐重塑技能、建立神经联系的过程。[⑤] 认知又是指思维、意识和知识获得。人类的认知发展具有顺序性,可分为感知动觉(sensorimoto,0—24 个月)、前运算(preoperational,2—7 岁)、具体运算(concrete operational,7—11 岁)、形式运算(formal operations,11 岁以上)等4个阶段。根据以上阶段划分,U12—14 个体正处于形式运算阶段,其表现出的行为具备了解决假设问题、进行复杂的演绎推理、

---

① Gallahue D L,Ozmun J C. Understanding Motor Development:Infants,Children,Adolescents,Adults[M]. 6th ed. New York:McGraw-Hill,2006:312-331.

② 中华人民共和国教育部.3—6 岁儿童学习与发展指南[M].北京:首都师范大学出版社,2012.

③ 钱建龙.对动作教育的若干思考[J].体育学刊,2007(1):82-84.

④ 王丽霞.3—11 岁儿童击打高远球动作发展特征研究[D].石家庄:河北师范大学,2014.

⑤ 王兴泽.踢毽子动作发展序列特征研究及案例教学分析[J].北京体育大学学报,2016(11):90-96.

验证假设等基本能力。金军辉在《动作发展视角下 U12—14 乒乓球课程设置研究及案例教学分析》中认为，U12—14 阶段的青少年的认知发展达到形式运算阶段，具备解决运动过程中存在的问题的能力。①

(三)U12—14 身体发展特征

U12—14 是青春期的发育前期，此阶段最重要的特征是性成熟，人的身体会发生显著性的变化，比如身高、体重、肌肉力量与耐受力的发展。② 总之，所有这些改变和改变的时机都要加以观察，从而确定成熟的状态。

首先，从内分泌系统来看，下丘脑—垂体—性腺轴负责调节与青春期相关的大部分生理指标，这些指标如身高、体重、肌肉群以及与其相联系的身体成分、性成熟等特征，就是在这一时期发生迅速变化的。③ 其次，在身体方面，激素的变化引起的 2.5—3 年的快速增长期被称为青春期生长突增期，成人身高大约 20% 在这一时期获得。男孩的这一里程碑式的过程通常从 11 岁开始，在 14 岁，男孩达到生长的最高峰。在这个阶段，男孩的身高每年增长大约 10 厘米，女孩的身高增长较慢，每年大约 8 厘米。部分男生会出现青春期尴尬现象。青春期尴尬指在生长突增期所伴随的暂时性的动作表现困难。身高峰值速度是指身体增长的最高速度，男孩的身高峰值速度大约出现在 13.7 岁，女孩的身高峰值速度大约出现在 11.8 岁。研究发现，1.4%～33.5% 的男孩在这一时期动作表现会下降，这些男孩却是之前动作表现最好的。④

在体重方面，与身高的改变相似，青春期也会带来体重的急剧增加。事实上，在这一时期的前 3 年，男孩的体重增加大约 20 千克，而女孩的体重增加大约 16 千克，体重的增加较大程度上来自身高的增长和身体成分的改变。⑤ 体重增长的峰值速度是指体重增加的最大速率，这一时期一般晚于身高增加的峰值期。⑥ 身体

① 金军辉.动作发展视角下 U12—14 乒乓球课程设置研究及案例教学分析[D].赣州:赣南师范大学，2018. Fisher A,Reillly J,Kelly L,et al. Fundamental movement skills and habitual physical activity in young children[J]. Medicine & Science in Sports & Exercise,2005(68):4-8. Hondt E,Deforche B,Debourdeaudhuij I. Relationship between motor skill and Body Mass Index in 5-to 10-year-old children[J]. Adapted Physical Activity Quarterly,2009(26):21-37.
② 黄永飞,王兴泽.动作发展视野下学校武术课程设置研究[J].北京体育大学学报,2016(6):102-109.
③ 刘霞,王兴泽.动作发展视野下初中阶段篮球教学实验研究:动作发展山峰模式与传统单元模式篮球教学比较研究[J].赣南师范学院学报,2015(6):1-5.
④ 王兴泽,黄永飞,谢东北,等.小学生个体(U6—11 阶段)动作发展与运动技能学习目标研究[J].课程·教材·教法,2015(7):94-100.
⑤ 耿培新,陈珂琦.体育与健康(七年级)[M].北京:人民教育出版社,2013:144-150.
⑥ Rogol A D,C Lark P,Roemmich J N. Growth and pubertal development in children and adolescents:Effects of diet and physical activity[J]. American Journal of Clinical Nutrition,2000(2):521-528.

成熟期的体重大约是出生时体重的 20 倍。身高和体重的测量经常组合为一个测量指标,即体重指数(body mass index,BMI)。计算 BMI 值的方法是体重(千克)除以身高(米)的平方。这个简单的算法很有价值,因为它与身体的脂肪量以及未来健康的风险有关,包括心血管疾病、糖尿病以及某些癌症等疾病的患病概率的增加。① 然而,BMI 不能用来衡量身体脂肪所占体重的百分比,这是因为身体脂肪含量和 BMI 都受到年龄和性别的影响。例如:对于任何一个给定的 BMI 值,女性要比男性拥有更多的脂肪含量,年龄大的人要比年轻人拥有更多的脂肪含量。②

在青春期,并不是所有的身体部分都以同样的速度生长,也不会以绝对相同的方式生长。这里解释一下青春期男女生在体型上的差异,即肩宽与臀宽的比值。一方面,青春期前,儿童的肩宽和臀宽几乎没有差异,但是到了青春期,男孩肩宽的增长要远远超过女孩肩宽的增长。③ 另一方面,青春期女孩臀部的宽度要比男孩增长快很多。如果把臀宽与肩宽用比率表示,则会发现这个比值在 6—11 岁的男孩和女孩中是相当稳定的。此后,这个比值在男孩中有些下降,但在女孩中仍相当稳定。④ 坐高(躯干长度)与身高比率的变化是另外一个可以影响动作表现的身体比例。在女孩 10 岁和男孩 12 岁以前,他们的坐高几乎呈现相同的增长速度。根据这一时期总的身高增长的情况,男女身高的增长,55%～60% 是由于腿部的增长。然而,男孩大约在 12 岁前躯干要比女孩长,因为男孩一般比较高,这就意味着青春期前,与总体身高相比,男孩的腿部长度要比女孩的短些。但是,在青春期和成年期,女性的腿长要短于同等身高的男性。⑤

考察青春期力量变化的研究结果是一致的。有研究表明,男孩的抓握力量在 7—17 岁增加了 39.3%。⑥ 特别要注意的是,Metheny 发现女孩的抓握力量增加了 26%;Meredith 发现男孩在 6—18 岁抓握力量增加了 39.5%;McArdle 和同事发现,至少对于年轻男孩来说,肌肉力量变化的曲线和体重变化的曲线很接近;另外,Shephard 指出,肌肉力量出现急剧增长的时间比身高的急剧增长至少晚一年,

---

① 潘泰陶.7—12 岁儿童动作协调能力性别差异的研究[J].中国体育科技,2002(11):15-17.

② Brooks-Gunn J, Warren M P. Biological and social contributions to negative affect in young adolescent girls[J]. Child Development,1989(1):40-55.

③ Brooks-Gunn J,Graber J A,Paikoff R L. Studying links between hormones and negative affect: Models and measures[J]. Journal of Research on Adolescence,1994(4):469-486.

④ Beckmanj J K. Action-Control:From Cognition to Behavior[M]. Heidelberg:Springer Publishers, 1985:11-39.

⑤ 何珊茹,马佳,静进.青春期女性心理行为问题表现特征分析[J].中国妇幼保健,2005(13):1669-1671.

⑥ Cech D J,Martin S T. Functional Movement Development Across the Lifespan[M]. Champaign: Saunders Publishers,2011:45-87.

因此,青春期前男孩身高的发育一般比肌肉力量要早;按照 Bar-Or 的研究,在正常的发展条件下,男孩肌肉力量增大的最快时期大约发生在身高峰值期的一年后,但是女孩肌肉力量发展的峰值期一般是和身高发展的峰值期在同一时间。①

(四)U12—14 情绪心理发展特征

个体技能的表现在支持性环境下表现出较高的水平,而在孤立条件下或缺乏练习环境的条件下仅仅表现为功能水平,即情境性启动。情境性启动的支持环境主要涉及个体情绪或情感变化而引起的直觉反应。情绪或情感在运动技能(理论知识)学习过程中起到关键的作用。一般而言,学习过程始于无意识的情绪直觉发展,最终会成为有意识的规则,这些直觉的发展以及对这些直觉的感知,对于运动技能(理论知识)的学习者成功地掌握可应用的知识技能来说非常关键。②

对于青少年来说,情绪的错误引导可能使其出现一些不可预测且危险的行为。这反映了情境性启动的影响。比如,情绪爆发和身体攻击是这些青少年处理问题的常用办法(破坏篮球架、地板等)。这种行为通常被归咎于不稳定的荷尔蒙。当前的神经认知科学研究成果显示,与情绪有关的脑区在 10—12 岁时得到充分的发展,但与理性思维和情绪控制有关的脑区的成熟发生在 22—24 岁。这一发现并不是为青少年的不当行为找借口,而是解释了这种不当行为的生理基础。故,理解了情绪的生物学特征,特别是压力的生物学特征后,就会明白,学习者只有在生理上(没有来自武器、暴力的威胁)和情感上(能感到来自教师的尊重,以及对他们的成功的关心)都感到安全时,才能将注意力集中于运动技能的学习上。

这个阶段的青少年在情绪心理上具有以下特征:①成熟性与幼稚性的统一。进入少年期,个体的身体形态发生显著变化,身体机能逐步健全,心理也相应地产生变化,但童年和少年两个阶段之间是逐渐过渡的,初一年级学生刚刚跨入少年期,理性思维的发展还有限,身体发育、知识经验、心理品质方面依然保留着小学生的特点。②向上性与盲目性的统一。自我意识开始发展,有了一定的评价能力,也开始注意塑造自己的形象,希望得到老师和同学的好评;在学习方面会认真努力,力争给老师和同学留下好印象。但思维的独立性和批判性还处于萌芽阶段,神经系统调节能力较差,容易受外界影响,顺利时盲目自满,遇挫折时盲目自卑、泄气,有从众心理。③独立性与依赖性的统一。不愿让大人管,但在学习和生活中遇到具体困难时希望得到老师和家长的帮助。④新鲜感和紧张感的统一。对新环境、

---

① 上引文献均来自 Haywood K, Getchell N. Life Span Motor Development[M]. Champaign: Human Kinetics Publishers, 2009.

② 王兴泽. 踢毽子动作发展序列特征研究及案例教学分析[J]. 北京体育大学学报, 2016(11):90-96.

新老师、新同学、新学科感到新鲜。但由于学科增多,复杂性增强,课时延长,考试增多,教法和学法与小学不同,其感到紧张。⑤自我意识高涨。身体的迅速发育这一生理上的变化发生得过于突然,使青少年自觉或不自觉地将自己的思想从一直嬉戏于其中的客观世界中抽回了很大一部分,重新指向主观世界,使思想意识进入自我,从而导致自我意识的飞跃。⑥反抗心理。反抗心理是青春期普遍存在的一种个性心理特征,这种特征主要表现为对一切外在力量予以排斥的意识和行为倾向。⑦情绪表现的矛盾性。在青春期,个体情绪充分体现出半成熟、半幼稚的矛盾性特点。⑧消极心境。青春期的个体由于生理上发生巨大变化,在心理整合的持续性环节和统一性环节都出现了暂时的混乱,导致不能很好地接纳自己,出现一些消极心境。①

六、U15—17 发展特征

U15—17动作发展特征为"专项动作技术精准控制"。动作技术方面,复杂动作被进一步提炼,自动化成分进一步增加,初显多余动作逐步减少。身高突增、体重明显增加是青春期的一个显著特点。男孩和女孩的体型开始发生变化,区别也越来越明显。认知方面,知觉和观察的水平不断提高,更富有目的性和系统性。情绪心理方面,青少年情绪调节具有复杂和非线性的变化趋势,影响因素主要有大脑功能的成熟程度、青少年的人格特质、父母支持、生活环境等方面。

(一)U15—17 动作发展特征

U15—17动作发展特征为"专项动作技术精准控制"。这一阶段的健康个体通过中枢神经系统可控制肢体躯干等,使其达到某一特定项目所需的神经支配、身体功能、专项动作三方面的相互协调,即,反映在动作技术练习、身体体能功能发展以及二者之间的控制驾驭练习。U15—17典型动作发展特征"专项动作技术精准控制"的成因主要从动作认知、体能发展和神经支配方面交互体现。动作认知方面,中枢神经系统趋于完善,能够胜任较为完善的运动技能。功能基于结构,学习从属于发展。脑内神经元间信息交流的"微妙的平衡关系"产生了动作认知。② 体能发展方面,主要体现为肌肉耐力和心肺功能的相对匹配。神经支配方面,中枢神经系统发育基本成熟,能够完全支配精细动作和粗大动作的结合动作表现。个体

---

① 樊江波.从"视—动协调"分析体育教学内容的选择:以凌空踢球动作为例[J].体育教学,2011(5):29-31.

② Jeannerod M. Motor Cognition:What Actions Tell the Self[M]. Oxford:Oxford University Press,2006:129-143.

在儿童期到青春期的学校阶段,体育项目的学习范围领域是一个由少到多、再由多到少的发展过程。[①] 该阶段已经达到了个体通过运动体验过渡到自己有兴趣的1～2项运动项目的阶段。性别差异对动作发展是有影响的,在不同的阶段显示出不同的影响。[②] 比如,在幼儿阶段和小学阶段影响不大,基本按照个体发展规律体现动作发展特征,然而,到了青少年时期,性别差异对动作发展的影响明显增强,不同性别体现出的动作特征尤其明显。不仅是青少年时期,在该阶段之后的任何时期,性别差异对个体的动作发展、认知发展、情绪心理发展等均存在较大的影响,并由此形成了不同性别的典型特征。

15—17岁属于专项技术动作构建与体能发展相结合的阶段。整个青春期,个体的动作协调性、稳定性、敏捷性都处于上升状态,直到成年时期各项生理指标、机能指标、心理素质等达到基础成熟水平后,动作机能的发挥才逐渐过渡到个体的峰值水平。[③] 个体动作发展的过渡主要体现在通过练习使神经系统通过基本动作的支配得到进一步构建,而提高动作技术的实践就是使神经建立扎实联系的过程。该阶段,复杂动作被进一步提炼,自动化成分进一步增加,初显多余动作逐步减少。青春期生理机能、身体功能等进一步发展,向动作技能自动化过渡,这使得个体的神经重塑过程加速。个体展现出娴熟的运动技能模式,即8—12岁学习的基本动作技术在该阶段被进一步提炼和应用于个体所选择的运动项目中。处于过渡阶段的个体喜欢尝试、学习不同类型的项目,在体验各类项目的过程中不局限于他们的生理条件、环境因素运动等的限制。[④] 动作技术学习的课程内容重点包括一些技术性、精确性的运动练习及一些与竞技相关的运动。研究表明,对于任意一个运动项目,个体都要经过8～12年的训练才能达到自身的最高竞技水平。因此,过渡阶段仅仅是8～12年长期训练的开始阶段。[⑤]

该阶段的个体根据自己身体的赋使条件、支撑环境进行专一项目的选择,个体逐渐摆脱过渡阶段的动作模式,而重点进行动作技术的提炼,同时在环境的交互作

① Capel S,Susan P. Issues in Physical Education[M]. London and New York:Routledge,2000:124-129.

② Penney D. Gender and Physical Education:Contemporary Issues and Future Directions[M]. London and New York:Routledge,2002:41-56.

③ Fisher A,Reillly J,Kelly L,et al. Fundamental movement skills and habitual physical activity in young children[J]. Medicine & Science in Sports & Exercise,2005(68):4-8.

④ D'Hondt E,Deforche B,Bourdeaudhuij I D,et al. Relationship between motor skill and body mass index in 5-to 10-year-old children[J]. Adapted Physical Activity Quarterly,2009(1):21-37.

⑤ Moliner D,Ruiz J. Associations of muscular and cardiorespiratory with total and central body fat in adolescents:The HELENA Study[J]. British Journal of Sports Medicine,2011(10):1-8.

用下进行动作技术的塑造。其中,神经系统支配小肌肉促使动作技术精确化、准确化。① 该阶段,个体进行运动项目的练习是为了使动作技术更精湛,这主要得益于三个方面:生理机能成熟带来的肌肉力量增加,耐力提高和有氧耐力的增强影响生理年龄 11 岁之后的动作技术自动化的进程,动作技术娴熟度的提升速度减慢。终身受用的运动项目的选择,受限于个体的兴趣、过渡阶段,而参与其他运动项目活动的时间减少或精力下降。个体终身受用项目的范围取决于成熟的基本动作模式的数量或范围,即基础动作技术的熟练是个体终身受用项目选择的基础。② 进入青春期后,个体在专一运动项目学习与掌握中的成熟的基本动作模式几乎不变。其专项运动技术的提高是基本动作模式构建、重组的结果,专项能力的发展是个体动作神经支配与身体赋使条件(身高、体重、肌肉力量和耐力、内脏功能提高)变化的结果。青春期动作发展的三个阶段没有严格界限的区分,有时三个阶段重叠在一起,如个体某一专项技能的部分(上肢)动作技能已经达到终身受用的娴熟阶段,一部分(躯干)技能还在过渡多余动作阶段,而另一部分(下肢)动作技术尚处在应用阶段,此时出现上肢、下肢、躯干动作技术融于一体的三阶段重叠过程。③

(二)U15—17 认知发展特征

衡量大脑发育的一个方法是神经元的处理速度,神经元的处理速度在婴儿期和儿童期增长显著,在 15 岁时达到最快。神经元处理速度的加速大部分是由神经细胞的轴突逐渐髓鞘化引起的。④ 髓鞘化是一种致密的脂肪组织,它对轴突可以起到绝缘层一样的效果,能加快电信号的传播而防止相邻的两个神经纤维之间功能的干扰。髓鞘发育从出生开始,在 2 岁达到最快,但一直持续到 30 岁。在儿童青少年的发展进程中,大脑神经元不断在进行突触修剪和髓鞘化。大脑总体积在儿童青少年时期随年龄的增长基本上没有变化,已经达到了发育成熟后的重量,即 1.3~1.4kg。但是,最高的皮层中枢还将进行最后阶段的突触发展。儿童青少年的学习、练习等行为可以使其获得一些以前不具备的能力,而大脑是不会自动习得这些能力的,只有通过学习才能获得。同时,许多技能需要不断训练和学习才能保持较高的水平,否则下降将不可避免。这就是我们日常所见的各种技能的获得、下

---

① Crain W. Theories of Development: Concepts and Applications [M]. 6th ed. Englewood Cliffs: Prentice Hall Publishers, 2010.

② 潘泰陶. 7—12 岁儿童动作协调能力性别差异的研究[J]. 中国体育科技,2002(11):15-17.

③ Kuhl J,Beckman J. Action-Control: From Cognition fo Behavior [M]. Heidelberg: Springer Publishers, 1985:11-39.

④ Kolkman M E,Kroesbergen E H,Leseman P P M. Involvement of working memory in longitudinal development of number-magnitude skills[J]. Infant and Child Development,2014(1):36-50.

降、丧失现象,其本身就反映了大脑功能的可塑性。①

U15—17阶段,青少年的知觉水平和观察水平不断提高,更富有目的性和系统性。高中学生在感知和观察事物时比以前更全面、深刻。他们能发现事物的一些主要细节和事物的本质方面,认知的稳定性、持久性较之初中阶段有了很大程度的提升,但也并非尽善尽美。U15—17阶段是人的记忆力发展的较佳时期,可以说,高中生的记忆力已达到新的成熟阶段。他们能够按照一定的学习目的支配自己的记忆活动。16岁左右,记忆力已趋于成熟。② 高中生更多地采用意义识记的方法来识记材料,力求理解教材内容的内在联系,而不是单纯地进行机械识记。在注意力方面,高中生注意力的集中性和稳定性有了很好的发展。注意力的范围一般达到了成人水平。注意力的分配品质发展较好,也可以根据任务要求转移自己的注意。对于自己不感兴趣但又必须识记的材料,他们也能很好地集中自己的注意力。③

高中学生的思维发展达到了新的水平,具有更强的抽象概括性、反思性和监控性。他们能够以理论为指导,综合各种材料,不断加深对事物发展规律的认识,抽象逻辑思维趋向理论型。到高中二年级,这种理论型思维发展趋于成熟并基本定型。高中生的辩证逻辑思维发展比较迅速,但只是趋于优势地位,并非达到完美的程度。就思维品质发展而言,高中生思维具有更大的组织性、独立性、深刻性和批判性。他们一般不盲从,喜欢探究事物的本质,敢于大胆发表自己的见解,喜欢怀疑、争论,有时好走极端,产生片面性、主观性、肯定一切或否定一切的倾向。④

高中学生想象的特点主要表现在他们的创造性成分的增加和理想的建立与实现方面。高中生更重视现实,他们的理想不仅考虑自己的兴趣,还考虑有无实现的可能和条件,一旦有可能如愿,他们就会为之奋斗,争取早日实现。不同年龄段的学生,各有其发展特点,教师要做的就是认识特点、了解特点、内化特点,从而因材施教,让每个学生都能成长为最好的自己。

(三)U15—17身体发展特征

青春期的身体发育,归结起来有三大变化:身体外形的变化、生理机能的增强、生殖器官发育成熟。身体外形方面,身高突增、体重明显增加,这是青春期的一个

---

① Tanner S M. Weighing the risks, strength training for children and adolescents[J]. Physician & Sports Medicine,1992(6):104-106,114,116.

② Gentile A M. Movement organization and delayed alternation behavior of monkeys following selective ablation of frontal cortex[J]. Acta Neurobiologiae Experimentalis,1972(2):277-304.

③ 姜春平,张成刚.动作概念学习对运动技能保持作用的研究:以太极拳学习为例[J].哈尔滨体育学院学报,2008(1):140-141,144.

④ Greg Payne,耿培新,梁国立.人类动作发展概论[M].北京:人民教育出版社,2008:3-30.

显著特点。男孩和女孩的体型开始发生变化，区别也越来越明显，这和睾丸分泌的雄性激素、卵巢分泌的雌性激素有关。生理机能方面，神经系统以及心脏和肺等器官的功能明显增强。生殖器官发育方面，进入青春期后，男生和女生的性器官都迅速发育。男孩出现遗精，女孩会来月经。同时，男性表现为喉结突出，长胡须，体格高大，发音低沉，阴毛和腋毛先后长出，肩宽胸廓由孩童时期的圆形变成扁圆形；女性表现为乳房发育突出，骨盆增宽，皮下脂肪加厚，阴毛和腋毛长出，音调高而尖细等。男女第二性征的出现，标志着青春期的来临。①

青春期是从幼儿时期过渡到成人时期的一个转折阶段。人类生殖内分泌系统存在着一个下丘脑—垂体—性腺轴系，三级组织是一级管一级。在青春前期，此轴系处于静止状态；到青春期，由于雌性激素对下丘脑的抑制作用减弱，下丘脑释放的促性腺激素释放激素的频率和幅度增加，促使垂体分泌黄体生成素和卵泡刺激素。这两种促性激素又使卵巢或睾丸分泌的雌性激素或雄性激素大大增加，这就引起了青春期的发育。青春期发育还涉及许多其他激素，如垂体分泌的生长激素和肾上腺分泌的雄性激素等。②

根据国外的资料，女性青春期发育开始的年龄和次序如下：乳房开始发育的平均年龄为 10.8—11.4 岁，阴毛开始出现的平均年龄为 11.0—11.4 岁，身高迅速增长的平均年龄为 11.3—12.9 岁，初潮的平均年龄为 12.6—13.5 岁。我国妇女初潮年龄平均为 14 岁，正常范围是 12—18 岁。月经初潮年龄因身体及精神发育、营养条件、气候等影响而有所不同。一般来说，生活在较寒冷地带的女性初潮年龄较晚，而热带地区的女性成熟较早。

（四）U15—17 情绪心理发展特征

青少年情绪心理的发展呈现非线性的复杂变化趋势。影响青少年情绪心理发展的因素有大脑功能的成熟程度、青少年的人格特质、父母支持、生活环境等。③

1. 大脑功能的成熟方面

一些研究认为，随着年龄的增长，青少年会使用适应性更强的情绪调节策略，比如更多的认知重评，即个体通过改变对情绪诱发刺激的认知和评价来调节自己的情绪。青少年时期是前额叶皮质发展的第二个加速期，前额叶皮质在青少年阶

①　耿培新，陈珂琦.体育与健康（七年级）[M].北京：人民教育出版社，2013：144-150.

②　何珊茹，马佳，静进.青春期女性心理行为问题表现特征分析[J].中国妇幼保健，2005（13）：1669-1671.

③　Cole P M，Martain S E，Dennis T A. Emotion regulation as a scientific construct：Methodological challenges and directions for child development research[J]. Child Development，2000（2）：317-333.

段的发展是一个持续的过程,直到青少年晚期才逐渐发育成熟。前额叶皮质的发展对青少年的情绪调节尤为重要。这不仅是因为情绪调节最初依赖于额叶皮层控制的发展,还因为在青少年时期,个体会体验到更多由于人际关系和社会环境改变而带来的负性情绪。① 在面对情绪性刺激时,像杏仁核这样的情绪处理系统的活动更加强烈,而前额叶皮质的发展还未达到成熟,使得青少年更容易受到情绪的干扰而出现各种各样的问题。② 因此,青少年的情绪心理发展就不可避免地需要以前额叶皮质的发展为基础。与成年人和儿童相比,青少年在情绪刺激下,其杏仁核的活动更加激烈并且在调节情绪方面出现更多困难。青少年在情绪调节方面出现困难是因为他们在面对情绪性刺激时,大脑皮层下区域的情绪处理系统的剧烈活动和未发育成熟的前额叶区内情绪调节系统的低效能之间不平衡。③ 与成人相比,青少年在面对恐惧性情绪刺激时的反应更慢,且前额叶皮质和杏仁核的活动之间关联更低,说明此时青少年的情绪调节效能更低。正因为青少年相比成年人更容易受到情绪的干扰,青少年在情绪调节时需要调用更多的前额叶皮质资源。④

2.人格特质方面

尽管目前很少有研究直接探讨青少年人格特质对其情绪调节能力的影响,但已有的一些研究还是能为人格特质对情绪调节能力的影响提供间接证据。王东宇等人的研究发现,诱发情绪的刺激种类以及被试的人格特质会影响其情绪调节的能力,这种影响尤其强烈地体现在早期的青少年中。⑤ 即在青少年早期,个体对社会性刺激所引发的负性情绪的调节能力更差,尤其是当这些青少年具有较高的拒绝敏感性的时候——尽管该研究并没有通过纵向追踪直接证明人格特质(拒绝敏感性)对青少年情绪调节能力的影响。然而,青少年早期拒绝敏感性高的个体不仅对社会性的负性情绪的调节能力减弱,还会在青少年的中后期体验到更低的自我价值感,遭遇到更多的人际关系冲突,难以形成良好的社会支持系统。有理由推测,如果缺乏必要的经验和指导,青少年早期的拒绝敏感性程度会影响他们日后的

① 马伟娜,朱蓓蓓.自动情绪调节策略对焦虑个体负性情绪的作用[J].中国临床心理学杂志,2012(4):510-513.

② 姜媛,白学军,沈德立.中小学生情绪调节策略的发展特点[J].心理科学,2008(6):1308-1312.

③ 沃建中,刘彩梅,曹凌雁.中学生情绪调节能力的发展特点[J].中国临床康复,2005(20):240-242.

④ 邓欣媚,王瑞安,桑标.情绪调节的发展及其与情绪体验、情绪能力、情绪调节态度的关系[J].心理科学,2011(6):1345-1352. Garnefski N, Kraaij V. Relationships between cognitive emotion regulation strategies and depressive symptoms: A comparative study of five specific samples[J]. Personality and Individual Differences,2006(8):1659-1669.

⑤ 王东宇,王丽芬.影响中学留守孩心理健康的家庭因素研究[J].心理科学,2005(2):477-479.

情绪调节能力的健康发展。Purdie 等的研究以 661 名小学四年级到大学二年级的青少年为被试(一般青少年 470 人,情绪性青少年 191 人),探究了情绪性青少年情绪调节策略的使用情况,发现在各个年龄段,相比一般青少年,情绪性青少年都更多地使用前摄性的情绪调节策略(一种回避问题解决情境和趋近情绪的行为),更少地使用工具策略(一种回避情绪和趋近问题解决情境的行为)和被动策略(一种回避情绪和回避问题解决情境的行为)。[1] 通过与同龄的一般青少年群体的对照,说明情绪性会显著影响青少年情绪调节能力的发展。在今后的研究中,可以进一步探究不同的人格特质对青少年情绪调节能力的影响,这可能会提供更多的直接证据。

3. 父母支持方面

在青春期,青少年和父母之间的争执渐多而亲密感渐少,父母应当在给青少年自由与监督他们的行为之间找到平衡。邓欣媚等人 2004 年的研究发现,父母监督的减少会导致青少年情绪的失调,尤其是难以调节愤怒情绪,从而引发各种行为障碍。[2] 沃建中通过对 1465 名青少年进行三阶段的实测研究,发现在两年的发展过程中有抑郁症状的女孩会使用更多的表达抑制策略,但表达抑制策略使用的增多并不直接由抑郁症状导致,而是由抑郁症状所引发的父母支持的下降所导致的。[3] 与男孩相比,女孩具有更强烈的关系取向,有抑郁症状的女孩会认为自己的抑郁情绪破坏了亲密关系、不能被接受。在这种情形下,缺乏父母支持而又具有抑郁倾向的女孩会为了维护自己与父母之间的关系而抑制自己的情绪表达。

4. 生活环境方面

在青少年成长过程中,一些外在环境的变化会给个体带来许多挑战,增加了情绪事件发生的概率,促使个体进行情绪调节。因此,生活环境的改变会对某些情绪调节策略的运用造成影响。Hoeksema 等人于 2009 年选取 278 名将要进入大学的学生作为被试,使用情绪调节量表分别测量了他们在入学前 2 个月和刚进入大学 2 周之内的表达抑制策略使用频率,并要求已经完成了情绪调节测试的 233 名学生在随后的 10 周内每周报告一次自己的社会功能情况。结果表明,被试刚入学 2 周之内的表达抑制策略使用频率较入学前的使用频率显著增加,个体在离开了

---

① Purdie V, Downey G. Rejection sensitivity and adolescent girls' vulnerability to relationship-centered difficulties[J]. Child Maltreatment, 2000(4):338-349.

② 邓欣媚,王瑞安,桑标. 情绪调节的发展及其与情绪体验、情绪能力、情绪调节态度的关系[J]. 心理科学,2011(6):1345-1352.

③ 沃建中,刘彩梅,曹凌雁. 中学生情绪调节能力的发展特点[J]. 中国临床康复,2005(20):240-242.

熟悉的社交系统并在大学开拓新的社交环境的过渡期内,会更多地使用表达抑制策略来调节自己的情绪表达。① 这一结果与前人研究所认为的"表达抑制策略的使用会随着年龄的增加而减少"相悖。这证明了在特殊时期个体情绪调节策略所具有的特殊性。Gross 等认为,刚进入大学的第一年是充满紧张情绪的一年,许多学生远离了自己熟悉的环境,来到一个未知的环境,此时结识新的朋友、建立全新的社会支持系统对成功地度过这一转折期十分重要。所以,青少年会更多地抑制自己的情绪表达以便建立新的社会支持系统。② 同时,这一矛盾之处也可以通过"个体的编码系统面对不同情境会采取不同的应对方式"这一现象来解释。③ 另外,被试在过渡时期表达抑制策略使用的增多对其随后 10 周内的社会功能都产生了显著的影响。这一间接证据表明,青少年在过渡期调整表达抑制策略的情况会持续下去。④

第三节　儿童青少年动作发展过程中的典型特征

在儿童青少年发展过程中,多数个体会出现典型的里程碑式的动作模式或动作特征,但是,有些个体由于家庭环境、任务高低与难点不同,以及个体营养或发育等问题而未出现典型的动作特征,这是一种发展现象。儿童青少年的发展分为正常发展、超前发展、滞后发展和障碍发展等现象或过程。⑤ 典型动作发展是在多数个体评价值的基础上,在常规环境和学习任务中产生的动作表现形式。⑥ 儿童青少年在不同阶段的发展速度是不同的,个体功能水平经过较长时间的稳定期后,会

① Hoeksema S N, Aldao A. Gender and age differences in emotion regulation strategies and their relationship to depressive symptoms[J]. Personality and Individual Differences,2011(6):704-708.

② Gross J J,John O P,Srivastava S. Emotion regulation and peer-rated social functioning:A 4-year longitudinal study[J]. Journal of Research in Personality,2012(6):780-784.

③ Frick P,Morris A S. Temperament and development pathways to severe conduct problems[J]. Journal of Clinical Child and Adolescent Psychology,2004(1):54-68.

④ Silk J S,Steinberg L,Morris A S. Adolescents' emotion regulation in daily life:Links to depressive symptoms and problem behavior[J]. Child Development,2003(6):1869-1880.

⑤ 王兴泽. U12—14 阶段动作发展特征及武术运动技能案例教学分析[J]. 北京体育大学学报,2015(9):101-110.

⑥ Kathleen Haywood,Nancy Getchell. 动作发展:终身观点[M]. 杨梓楣,陈重佑,等译. 台北:禾枫书局,2016:1-6.

突然发生质变,即使各种成分及相互关系达到一个全新的程度。[1] 当前,关于儿童青少年动作发展的典型特征研究主要是基于发展的视角。[2] 在某一动作发展序列中,儿童青少年个体所达到的水平是教师判断该个体动作发展水平的重要依据。体育教师或教育工作者应该了解该动作发展序列特征、变化参数,用以判断个体发展到何种阶段水平,设计更加合适的教学任务并促进个体的发展,而不是为了达到某一竞技水平或要求而设计教学任务与训练任务。从发展的视角看,个体终身的动作发展和变化与年龄相关,但并不由生理年龄决定。本节主要介绍儿童青少年动作发展过程中几个典型的动作特征或实践。

一、视—动协调

儿童个体发展到一定阶段,视觉系统、动作系统等共同完成同一目标而协调身体外显行为的过程,即为视—动协调。这类动作通常包括眼—手协调和眼—脚协调。比如,踢毽子活动中,上肢平衡、下肢支撑体重和踢出毽子、双眼跟随毽子移动、肢体协调活动能够连续踢到预想位置的综合活动。[3] 个体视—动协调能力有一个发展过程,比如,单因素系统能力的完善、双因素系统能力的完善与交互、多因素系统能力的完善与交互、刻意练习和随意练习协调能力的达到等。[4] 儿童空间知觉能力的发展是沿着"横向—纵向—矢向—综合变向"的发展顺利进行的,并且与个体的学习、经验、练习、环境赋使限制等密切相关。在 1 岁左右时,儿童能够明显地对自身部位的语言描述做出反应;6 岁时,多数孩子就能正确识别身体主要部位并在不久后逐渐具备区别身体细小部位的能力;8 岁时,多数孩子可以正确回答关于身体的特定部位的左右分辨问题。儿童感知和拦截移动物体的能力,在整个童年期持续发展,直至 12 岁左右才相对成熟,年幼儿童无法对物体飞行路线进行知觉信息与自身的动作行为的有效整合。

多数 6 岁左右的儿童的视—动协调能力处于准备阶段,即视—动不协调,因此不具备完成如踢毽子、抽陀螺等动作的生理基础。8 岁左右,多数儿童初步具备视—动协调能力。比如,乒乓球练习、羽毛球练习、网球练习、高尔夫球练习等,

---

① 中央教育科学研究所比较教育研究室.人的发展[M].北京:教育科学出版社,1999:448-498.

② 耿培新,梁国立.美国学校体育国家标准研究[M].北京:人民教育出版社,2007:2-3.

③ 王兴泽.踢毽子动作发展序列特征研究及案例教学分析[J].北京体育大学学报,2016(11):89-96,118.邵志南,周谋琴.以"踢毽子"动作发展为例分析教学内容的选择[C]//中国教育学会,中国中学生体育协会.首届全国中小学体育教学改革北京论坛论文集.2011:101-104.

④ Anne Shumway-Cook,Marjorie H. Woollacott.运动控制原理与实践(第 3 版)[M].毕胜,燕铁斌,王宁华,主译.北京:人民卫生出版社,2009:12-13.

由于器械手柄长短各异,个体应根据自身形态、协调发展程度和控制能力选择项目或器械进行练习。此外,还可通过节奏鲜明的团体操、徒手操等,发展其跳、跑、滑动、转动等能力;通过田径运动中各种跑跳的基本技术练习,发展跳、跑、踢、抛、接、滑动、转动等能力,促进视—动协调能力发展。10—11 岁,多数个体的视—动协调已经建立。

视—动协调过程可以通过视觉训练来进一步完善。视觉训练的概念最早由法国医生雅瓦尔(Louis Émile Javal)教授提出,用于治疗斜视、缓解视觉疲劳、防治假性近视等。视觉训练是指利用光学或心理物理学等方法,对眼睛视觉系统(包括调节、辐辏、眼球运动以及它们之间的关联运动)产生一定的认知负荷(通常这一负荷高于日常需求),从而提高视觉系统的视觉功能、视觉舒适度,达到修复及改善双眼视异常的目的。[1] 视觉训练是对眼部肌肉的专门性练习,能提高眼部肌肉的力量、速度、转动幅度。[2] 通过视觉训练还可以提高身体的运动能力与身体协调能力。[3] 不同的视觉训练方式均可改善不同人群存在的功能障碍。可根据人群的不同情况对训练方法进行调整和创新,以最大限度地发挥视觉训练优势。

儿童视觉训练的过程主要包括准备部分、基本部分、结束部分三个环节。[4] 在准备部分,比较普遍的就是做眼保健操,眼保健操的主要功能在于缓解视觉疲劳,其用于视觉训练的准备活动可以促进眼部血液循环,调动视功能,增加眼部肌肉的弹性,减少伤害。之后进行视觉训练,最后是望远放松,由此构成视觉训练的完整过程。[5] 儿童视觉研究过程包括视力检查干预,指导儿童家长定期对儿童视力进行检查,使家长意识到近视带来的严重后果,促使儿童家长重视近视。在检查完成后要做好记录,方便进行对比。[6] 教育干预可以更好地预防儿童近视的发生,家长在其中扮演重要角色,应对家长进行教育宣讲,让家长了解引发近视的因素、带来的危害等,同时向家长讲解健康用眼的方式。此外,一些食物对视力也有很大的好

[1] Birnbaum M H, Greenwald I. Orthoptics and visual training [J]. Clinical and Experimental Optometry,1968(4):105-110.

[2] 李梦晓,冯丽娟,张福蓉,等.镜像视觉反馈疗法在康复训练中的研究进展[J].中国康复理论与实践,2017(12):1403-1406.

[3] 戴清华,李靖,陈启平.足球运动视觉训练探析[J].安徽师范大学学报(自然科学版),2009(4):400-403.

[4] 陆作生,赵修涵,谭甜.视觉训练:防控儿童青少年视力低下的方法及应用[J].上海体育学院学报,2020(8):27-32.

[5] Amato M, Goretti B, Viterbo R, et al. Computer-assisted rehabilitation of attention in patients with multiple sclerosis:Results of a randomized,double-blind trial[J]. Multiple Sclerosis,2014(1):91-98.

[6] 张敏,林宇驰,蒋平,等.视知觉训练治疗对弱视儿童视觉表征和双眼视功能的影响[J].国际眼科杂志,2019(9):1629-1632.

处,如水果、鱼、奶等,可以多食用。①

视觉环境与行为干预方面,主要有如下方法:改善居住环境的采光条件;使用适合儿童使用的书桌,并调整至科学适宜的高度;养成良好的用眼习惯;保证用眼期间的歇息时间;多参加户外活动;减少使用电脑的时间;减少看电视、手机的时间。② 对儿童进行视觉训练,主要目的是治疗儿童弱视以及防止近视。③ 弱视是一种视力不良综合征,严重影响视力发育,其主要特征为空间视力受损。据统计,其在人群中的发病率高达 2%~4%。④ 高天通过研究表明,相对于传统的综合疗法,智能化多维训练治疗屈光不正性弱视患儿效果更佳,且患儿屈光不正类型、发病年龄及治疗时间明显影响疗效。⑤ 何玉霞探究了视觉综合干预对预防儿童近视的效果,具体研究方法是:对照组儿童进行常规的视觉干预,观察组儿童进行视觉综合干预,然后比较两组儿童近视的发生率、黄斑的体积及眼轴的长度。结果显示:干预 1 年后,观察组儿童近视的发生率低于对照组儿童,其黄斑的体积大于对照组儿童,其眼轴的长度短于对照组儿童。因此,对儿童进行视觉综合干预可有效地预防其发生近视。⑥

综上,关于视—动协调以及专门的儿童视觉干预等的研究不多。随着儿童近视的发病率逐年升高,青少年近视的防控显得尤为紧迫。除遗传因素外,视—动协调的眼调节各因素与眼屈光不正相关的问题,一直是国内外眼科界的热门研究课题。通过调节功能的训练,尽早预防由调节功能引起的近视加深,这一方法在近几年引起了国外部分学者的注意,但国内目前的研究尚不多。

儿童视—动协调和视觉训练的机制,比较常见的是课间的眼保健操,但效果不是很好。长时间近距离学习会导致视觉疲劳,大脑会适应性调节眼轴使其变长以看清近距离的物体,同时睫状肌会出现肌肉紧张持续收缩。通过视觉训练能有效地训练睫状肌,增加睫状肌的供血,改变它的工作状态,增加眼部肌肉的力量、速度

① 高青,刘懿卿,叶茜雯,等.辽宁省四至六年级小学生近视现况及其影响因素[J].中国学校卫生,2020(6):929-931.

② 包力,沈丽琴.2012—2017 年儿童青少年近视患者近视年平均增长度数分析[J].预防医学情报杂志,2018(8):1100-1104.

③ 李韶辉,盛佑祥,杨万章,等.视觉反馈结合减重平板步行训练对急性脑卒中患者运动功能的影响[J].中华物理医学与康复杂志,2007(9):621-622.

④ Mao Y,Chen P,Li L,et al. Virtual reality training improves balance function[J]. Virtual Reality Training Improves Balance Function,2014(17):1628-1634.

⑤ 高天.传统综合训练与智能化多维视觉训练对屈光不正性弱视的疗效对比及其影响因素研究[J].眼科新进展,2014(11):1059-1061.

⑥ 何玉霞.对儿童进行视觉综合干预对预防其发生近视的效果分析[J].当代医药论丛,2019(10):109-110.

及眼球的转动幅度,以此来改变聚焦,增强调节功能。视觉训练可以对青少年近视起到有效的防控作用。① 李爱军、布娟等比较了多媒体视觉训练与传统方法在治疗儿童弱视方面的效果,结果显示:多媒体视觉训练通过设计各种知觉学习任务,结合儿童的心理特点,可以提高儿童的视觉功能以及手、眼、脑的协调能力。② 其原理主要是利用大脑神经系统的可塑性,将弱视治疗与电脑游戏相结合,通过各种生物刺激提高视觉功能。

视觉训练可以提升儿童认知能力、身体执行能力、记忆能力、平衡能力。③ 对儿童进行视觉训练,建议将视觉训练课程化,使视觉训练由校外活动拓展到校内体育活动、由课外体育活动拓展到体育课内,做到目标明确、内容系统、手段优化、评价规范,这样效果更加明显。④

二、对齐意识

对齐意识是个体在 3 人及以上的集体活动中体现出配合整体效果的统一行为能力。对齐意识体现个体融入群体的能力,以及与队友、群体等共同完成同一或不同目标的能力。对齐意识随着个体生理年龄的增加而发展,个体会经历"个体独立能力的完善——同伴、队友或群体能力的识别——个体融入群体的能力的提高"等过程。儿童青少年的对齐意识大约从 8 岁之后才逐渐完善起来,在小学 1—2 年级时多数儿童不具备整体意识,因而在针对该阶段儿童所组织的多人数、长时间的集体活动中,常常会出现混乱现象。⑤

随着年龄的增大,儿童逐渐意识到自我之外的其他个体,体现出对齐、集体、团队等社会意识能力。因此,在课堂教学过程中,针对 8 岁以下儿童的教学,可以采取较为轻松愉悦的组织形式,不强求孩子按照标准的队列队形进行教学活动,尽量采取游戏、比赛等形式,提供个体之间交流合作的机会,培养孩子的群体意识和团队意识。同时,加深个体对动作技术的理解与体验,提高其进行个人练习或与同伴

① 郭雷,才娜,郭秀荣.双眼视觉训练对屈光不正及屈光参差性弱视的疗效观察[J].眼科新进展,2008 (11):847-849.
② 樊泽民,刘芳丽,刘立京,等.中国综合防控儿童青少年近视行动方兴未艾[J].中国学校卫生,2019 (12):1767-1770.
③ 徐茂云,卢兆桐,刘世君.虚拟现实技术在医学中的应用进展[J].实用医药杂志,2007(11):1379-1381.
④ Garcia-Betances R I, Waldmeyer M T A, Fico G, et al. A succinct overview of virtual reality technology use in Alzheimer's disease[J/OL]. [2021-12-01]. https://www.docin.com/p-1680902254.html.
⑤ 王兴泽,黄永飞,谢东北,等.小学生(U6—11 阶段)动作发展与运动技能学习目标研究[J].课程·教材·教法,2015(7):94-100.

共同练习的积极性,创造条件让个体享受展示动作技能时的快乐体验,使个体更有动力发展动作技能。①

三、赶上生长

赶上生长现象是指个体在特定阶段由于特定原因导致自我发展受阻或停止一段时间,但在随后的发展过程中超过之前发展速度以弥补前面发展受阻或停止所造成的生长滞后的现象。② 人类的正常生长是多种机制(遗传、营养、环境、社会和经济)之间相互作用的结果,这些机制共同导致体重和身高增加。许多全身性疾病和环境条件确实会损害正常生长。当疾病缓解时,个体通常会以更快的速度恢复生长,并超过其所处年龄段的正常速度。该加速生长阶段构成了赶上生长现象,这一阶段可以是完整的或不完整的,其取决于遗传目标的最终高度。③ 赶上生长是身体自带的能力,是人类在进化过程中获得的属性。发展和年龄相关,但不由年龄决定,现实中经常会出现身体特征与年龄存在偏差的情况。比如,在身体形态方面,有的个体高于正常生长速度,身体形态过于高大;有的个体由于患上疾病,生长发育滞后,这一现象可以称为"障碍"发展,但障碍发展只是一段时间内的生长发育异常现象;还有一种情况是正常无疾病状态下的滞后发展。上述发展情况均属于正常发展属性下的现象。障碍发展的个体在常规疾病疗愈后会出现赶上生长现象;而"滞后"发展的个体只是在整个动作发展过程中,表现出没有任何标志性的延迟发展,这属于"大器晚成"现象,该个体的身体形态、功能等均正常发展,只是滞后发展的动作需要一个更长的生长期而已。④

赶上生长现象凸显了个体的特异性,不同个体在整个生命过程中的表现的总结果是相同的。因此,在学校体育教学实践中,当多数个体在学习过程中表现出成熟的动作形式,极少数的个体表现出与生理年龄不相符的不成熟动作时,可能是该个体正在经历一个相对滞后的发展进程,但该个体仍将有可能通过与他人同样的

---

①　Gallahue D L, Ozmun J C. Understanding Motor Development: Infants, Children, Adolescents, Adults[M]. 6th ed. New York: McGraw-Hill, 2006: 312-331.

②　Davies P L, Rose J D. Motor skills of typically developing adolescents: Awkwardness or improvement? [J]. Physical & Occupational Therapy in Pediatrics, 2000(1): 19-42. Williams J P. Catch-up growth[J]. Journal of Embryology and Experimental Morphology, 1981, 65(Suppl): 89-101. Gafni R I, Baron J. Catch-up growth: Possible mechanisms[J]. Pediatric Nephrology, 2000(7): 616-619.

③　Kay's S K, Hindmarsh P C. Catch-up growth: An overview[J]. Pediatr Endocrinol Review, 2006(4): 365-378.

④　王兴泽. U12—14 阶段动作发展特征及武术运动技能案例教学分析[J]. 北京体育大学学报, 2015(9): 101-110.

发展阶段而表现出成熟的动作形式,虽然其也有可能永远也达不到这个动作的成熟阶段。我们应用发展的眼光看待每一个体,而不是将不成熟的动作视为错误进行纠正。

四、青春期尴尬

在青春期,身体改变深刻体现在身高和体重的加速增长上,存在 2.5～3 年的青春生长突增期。青春期尴尬是指在这一生长突增期中伴随着的暂时性动作表现困难。这可能是由于随着身体快速生长,身体原有平衡被打破。此现象主要在男孩中出现,且这些男孩之前处于动作表现最好的水平。研究指出,青春期尴尬的出现不具备普遍性。体重在青春期会急剧增加,许多个体的体重增加来自身高增长和身体成分改变。BMI 在整个青春期都呈上升趋势,女孩的 BMI 快速增加的原因主要是身体总脂肪量增加,男孩则是因为无脂肪组织增加。在青春期,身体不同部位以不同速度生长。青春期男女在体型上表现为肩宽与臀宽的比例不同,男孩肩宽的增长远多于女孩,而女孩臀宽的增长比男孩快,最终形成青春期臀宽与肩宽的比值在男孩中下降但在女孩中仍相当稳定的现象,使得男女动作发展出现更大差异。[1] 男孩青春期体格增长差异显著,部分男孩是在身高变化的 5 个月后肌肉力量才跟着增加,再过 14 个月肌肉力量才得以体现,导致不协调的笨拙现象时有发生。较女孩而言,男孩身材高大,肌肉更多,脂肪更少;女孩生长发育速度较男孩更早趋于稳定,男孩则处于身体发育突增期。[2] 青春期男女的生长发育时间并不相同,女孩比男孩早 2 年左右,其间女孩的身高增幅为 20～23cm,体重增幅为 14～16kg,而男孩的身高增幅为 23～30cm,体重增幅为 16～20kg[3]。女孩月经初潮后,会出现动作行为功能(如速度、准确性等)下降。动作学习涉及增加知觉和动作协调性的过程,在动作学习过程中,正确的动作知觉和动作策略相匹配才能产生协调的动作。只有在正确动作的基础上加以练习,提高动作质量,才能提升动作学习效果。

考虑到青春期尴尬现象,在这一时期对青少年进行体操等项目的动作教学时,应该适当降低动作任务的难度,避免出现学生因学习效果下降感到沮丧,进而影响其动作发展的恶性循环。研究指出,只有约 20% 的男孩会出现青春期尴尬,在女孩中则几乎没有出现。这表明青春期尴尬现象存在性别差异。据此,在青少年体

① Greg Payne,耿培新,梁国立.人类动作发展概论[M].北京:人民教育出版社,2008:305-317.
② 林琬生,侯启春,吴南屏,等.儿童身高生长追踪研究[J].人类学学报,2000(2):97-107.
③ 罗宾·S.维莱,梅利莎·A.蔡斯.青少年体育运动指导与实践(修订版)[M].徐建方,王雄,译.北京:人民邮电出版社,2020.

操动作技能发展中,应加以区分,可以针对出现青春期尴尬的个体采用特定教学方法,减缓青春期尴尬对各项运动动作发展的阻碍,以促进全体学生正常发展。①

五、突增期肌肉与关节柔韧性不平衡

青少年身高快速增长的 2.5～3 年被称为青春期生长突增期。与身高的增长相似,这一时期体重也会急剧增加,且较多地来自身高的增长和身体成分的改变,但并不是所有的身体部位都会以同样的速度生长。在青少年发展过程中,生长发育高峰期会出现身体能力的变异发展。约在 12 岁前,男孩的躯干比女孩长,腿部比女孩短,但在青春期,女孩的腿长短于同等身高的男孩。而青春期男孩肌肉力量的急剧增长比身高的急剧增长至少晚 1 年。② 青少年在体型和力量上表现出成熟度不足、发展不完善的特征,在练习过程中如不注意,将会增加受伤风险。尽管普遍认为青少年的身体柔韧性在青春期会下降,但存在部分关节活动度增加的情况。这表明身体不同部位的柔韧性可能存在不平衡发展,个体在执行动作时会使一些动作结构受到限制。柔韧性的下降可能存在专项特征,虽然柔韧性与肌肉力量不相关,但研究表明,肌肉力量和柔韧性的不平衡发展会导致动作模式异常,成为受伤的风险因素。③

在青春期,男孩身高的急剧增加比肌肉力量的急剧增加要早,而女孩的肌肉力量和身高增加的峰值期一般在同一时期,这解释了为什么男孩会经历一个短暂的笨拙期,即已有肌肉力量水平不能适应变大的身体。在青少年体操动作发展过程中,通常采用人体单关节运动如屈伸、外展和内收等原始动作,要求练习者有意识地去感受肌肉用力后的张力感以及关节运动的速度感与方向感。这一过程要求在完成体操动作时神经肌肉活动的密切配合,必须按照体操技术要求,使身体不同部位肌肉协调一致地收缩与放松,以一定顺序和节奏完成动作。④ 可见,肌肉力量、柔韧素质以及它们之间的不平衡会影响青少年体操动作的发展,在练习过程中,应该均衡肌肉力量和柔韧性的练习,使身体和动作协调发展。

---

① 张诚,王兴泽.动作学习视野下校园足球课程设置研究及案例教学分析[J].北京体育大学学报,2017(5):73-80.

② Thomas J R. Motor Development During Children and Adolescence[M]. Minneapolis:Burgess Publishing Company,1984:128.

③ 托马斯·赖利,A.马克·威廉姆斯.足球与科学(第 2 版)[M].曹晓东,译.北京:人民体育出版社,2011:312-314.

④ 高留红,张予南,谢建中.对体操的再认识[J].北京体育大学学报,2009(5):117-123.

六、身高—体重—肌肉力量序列发展

青少年在身体、体重、肌肉力量的发展过程中,最先是身高增长,5 个月后体重逐渐跟上,14 个月后肌肉力量逐步体现出来。儿童中后期,男孩身高的发育一般比肌肉力量增加要早。儿童后期,由于男孩青春期突增的影响,部分男孩会出现青春期尴尬现象,这一行为特征会影响这些个体的动作表现,以及动作学习的质量和形式。8 岁左右,儿童腿部生长速度超过头部生长速度,导致身体重心由腹部下移至臀部。这有助于个体对平衡类项目的动作学习与控制,而较稳定的肩宽与臀宽比及身体比例有利于动作技能的学习与掌握。[1] 10—11 岁,体重增长速度快于身高增长速度,个体在涉及身体的对抗、冲击、撞击等功能的运动技能上有较好的表现,耐力活动持久性逐渐提高,个体自信增加。[2] 12—14 岁,肌肉力量开始突增,原有动作技术的构建因个体体能素质发展而受限,男生出现协调性的下降,女生则稳定发展。

因此,在动作学习过程中,应根据不同个体的当前发展阶段,其随之产生变化的知觉提示及动作策略,提供与之匹配的教学内容。鉴于身高突增导致动作知觉能力下降,应适时降低动作任务的难度,避免个体因动作失败而感到沮丧,鼓励其在动作正确的基础上勤加练习。

七、多重重叠波特征

动作技能学习是一个不断被更加优质动作技能取代的过程,其间个体所习得的动作技能多种多样,动作技能应用场景各异,每个动作技能都有单独的使用频率及变化趋势。当一个动作技能使用频率达到最高点时,其水平也将达到饱和状态;之后,该动作技能仍然在动作任务中使用,但随着更加有效的动作技能选择出现,新的更优动作技能在学习过程中被使用,原有动作技能使用频率将会逐渐降低。每个动作技能的习得过程,均呈现出一种倒 U 形的重叠变化,如图 2-1 所示,动作技能习得如此往复进行,当有更加良好的动作技能出现,且该动作技能的使用频率超过原有动作技能时,新动作技能就会替代原先的动作技能并在动作任务中占主导地位。

---

① Malina R M, Bouchard C. Growth, Maturation, and Physical Activity[M]. Champaign: Human Kinetics,2004.

② Beunen G,Malina R M. Growth and physical performance relative to the timing of the adolescent spurt[J]. Exercise and Sport Sciences Reviews,1988(1):503-540.

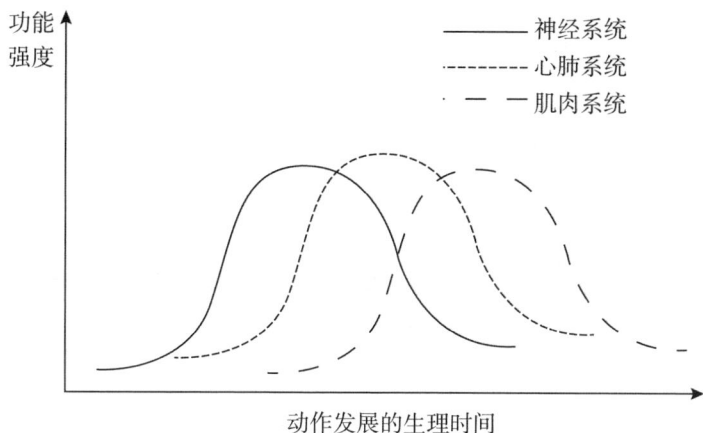

图 2-1　多重重叠波模式

资料来源:斯特兰·奥尔松.深层学习:心智如何超越经验[M].赵庆柏,唐云,陈石,等译.北京:机械工业出版社,2017:146-154.

　　动作技能的习得会经历认知阶段、联系阶段和完善阶段,按照动作技能的特点,动作学习过程中应该使前一个动作的学习利于后一个动作的形成。每一个动作均有其自身的特点且存在相同类别的其他动作,从这些同类动作中精选出最有代表性的典型动作进行练习,会对以后的同类动作发展起到促进作用。因此,在练习动作技能时,要根据动作本质上的共性程度安排青少年的动作发展顺序,使同类技能的正迁移效用最大限度发挥。各运动项目动作技能纷繁复杂,应遵循由简入繁的原则,在学习时应该注重思维和感觉的运用,以提高动作技能的正确性。① 在青少年动作发展过程中,新的动作策略可能在动作的有意练习过程中无意识地瞬间产生,这便是更有效的同类动作的习得与应用过程。

---

① 李晓静,孙海兰,刘利.体操训练中动作技能学习问题的探讨[J].北京体育大学学报,2000(2):278-279,282.

第三章　动作学习概述及影响动作学习的因素

　　动作行为主要包括动作发展、动作学习和动作控制 3 个相对独立的领域。动作发展研究的是人类一生中动作行为的发生过程和相关影响因素;动作学习是指通过学习、练习或经验积累,获得相对持久的动作改变;动作控制是指对人体在执行动作过程中产生的生理、神经、认知、心理等现象以及环境、任务的影响进行分析。3 个领域的侧重点不同,动作发展主要侧重"大时间尺度"下里程碑式的动作特征和发展性转换的参数研究;动作学习主要是研究从动作认知到动作自动化的相关干预过程;动作控制主要是分析特定时间下的动作表现的相关影响因素和机制。3 个领域在时间上主要体现为表 3-1 所示的相关特征。本章主要对动作学习的定义、特征、种类、内容、影响因素等进行阐述。

表 3-1　动作行为 3 个领域的时间特征

动作行为的领域	定义	特征	时间特征
动作发展	因年龄改变而导致的动作行为的改变	里程碑式的动作特征	月、年、代
动作学习	如何通过练习或经验而获得动作技巧	中枢神经系统改变	时、日、周
动作控制	产生及达成动作的过程和影响因素	协调性	毫秒

资料来源:胡名霞.动作控制与动作学习[M].北京:人民卫生出版社,2017:1-10,96-101.

第一节　动作学习的定义、特征、种类和发展阶段

一、动作学习的定义

　　一般认为,动作学习是指个体在认识一项技能或特定运动技能的特征后,拟获

得这项技能,进而模仿、练习,使自我逐步掌握的过程。这一描述主要是指个体获得新技能的过程。相对标准的在定义为,动作学习是指个体通过练习或经验积累获得持久性的动作改变。[①] 个体的生长发育过程中,认知、神经系统、心理素质等随着动作学习而发生功能的改变,之后,结构性组织的适应功能也发生变化,使个体掌握特定动作或达到特定动作的技能水平,其身体结构也随着功能的掌握而适应这种变化。这是动作学习的一种类型。儿童青少年在成长过程中,随着生理年龄的增长,会学习相应的生活技能、工作技能、体育运动技能等;成年人在发展过程中,由于生活和工作需要,也会学习新的技能;老年阶段,个体由于身体功能的退化,也需要学习相应的新技能。故,动作学习是涵盖终身的过程,在不同发展阶段具有不同的表现形式。另外,环境、任务的变化也影响个体不同阶段的动作学习方式与效果。例如,不同的国家对学习(或动作学习)的引导方式不同,发达国家主要以促进人的自然发展为指引推动人的全面、纵深发展。这是由于发达国家具备雄厚的国力,对人的培养设置了相对较长的周期,不太会为了急于实现某一特定目标而进行特训或择优培养。发展中国家为了促进国家发展,专门设定一些具体目标择优培养,将有限的财力、物力聚焦于特定人群进行培养,短期内可以和发达国家在某一方面抗衡。欠发达国家或地区,由于人力、物力的限制,只能聚焦于极少一部分群体的发展,或限制一些个体的发展以培养部分亟须发展的个体。这就是不同文化背景下的个体的动作学习类型、范围、内容、效果等存在不同的原因。

在不同的环境、任务限制下进行特定任务的动作学习,会产生不同的学习效果。从定义来看,动作学习主要表现为新技术动作在个体身上的认知、练习、逐步掌握、自动化的发展过程,同时,也包括该技术动作的复现。动作技术的复现是指,之前能够熟练掌握的技术动作,由于各种原因(车祸事故、运动损伤等)而不能体现,通过一定的记忆提取或再认等方式重新获得该项运动技术。这也属于运动康复的研究范围。运动康复领域的动作学习是指肢体结构器质性病变;大脑神经系统等可能存在再现功能,其动作的学习属于结构重塑类。

二、动作学习的特征

根据动作学习的定义,其具有 4 个相对独立的特征:①动作学习的表现或结果

① 胡名霞.动作控制与动作学习[M].北京:人民卫生出版社,2017:1-10,96-101.王树明.运动技能学习与控制[M].北京:高等教育出版社,2018:3-5,197-198.Richard A. Magill.运动技能学习与控制[M].张忠秋,等译.北京:中国轻工业出版社,2006:187-189.

来源于练习或经验;②动作学习的改变过程目前不能直接被观察到;③动作学习的变化来源于特定的变化(即练什么获得什么);④动作学习显示中枢神经系统的变化(即神经支配特异化)。随着身体的生长发育,个体的身高、体重、肌肉力量、关节柔韧性等增加,但是其基本动作模式、基本动作技能、基本运动技能和特定项目的运动技能是不会通过自然生长而获得的,一定要通过后天的学习与练习才能被个体掌握。当前的运动技能学习评价只能采用间接评价或被动评价,即个体动作学习的过程没有办法直接展现出来。比如,个体掌握了游泳技能,通过对身体的相关检测很难判定个体具备该项技能,只有通过其在水中的展示才能体现。

个体针对某一特定运动技能(项目)的长期(10 年或以上)学习与练习,其动作学习的结果是非线性的或稳定的①,即使一直刻苦训练、意志坚定,成绩也可能在一段时间徘徊不前,比如训练中的高原期。这是人体具有复杂性的表现。②

动作学习是具身性的过程,它是在身—脑—环境三者在不断变化中相互影响的过程。③ 这三者并非独立存在,而是一个有机整体,共同构成了一个复杂系统,它具有整体性、非线性和涌现性等复杂动力学特征。在这一过程中,个体需要不断进行自身动作表征的构建,并结合全身动作(如肌肉的收缩、身体位置的调整等)来促进身体与环境的交互和认知,最终进行整合进而形成运动技能。其整体的模式大致如图 3-1 所示。因此,在运动技能的习得过程中,"边想边做"产生的效果远比"只做不想"要好,个体只有在与环境的良好交互下,不断通过思考与练习,才可能更高效地习得新的技能。

根据动作学习的特征,个体在动作学习后的表现性可分为一般动作表现特征和高水平动作表现特征。动作学习的一般动作表现特征主要包括 5 个方面:上升性、一致性、稳定性、持续性、适应性。④ 基于此,动作学习能够在日常生活或工作中促进人类的发展与演化。比如,个体在习得游泳技术后,通过一段时间的练习,可以提高游泳的速度,在不同的游泳池均能够展现该项游泳技术;随着练习频率的增加与技能的提高,个体可以持续性地发展该项技能,并能根据需要促进游泳项目的综合应用,比如游泳项目在物理治疗、生命健康等方面的适应性改变。

① 李士勇,田新华.非线性科学与复杂性科学[M].哈尔滨:哈尔滨工业大学出版社,2006.

② 苗东升.复杂性科学研究[M].北京:中国书籍出版社,2013.余振苏,倪志勇.人体复杂系统科学探索[M].北京:科学出版社,2012.

③ 王鹏,王继艳.体育教育学哲学基础探寻:从"现象学"到"具身化"的身心观[J].体育学刊,2019(4):81-87.

④ 张英波,夏忠梁.动作学习与控制[M].北京:北京科学技术出版社,2019:6,24. Magill R,Anderson D. Motor Learning and Control:Concepts and Applications[M]. 10th ed. New York:McGraw-Hill,2014:256-272.

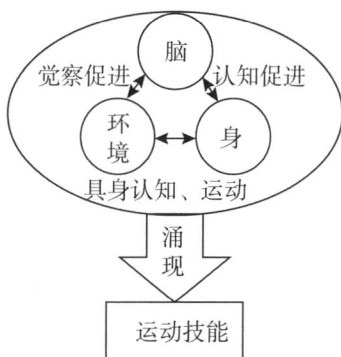

图 3-1 运动技能形成的复杂动力模式

资料来源:仇乃民,仇索.运动技能习得:身体—大脑—环境的复杂动力模式[J].体育学刊,2020(5):131-137.

动作学习的高水平动作表现又存在两种情况。①根据动作目的、组成、获得方式,高水平动作表现具有如下 3 个特征:动作学习的专门目的性、动作学习后的随意性(身体环节的随意动作组成)、动作学习过程中的文化性(练习、经验等)。②根据动作目的的达成度,高水平动作表现具有如下 3 个特征:达成目的的最大确定性、达成目的的最小能量和最少精力消耗、达成目的的最短时间需求。① 高水平个体动作学习一般是在竞技选手的竞技中,比如优秀举重选手展示特定动作(杠铃挺举和抓举),只有奥林匹克举重选手能够完成该项目的动作表现,而优秀的大力士选手并不能有效完成该动作,因为该项动作技术具有专门的目的性,所谓"练什么会什么"。

学习(动作学习、技能练习)可以使脑的结构和功能发生改变,如改变神经元、突触、脑的激活方式。许多儿童、青少年、教育工作者等误认为智商、动作的协调性与灵敏性等都是由基因决定的,后天的努力不会显著地改善其水平。但是,现代的脑科学研究逐渐证明,学习、练习、重复策略等可以改变个体的脑功能,因为大脑能够创建新的、未联系(受损伤)的神经网络来替代未联系(受损)脑区的工作。② 运动技能所达到的水平是由儿童、青少年、成人个体的遗传结构,以及他们花在学习、练习该动作技术上的时间和努力程度所决定的,但是,并非所有个体通过学习(练习)都能达到相同的运动技能水平。随着年龄的增长,儿童、青少年的活动由前额

---

① 张英波,夏忠梁.动作学习与控制[M].北京:北京科学技术出版社,2019:6,24.

② Draganski B,Gaser C,Busch V,et al. Changes in grey matter induced by training[J]. Nature,2004,427:311-312.

叶皮层参与逐渐转变为顶叶皮层的更多参与。此外,儿童青少年时期,个体动作技术的学习刺激大脑不同部位,进而产生不同的化学物质,即神经发育,这些化学因素、分子物质(神经生长因子,nerve growth factor)会引导轴突生长的方向。[1] 形成成年锻炼习惯或激发成年人锻炼兴趣的,不是儿童青少年时期运动快乐的体验记忆,而是脑部变异的化学物质。

三、动作学习的种类

中国运动训练学领域依据田麦久的项群训练理论对运动项目做了区分,比如按运动项目所需运动能力的主导因素,分为体能主导类和技能主导类(简称体能类和技能类);按运动成绩的评定方法,分为测量类、评分类、命中类、制胜类、得分类等。[2]

动作科学领域依据不同的分类方式将运动项目分为 3 类:按动作任务的组成方式,分为分立动作技能(discrete skills)、序列动作技能(serial skills)、连续动作技能(continuous skills);按运动和认知因素的重要程度,分为运动性动作技能(motor skill)、认知性动作技能(cognitive skill);按执行动作技能中环境变化的可预见性,分为开式动作技能(open skill)、闭式动作技能(closed skill)等。[3] 由于分类方式的不同,训练与教学中均存在不同的指导方式。无论哪种项目分类方式,动作学习就是采用不同的学习方式将不会的新运动技能逐步掌握的过程,主要通过叙述性与非叙述性、相关性与非相关性进行分析,其特征存在差异。[4]

四、动作学习的发展阶段

个体通过不同动作内容的学习形成运动素养的过程,大体分为 4 个阶段,即基础积木阶段(U3—7)、支架积木阶段(U8—11)、混沌交互阶段(U12—17)和运动素养阶段(U18 及以上),见图 3-2。

① Kandel E R,Schwartz J H,Jessell T M. Principles of Neural Science[M]. New York:McGraw-Hill,2000:125-171.

② 田麦久,刘大庆.运动训练学[M].北京:人民体育出版社,2012.

③ 王树明.运动技能学习与控制[M].北京:高等教育出版社,2018:3-5,197-198.

④ 胡名霞.动作控制与动作学习[M].北京:人民卫生出版社,2017:1-10,96-101.

（a）基础积木阶段

U3—7

（b）支架积木阶段

U8—11

（c）混沌交互阶段

U12—17

（d）运动素养阶段

U18 及以上（成人）

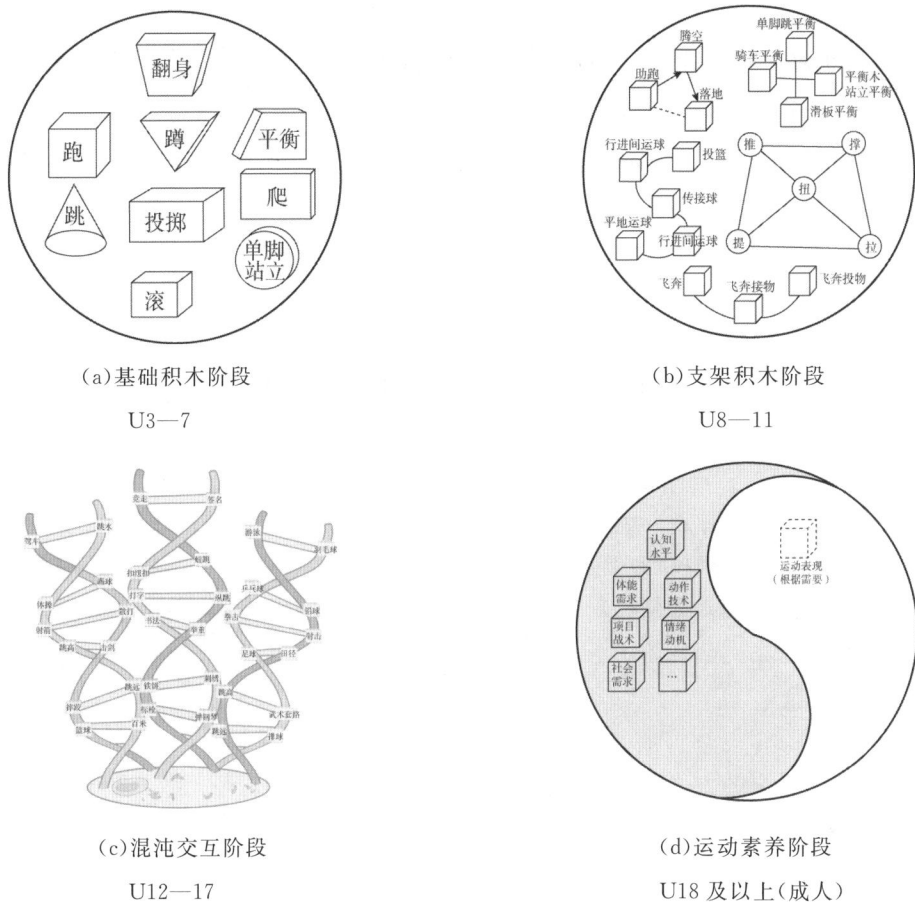

图 3-2　运动学习的发展阶段

(一)基础积木阶段

该阶段,个体主要学习基本动作模式、基本动作技术、基本动作技能和基本运动技能等不同的动作类型,类似物理学中的电路串联。感知动作,即个体的感觉系统直接转化为碎片时的知觉过程。个体自我感知动作的过程,是通过学习与练习基本动作技术,并形成基本动作技术自动化的过程。

(二)支架积木阶段

该阶段,个体继续学习与练习基本运动技能,使得不同种类的基本运动技能进入不同的归属,并进行分类储存。即,使基础积木阶段大脑形成的基本动作联结产生有目标、有意义的联结(如大脑中形成进攻、防守动作类型的联结),类似物理学中的电路并联。

(三)混沌交互阶段

该阶段,个体主要进行不同运动项目的专项技能学习,大脑中形成不同运动项目的联结方式。个体通过不同类型(开放式、封闭式、集体或个人)运动项目的学习与练习,能够掌握不同运动项目的基本技术、战术,达到相应的心智能水平。

(四)运动素养阶段

该阶段是动作场域或动作的忘形得意阶段(顿悟联结、全身融合)。个体须基于动作的基础积木功能、动作的支架积木归属能力、动作混沌的大脑交互联结,才能逐步进入该阶段,即形成运动素养能力。

第二节　动作学习的内容

动作学习主要体现一项新技能由不会到熟练掌握的过程,或之前具备该技能,后续进行再认或复现(康复)的表现过程。动作学习的具体方式主要包括示范、指导、练习、反馈、掌握(或保存)、迁移等。本节主要针对动作学习内容的具体特征或实施过程进行案例分析。

一、示范

在动作学习的方式中,示范是最基本的方式之一。示范是指仅仅通过视觉观察的方式直接采用或复制他人的行为模式,形成自己的动作技术过程。[1] 主要包括视觉示范(现场示范、录像示范、图片示范等)和听觉示范。

动作学习的示范方法具有 4 个方面的特征:人体仅仅通过视觉观察就能获得动作技术;针对封闭类项目效果明显;具有"注意—保持—复现—表现"的连续过程;视觉系统是动作协调的直接基础。[2] 这里重点解释第一个特征。人体仅仅通过视觉观察就能获得动作技术,是因为视觉系统的器官是眼睛,眼睛是人体较为复杂的器官,其具有双重功能,即视觉和动作协调功能。人类的眼睛除了能识别外界物体信息外,还具有辨别与调整身体姿势、功能转化、机能促进等功能。[3] 比如,眼睛动作可以增加身体转动的幅度,眼部肌肉对颈部肌肉的收缩具有决定性影响,眼睛对于身体肌肉的引导影响较大,眼睛的协调有助于躯干动作质量的提高。体育训练领域针对视觉功能的研究有待深入,比如,用力并不会让动作做得更好(协调)。动作学习的过程中,眼睛的功能相对较大,比如,身体拥有大大小小共 639 块

① 王树明.运动技能学习与控制[M].北京:高等教育出版社,2018:38-49.
② Baddeley A D,Longman D J A. The influence of length and frequency of training session on the rate of learning to type[J]. Ergonomics,1978(8):627-635.
③ 摩谢·费登奎斯.动中觉察[M].若宇,曹晓东,郭建江,译.北京:北京科学技术出版社,2019:150-160.

肌肉,通过不同方式进行调控,眼睛所能调控的肌肉数量相对较多。

示范的时机、频率、比例、类型,以及示范者的水平、身体练习、结果反馈、任务特征等都会影响动作学习的效果。比如,对初学者示范的时机一般是在其最初认识该项运动技能时,逐步分解各个环节并进行示范讲解与练习;在个体逐步掌握后再进行动作串联,在该阶段,示范的频率相对减少;待个体能独立进行整套动作的学习、练习后,可进行完整示范,并对其进行纠正。动作学习任务不同,采取的示范学习方式也有所区别。在开放性运动项目中,分立的动作技能可以通过示范让个体单独学习与练习,比如,篮球中的定点罚球、足球中的任意球、排球中的发球等技术动作均可以采用示范方式进行单独学习与练习。示范的频率并不是越多越好,对于初学者来说,示范1次、个人练习3~5次,效果较好;对于高水平选手来说,示范并不是最恰当的方式,指导、反馈等方式的效果更好。示范者的专业竞技水平对初学者来说是比较重要的,有助于其树立积极训练、正确训练的意识,以及选择合适的动作技术等;对于高水平选手来说,示范者的专业竞技水平并不是特别重要。

二、指导

指导的形式包括示范与口授,指导的内容包括讲解和引导。体育教师、教练员和物理治疗师的一个重要任务是选择和运用正确的教学指导方法,为动作执行者学习动作提供有效的帮助。

(一)讲解

讲解内容涉及动作技能最基本的知识,如动作的使用环境、动作方式、使用器械的方式、需要注意的事项,以及需要做什么动作等。体育教师、教练员和物理治疗师可以在讲解中强调动作技能之间的相似之处,以及动作过程中相同的力学原理,帮助动作执行者举一反三,借助已经取得的动作经验学习新动作。体育教师、教练员和物理治疗师还可以向动作执行者提供正确动作结果方面的信息,这样可以帮助初学者提高对动作的认识、深化动作学习、建立自信。可以说,讲解是动作学习的重要活动之一。

讲解的作用有时也会受到局限,如语言有时不能表达一些微妙层面的动作内容。如描述菲茨定律、动量传递和动作反应等概念时,用语言并不总是能表达清楚。只有动作执行者完全理解这些原理时,讲解才能起作用,才能帮助动作执行者把它们运用到新动作的学习过程之中。有时,体育教师、教练员和物理治疗师提供的语言信息太多,使动作执行者难以全面记住讲解的内容。尤其是在动作执行者必须在听完动作技能讲解后做出动作的情况下,"老师说"和"学生做"的时间间隔不能太长。这是因为短时记忆容量很小(只能保留少数信息)、持续时间很短(大约30秒),而且非常容易受到其他刺激信息的干扰。尤其对于初学者来说,讲解内容如果过多、时间过长就更容易遗忘。正因为如此,体育教师、教练员和物理治疗师的讲解必须简单扼要,每次讲解不超过两个要点。对于儿童或老年动作执行者,由于他们处理信息的注意容量更加有限,为了最大限度地减少遗忘,可以在动作练习的前几分钟将讲解内容拆分,首先提供最基本的信息,然后补充细节要求。在动作学习中,形象的视觉信息的作用胜过语言信息,所以动作信息更容易通过示范被动作执行者接受,在许多情况下,动作学习效果更多的来自模仿我们所看到的动作。在试图做出动作之前先观察动作,这叫观察性学习。观察性学习是通过观察其他人的动作表现过程而获得动作能力的过程。①

(二)引导

引导是指使用身体、语言或视觉过程引导动作执行者执行动作任务,减少错误或消除执行危险性动作时的恐惧心理的方法。在动作执行者学习动作技能的早期,体育教师、教练员和物理治疗师在不同情况下经常会采用各种引导方法,以各种方式帮助他们体会所学习的动作。每一种引导方法的设计,都是为了给动作执行者提供一些临时的学习帮助,使动作执行者的动作学习水平得到提高,在将来没有帮助的情况下也能够达到令人满意的动作表现。然而目前的研究表明,身体动作引导并不是一种非常有效的提高动作学习水平的教学技术。原因如下:第一,在体育教师、教练员和物理治疗师帮助下的身体动作引导与动作执行者自己主动执行动作时的感觉完全不同,如在学习推铅球的最后用力动作中,动作执行者被人用手带动引导做出"蹬腿转髋",这与动作执行者自己主动发力的动作感觉相差甚远。第二,动作执行者主动和独立做出动作决定的过程与被体育教师、教练员和物理治疗师要求完成动作的过程也有很大差别。第三,无论是进行慢速动作练习,还是在引导下完成快速动作,动作引导都削弱了动作执行者体会错误动作过程的经验。

三、练习

练习是指通过反复进行某一个或某一种操作而使特定的技能得以提高的过程。练习是一种获得习惯的过程,动作学习的过程中不仅需要练习动作,还需要心智活动的配合。②

练习的内容主要分为开式技能练习和闭式技能练习。对于体育教师、教练员和物理治疗师来说,在开式技能练习中,有无数组织身体练习的方式可以采用,而他们面对的最大挑战是深入了解不同练习方式的利弊,以及它们对动作学习质量的影响。在实际教学和训练中,单次的教学或训练课常常是在一定时间内学习和掌握一个以上的动作技能。例如,乒乓球运动员常常需要练习正手和反手击球、接

① Richard A. Magill. 运动技能学习与控制[M]. 张忠秋,等译. 北京:中国轻工业出版社,2006:239-242.
② 胡名霞. 动作控制与动作学习[M]. 北京:人民卫生出版社,2017:120-121,135-136.

球和发球,更不必说许多的转身和改变站位等伴随动作。人们在长期的体育教学和运动实践中发现,主要有两种练习安排顺序对动作技能学习效果产生重要的影响,即群组练习与随机练习。① 人们还发现,人类动作学习过程中存在与一般直觉相反的现象:起初练习时较差的动作表现却能够获得更好的动作学习效果。因此,对于开式技能而言,随机练习是更加适宜的练习结构。有时,动作执行者希望学习能以多方式完成某一项动作模式(比如投掷这一类动作模式就可以用许多种方式完成),则其可以采用闭式技能练习。② 如果动作执行者的目标是提高投掷动作的技能,则要发展投掷体积、形状、重量不同的物体的能力以及投掷不同距离的能力,采取抛物线和低平物体飞行轨迹练习,选择静止或移动的目标,等等。一旦动作执行者学会了一般动作程序,比如说投掷动作,他就能够在不同的情况下运用它。人体动作控制信息处理流程模型可以帮助我们更好地理解一般动作程序的机制。在执行任何一项投掷动作任务时,动作执行者首先需要在刺激确认阶段评估目前的环境条件,然后进入反应选择阶段,决定采用哪一种投掷动作方式,最后进入反应程序阶段,决定需要完成的投掷动作的力量、速度和方向等参数。③ 现在我们已经意识到,体育教师、教练员和物理治疗师需要解决的一个重要问题就是采用什么样的练习结构对学习一般动作程序最有效。

练习的类型大致可以分为:集中练习与分散练习、固定练习与变异练习、随机练习与段落练习、意念练习与分解练习。关于集中练习与分散练习,在练习的总时间长度相同的情况下,每次练习之间休息时间越短,则练习越分散。例如:让病人练习一小时的走路,如果每次练习 10 分钟,总共练习 6 次,每两次练习之间休息 2 分钟,则总共需要 70 分钟的训练时间才能完成。而另外一组每两次练习间休息 12 分钟,则总共需要 120 分钟才能完成训练。这个例子中,每次休息 2 分钟的组群采取集中练习方式,每次休息 12 分钟的组群则采取分散练习方式。因此,在练习的总时间相同的情况下,分散练习的小组完成同样练习次数的总时间会比集中练习的小组长。④ 集中练习所花的总训练时间较短,可以认为集中练习是一种较有效

① Shea C H,Kohl R,Indermill C. Contextual interference:Contributions of practice[J]. Acta Psychol,1990(2):145-157.

② Shea J B,Morgan R L. Contextual interference effects on the acquisition,retention,and transfer of a motor skill[J]. Journal of Experimental Psychology:Human Learning and Memory,1979(2):179-187.

③ Schmidt R A. A schema theory of discrete motor skill learning[J]. Psychological Review,1975(4):225-260.

④ Duncan P,Badke M. Stroke Rehabilitation:Recovery of Motor Control[M]. Chicago:Year Book Medical Publishers,1987:79-107.

率的练习。而在一般的课程中,上课时间是固定的,需要以每节课时间相对固定的方式来研究集中练习与分散练习的相对学习效果。固定练习要有固定的任务,例如:将练习者分为五组,每一组均在闭眼的情况下,将手滑到指定距离,即线性职位任务。① 变异练习就是在固定练习的基础上,增加动作的变异性,鼓励学习者练习各种不同的距离,不同的力量,不同的速度,进而建立最佳基模,达到最好的学习效果。随机练习是指每种动作练习一次就改为不同的动作练习,段落练习指在某一时间段只练习一种动作。也有学者将这种练习安排的方法称为高情境干扰与低情境干扰,随机练习会造成高情境干扰,因为前面先练习的情境可能会影响或干扰后面的练习,前后情境越相似,则干扰越强。意念练习较为常见,比如:体育考试前,我们的脑子里会想象待会怎么举手、脚步如何配合、身体如何移动等。反复在脑中复习动作技巧而不出现外显的动作,这就是意念练习,也就是从主观或客观的角度在脑中呈现在做出该动作技巧时的视觉或本体觉的心像。② 临床上经常使用分解动作的练习方法,例如:由坐到站,可分为臀部往前移、脚向后缩、身体向前倾、脚用力站起、身体伸直等步骤。分解动作练习是否有效,取决于动作的特性,因此治疗师若能深入了解所欲帮助病人重新学习的动作之特性,应能更有效地设计练习方式,促进动作学习。这种观念与"任务特定原则"(task-specific)有相通之处。任务特定原则强调对任何一种动作加以科学化的分析,当对正常动作的组成特征有深入的了解之后,就可进而对病人的动作加以分析,两组对照以找出病人动作的问题所在,再针对该问题加以训练。由于找出问题后是针对该部分加强训练,因此,任务特定原则是建立在"分解动作练习有益于整体动作学习"的假设之上的。在这里,部分练习策略包括单侧练习、分节练习、简化练习以及双人练习。③ 对于许多需要双手或双脚协调的动作,如果双侧的动作并不相同,则建议先练习较为困难的那一侧的动作;如果双侧动作相同,则建议直接练习整体动作。④ 例如,蝶泳运动中双手动作相对称,建议直接整体动作练习,而网球的发球动作可以考虑分别练习挥拍以及抛球的动作,也就是采取单侧练习的部分练习策略。分节练习,又称串联

---

① Mccracken H D,Stelmach G E. A test of the schema theory of discrete motor learning[J]. Journal of Motor Behavior,1977(3):193-201.

② Magill R A. Motor Learning and Control:Concepts and Applications[M]. 8th ed. New York: McGraw-Hill,2007.

③ Wightman D C,Lintern G. Part-task training for tracking and manual control[J]. Human Factors, 1985(3):267-283. Shebilskem W L,Regian J W,Arthur W,et al. A dyadic protocol for training complex skills [J]. Human Factors,1992(3):369-374.

④ Sherwood D E. Hand preference, practice order, and spatial assimilations in rapid bimanual movement[J]. Journal of Motor Behavior,1994(2):123-134.

练习法或逐步练习法,让学习者练习一个部分的动作后,练习下一个部分,当第二个部分练习后即将两部分串联起来练习,然后练习第三部分,再将第一、二、三部分串联起来,依次类推直到所有部分都串起来成为整体动作为止。例如学习蛙泳时,先练习手部动作,再练习腿部动作。简化练习从表面看似乎并非一种部分练习,因为学习者还是需要在练习时做出完整的动作,但使用简化练习策略可以减轻学习者在练习时注意力的负担,与部分练习有相似的效应。双人练习则有很多形式,例如观察学习时,我们可以将学生两人一组配对,其中一人实际练习,另一人进行观察。此处双人训练的目的是将复杂的动作技巧学习任务分配给两人共同来执行。

练习并不是一再反复同样的动作,所谓操练,也就是一再重复相同的动作直到正确为止,促进动作学习的效果是存疑的。我们可以利用一些已知可促进学习的练习法来设计,帮助学习者学习有效率的动作。应尽量采取变异式的练习,改变动作的速度、距离、时间、力量,以随机的练习方式来取代段落式的练习。过度集中的练习并不见得比分散练习有效,疲乏时,也可考虑加入意念练习。

四、反馈

反馈是指在闭链系统内,关于表现与目标之间差异(即错误)的信息。严格来说,感觉信息在动作开始时或者结束时出现者称为反馈,与动作有关的感觉信息若是在动作前出现,则称为指导、教导、口令或示范。[①] 反馈具有提供信息、增强动机、促进联结的特征。由于结果的反馈可以包括一些奖励性的词句,因此扩增性反馈可能对于学习有增强的功效。桑戴克(Edword Lee Thorndike)早在20世纪20年代就提出,在刺激—反应学习中,给予正向的外在反馈(鼓励)会促使动作反应较常发生,而若给予负向的外在反馈(惩罚)则会减少动作反应发生的频率。对于无聊或重复的长时间练习,可以使用外在反馈来增加动机、促进活力。但应注意过犹不及,外在反馈不可过度给予。一般说来,在公众面前给予外在反馈的效果较佳。此外,增加动机一般被视为增进表现的因素,并非促进学习的因素。然而随着动机的增加,学习者可能较常练习、更认真地练习,所以主观强化的力度可能比较大,而练习次数的增加等都会促进学习效果。因此,反馈具有增强动机的功能,从而间接地促进学习。

外在反馈可与其他信息(例如内在反馈)产生联结并明确提出修正建议。所以教师或治疗师最重要的任务,是提供关于错误方向的意见,这是机器做不到的。外在反馈可能造成依赖性,并对其他正常的内在反馈过程造成阻碍,使得外在反馈一

① 胡名霞.动作控制与动作学习[M].北京:人民卫生出版社,2017:120-121,135-136.

且停止给予时就出现动作困难。例如：治疗师以手的接触来引导病人动作，或采用增强反馈来教导病人学习，通常会使病人成功地达成动作目标。但如此可能减少病人或学生利用内在反馈的机会，进而缩减借由内在反馈学习的过程。反馈给予要适当才有用，错误的反馈或是过于精确的反馈可能适得其反。例如：一个成功的射飞镖动作，虽然并非正中红心，但已经拿到满分，如果依然给予反馈，告知与红心的差距，则学习者可能反而进行不必要的修正。过高反馈频率的另一个负面效果是反馈会引发学习者产生新的动作，因此就减少了其从记忆中提取过去成功经验的动作控制参数（提取过去的动作程序、查询基模设定等）之机会，使得提取正确动作的过程无法熟练完成，对学习造成反效果。①

　　反馈的种类包括结果反馈与表现反馈。结果反馈主要包括反馈的内涵与准确性、反馈频率两个方面。反馈的内涵与准确性又包含如下 3 类：质性或量化反馈、错误的反馈、阶段式或随机式的反馈。结果反馈是关于动作的最终结果与环境目标间的关系之可口语化的反馈。例如：告知动作是正确或是错误；若是错误，则可告知是太长还是太短、太快还是太慢等信息，这种反馈是一种质性反馈。而告知太长还是太短、太快还是太慢则还提供了方向性的信息。除了方向性的信息外，教导者还可提供关于精准性的量化信息，例如差一厘米、差一秒钟等。方向性与精准性的反馈可合并给予，例如告知快了一秒钟、长了一厘米等结果。② 假设一个动作由 3 个部分组成，如手肘弯曲、伸直、再拍一下桌面，那么既可以给予关于整体动作的反馈，也可以 3 个阶段分别给予反馈。例如：治疗师在观察病人走路的动作时，发现有骨盆腔过度侧倾、膝关节过度伸直、足踝关节无法翘起等问题，那么在给予反馈时，如果专注于一个问题，比如对步态影响最大的项目、最有损安全的项目、最容易矫正的项目等，多数的治疗师都直觉地会挑出一个问题给予反馈，而暂时不指出其他的问题以免病人混淆。这是属于阶段式的反馈（blocked feedback）。但也有些治疗师每次都指出不同的问题，给予随机式的反馈（random feedback）。

　　动作学习过程中，结果的反馈往往与学习者的内在反馈重复，所以指导者往往需要给予关于动作形态的反馈，也就是表现反馈。表现反馈主要包括影像反馈、动态学反馈、动力学反馈等。然而，表现反馈并不容易获取，例如要给予关于关节角度或动

　　① Wulf G，Shea C H，Whitacre C A. Physical-guidance benefits in learning a complex motor skill[J]. Journal of Motor Behavior，1998(4)：367-380.

　　② Buekers M J，Magill R A. The role of task experience and prior knowledge for detecting invalid augmented feedback while learning a motor skill[J]. The Quarterly Journal of Experimental Psychology Section A，1995(1)：84-97.

作速度的表现反馈,就需要精密仪器与高速计算机的结合,方能在动作完成后立即给予反馈,因此早期关于动作学习的反馈的研究都采用较容易给予的表现反馈。以影像的方式提供学习者有关其本人动作过程的感觉信息就是影像反馈,例如:教导者将学习者在练习过程中的动作用录像机或照相机拍摄下来,然后播放给学习者来观赏,希望通过这种视觉信息提供学习者扩增性的表现的反馈。多数教学者认为影像反馈相当重要,指导者可以在观赏影像的同时对练习者给出建议与提示。① 动态学反馈是指关于动作形态(关节角度、速度、时间、协调等)的反馈。例如告诉病人膝关节不可向后过度伸直、脚尖要翘起来等,是属于动态学反馈的表现反馈。林达尔(L. G. Lindahl)是最早研究表现反馈的学者,他通过观察工厂中利用脚踏器切割器材的动作,明确了最有效的动作方式,进而教导新进员工,使得新进员工能够在第 10 周训练后达到与已有 9 个月经验的员工相同的工作表现。② 生物反馈仪的兴起,使得治疗师在给予表现反馈时又多了一项选择。而过去无法想象能够被意志力控制的生物信号,如心跳、血压、动作单位的收集等,都逐渐被用于表现反馈的实验,使得我们对动作学习有更深入的了解。语言治疗师则可以在发音练习时,将声音转换为计算机屏幕上的光标位置,帮助失聪的孩童利用视觉信号来学习发音。③ 动力学反馈是指关于力的反馈,动力学反馈的频率也是较少为好。研究者让学习者对着示波器所显示的力的时间曲线图来练习控制手肘等长收缩力的大小。反馈方式若为给予学习者动力学的反馈,降低反馈频率更有利于学习。④ 对于复杂的动作任务,例如滑雪机,目标是增加动作幅度,当提供动力学反馈时,若为初学者练习滑雪机,动力学反馈以段落式呈现可能比以随机式呈现更有益于学习。⑤

五、掌握或保存

在学会动作技能后,有关动作的记忆会保存在大脑之中,经过不断的练习后,

① Ferrari M. Observing the observer: Self-regulation in the observational learning of motor skills[J]. Developmental Review,1996(2):203-240.

② Lindahl L G. Movement analysis as an industrial training method[J]. Journal of Applied Psychology, 1945(6):420-436.

③ Nickerson R S,Kalikow D N,Stevens K N. Computer-aided speech training for the deaf[J]. The Journal of Speech and Hearing Disorders,1976(1):120-132.

④ Vander L D W,Cauraugh L H,Greene T A. The effect of frequency of kinetic feedback on learning an isometric force production task in nondisabled subjects[J]. Physical Therapy,1993(2):79-87.

⑤ Wulf G,Weigelt C. Instructions about physical principles in learning a complex motor skill:To tell or not to tell... [J]. Research Quarterly for Exercise and Sport,1997(4):362-367. Wulf G. Self-controlled practice enhances motor learning:Implications for physiotherapy[J]. Physiotherapy,2007(2):96-101.

动作信息在大脑中由短时记忆向长时记忆转化,动作以程序性记忆储存在头脑中,在需要的时候可以随时提取出来使用以完成动作,这就是动作的掌握或保存。[①]

动作学习的掌握或保存体现出明显的阶段性特征。动作技能学习的初期,大脑会对新的动作产生初步感知,还不能准确做出动作相关的反应。动作过程中会表现出动作僵硬且不连贯、缺乏节奏、错误动作多等特征,动作主次不清、易受内外条件干扰且动作不协调、多余动作较多。这一阶段是动作的粗略掌握过程,动作出现上述特征的生理原因在于大脑动作相关兴奋的扩散,内抑制不完善,动作分化抑制能力差,动作定型尚未完成,条件反射尚未牢固建立。随着学习者的反复实践,大脑经过反馈机制对输入的动作信息的分析更加精密,动作会逐渐改善和熟练,此时动作可以较好地衔接,多余动作逐渐减少,动作会变得协调、省力;动作主次感较之前清晰,不易受到干扰,动作定型开始达成,动作反馈能力增强,使得条件反射逐步牢固。经过以上两个阶段,动作将得到进一步巩固并可以运用自如,即动作的熟练掌握与保存。在动作的掌握和保存阶段,动作形成自动化模式,大脑内动作相关兴奋将高度集中,神经联系日益牢固,动作信息以长时记忆保存,用于以后的动作执行。此时在动作上表现出准确、熟练、协调、省力等特点,动作可以灵活熟练地使用,如学会骑自行车这一动作技能后,可以一边骑车一边讲话,不需要将注意力完全集中在稳定车把、移动重心等动作上;又如篮球运动员掌握和保存动作技能后,就可以完全不必花费精力考虑运球、控制球等动作,而把主要精力投入于战术学习和与队友之间的配合上。[②] 相关学者将以上三个阶段定义为动作的认知阶段、联系阶段与自动阶段,教师需要根据不同阶段特征提供指导与反馈,让学生有的放矢地学习动作,才能更有效促进动作的掌握或保存。[③]

动作的掌握或保存具有损耗性,一般表现出随着时间的推移呈现递减的趋势,甚至有可能会遗忘动作。有些动作技能即使长时间不加以练习也不容易被遗忘,然而有些动作技能如太极拳,掌握后如果不练习将难以长期保持,即不同动作具有不同的掌握或保存效果。准确来说,连续性技能如游泳、骑自行车等,能够在很长时间后依然保存完好,相比之下,不连续性技能的保存较大程度受到时间间隔影响,且间隔的时间越长,动作掌握或保存的损耗就越大。当间隔时间较长,使动作保存损耗较大时,再次学习该动作的速度将会更快,这种对动作记忆的保存可以加快学习速度。[④] 研究显示,组织水平较高的动作技能,如皮艇项目动作技能,内部

① 胡名霞.动作控制与动作学习[M].北京:人民卫生出版社,2017:120-121,135-136.
② 杨锡让.实用运动技能学[M].北京:高等教育出版社,2004.
③ 张英波,夏忠梁.动作学习与控制[M].北京:北京科学技术出版社,2019:24.
④ 王树明.运动技能学习与控制[M].北京:高等教育出版社,2018:38-49.

连续性更强,更容易得到保存,且不容易被遗忘;而组织水平较低的项目需要更多注意力的参与,如武术套路项目动作技能保存时间相对较短,容易遗忘。[①]

动作技能具有持久性,需要在练习中加以巩固。许多因素都会影响动作技能的掌握或保存,例如药物、睡眠、气氛、应激等。动作练习具有十分重要的作用,它将促使动作技能产生持久的变化并得到掌握或保存,练习使动作成为个体自身的一部分得到长久保存,并在必要时发挥作用。比如,水的沸腾不是持久变化,如果移走加热器,水将恢复原来状态;动作的掌握或保存好比煮熟的鸡蛋,这种状态的变化是持久的。个体掌握或保存的动作,即使在其他条件改变的状况下,还能够稳定地表现出来,这就是动作的掌握或保存的持久性。[②]

动作的掌握或保存与记忆紧密相关,与动作掌握或保持的有关记忆是程序记忆,它告知我们怎么去做动作。通过程序记忆掌握或保存的动作使我们可以对环境产生适当的反应,程序性记忆只有通过身体练习才可获得。掌握或保存的动作具有特定的特点,比如:高尔夫球挥臂动作的起始位置,动作的速度、力量、距离与方向,通过强调这些参数可以促进动作的掌握或保存;在学习羽毛球击打高远球的挥拍动作中,专注于挥拍过程手臂的关键位置点、挥拍速度等,将有助于专项动作的掌握或保存。动作的掌握或保持与个体的状态、环境等有关,如个体情绪、感觉和练习时的光线环境、练习时间等。此外,个体对动作意义的看法会影响动作的掌握或保存。比如一个动作与个体可以做的动作相似,或者与个体熟知的事物相关联,则这个动作对于个体的意义可能更大,也就会促进动作的掌握或保存。动作掌握或保存的效果可以通过动作保持测试进行评估,该测试要求被试者在学习动作后的一段时间不练习动作,从练习结束到测试之间的时间长度是任意的,通过测试前后的动作水平的对比,对动作的掌握或保存情况进行评估。[③]

六、迁移

学习迁移,指以前已经学会的技能对新技能学习或者在新的环境中操作该项技能所产生的影响。这种影响可能是积极的也可能是消极的。当以前所学的动作经历对新的动作学习有帮助时,叫作正迁移,例如,短跑动作学习经验可以正迁移为跳远助跑的加速能力,学会了篮球基本动作技能后再学习手球;当以前所学的动作经历对新的动作学习有干扰或损害时,叫作负迁移,例如,篮球运动员学习推铅球时往往难以通过大环节带动小环节沿直线推出铅球,这就产生了负迁移;当以前所学的动作经

①　黄志剑,邵国华.不同类型运动技能保持特征的比较研究[J].体育科学,2008(9):66-69,79.

②　章建成.运动技能学[M].北京:高等教育出版社,2018.

③　Richard A. Magill.运动技能学习与控制[M].张忠秋,等译.北京:中国轻工业出版社,2006:239-242. Adams J A. Historical review and appraisal of research on the learning, retention, and transfer of human motor skills[J]. Psychol Bull,1987(1):41-74.

历对新的动作学习无影响时,叫作无迁移,例如,足球踢球动作与篮球投篮动作。近迁移是在两种相似动作任务或环境中学习时发生的一种迁移,如通过训练环境的转化,使目标动作适应于比赛特定环境要求;远迁移是在两种不同动作任务或环境中学习时发生的一种迁移,例如,鼓励儿童尝试跑、跳、投和滑等一般性的基本动作,可以为其之后学习专门动作打下基础,形成远迁移。双侧迁移是指人的身体一侧动作学习的效果,向身体另外一侧转移的倾向。人体某一侧身体获得的动作掌握或保存效果,对另外一侧具有明显的加强和补足作用,如乒乓球、羽毛球运动员采用非优势手进行挥拍练习,可以提高优势手挥拍的动作信息处理能力,通过双侧迁移提升动作技能。双侧迁移一般是非对称性的,即从优势一侧肢体到非优势一侧肢体产生迁移的量要比从非优势肢体到优势肢体产生迁移的量更大。①

　　动作技能产生迁移具有一定的条件性,动作迁移需要动作之间具有相同或相似的基本条件,迁移的范围与效果取决于动作之间是否有共同要素以及动作之间相同程度的大小;已有的经验水平会对迁移效果产生影响,当积累的动作经验、掌握的动作技术更丰富时,对新动作的学习会产生积极的迁移效果;对动作学习者加以科学指导,有利于迁移的发生;对已经掌握的动作进行归纳整理,可以找到动作之间的相似性,缩短动作学习和掌握的时间。动作迁移会受到其他因素的影响,如两次学习的间隔时间越长,动作间的正迁移越少;正确动作技能巩固程度越高,有益迁移的迁移量会越大;前后学习的动作技能间相似程度越高,迁移量越大,相反则会产生干扰;疲劳、动作复杂度、分解动作与整体动作的搭配也会对迁移产生影响。② 在实际动作学习过程中,动作迁移发生的程度一般来说都相对较低,两个毫不相似——动作顺序与周期(时间)均不相同的动作间几乎不会发生迁移,即便是两个类似的动作,发生迁移的量也是相对较少的,尤其是在动作技能学习的后期。若动作顺序相同而动作周期不同,有可能发生负迁移。动作学习的记忆表象和认识模糊导致负迁移发生,但负迁移在本质上只会暂时存在,只在动作学习的前期阶段有所影响,通过练习可以克服负迁移。若顺序或周期均相同,正迁移就会发生。正迁移产生的原因在于动作技能和操作情景的相似性,相同动作间相同的趋势和相关性的存在会促进正迁移的发生。动作特性会对迁移产生影响,一般来说,分解动作迁移到整体动作的效果有限。若分解动作之间联系紧密,例如棒球的挥棒与击球动作互动性强,动作之间需要迅速衔接,则此时分解动作迁移到整体动作的效果较差。若分解动作之间联系不紧密,如民族舞蹈中的一些动作互动性较弱,动作

① 张英波,夏忠梁.动作学习与控制[M].北京:北京科学技术出版社,2019:24. Adams J A. Historical review and appraisal of research on the learning,retention,and transfer of human motor skills[J]. Psychol Bull,1987(1):41-74.

② 杨锡让.实用运动技能学[M].北京:高等教育出版社,2004.

之间的衔接速度可以放缓,此时分解动作迁移到整体动作的效果就更显著。① 可见,在动作学习时,根据迁移的以上特点以及动作的特性,决定某些动作是否需要进行分解练习,如体操中的单杠旋下具有很强的整体性,进行分解练习意义不大,但羽毛球击打高远球就可以采用分解练习理解动作。无论如何,完整动作练习是必不可少的,并且需要注意动作目标与环境。

动作技能的迁移对动作学习具有重要意义,个体在学习动作时,需要遵循迁移的规律,按照特定顺序学习动作技能,由简单过渡到复杂。在教学中,教练员或教师可以通过迁移原理明确动作练习的指导方法。例如,教授游泳动作时可以先在地面学习动作,使得对水中的动作学习产生正迁移。又如,在练习足球过人之前先用障碍代替,通过情境的改变达到迁移效果。研究指出,在动作学习过程中,采用随机练习比组合练习更可能促进动作之间发生迁移,这是因为随机动作练习可以防止学习者总是按照一定顺序做出相似反应,在对动作信息进行深层次加工的同时,可以每次都对动作进行重新组织,这样动作学习者将会学到更多动作信息,提高动作迁移表现。但也有研究显示出相反的结果,认为动作技能的迁移是多种因素相互制约的结果,需要进一步证实。② 这提醒教师在动作练习时,需要根据学习者的具体表现变换练习方式,以改善动作学习和迁移效果。动作学习的效果可以通过技能迁移测试来测定,即测量一项动作技能在新的环境中使用或者对学习另一项动作技能的影响。对于个体来说,可通过改变练习环境或训练、比赛环境来评估环境对动作技能迁移产生的影响,使运动员在训练中习得的动作技能在比赛中更好地发挥。③

第三节　动作学习的影响因素

动作学习是每一位技能选手、竞技者、奥运选手的必经之路。2020 东京奥运会(2021 年 9 月)上的跳水奥运冠军全红婵,大家都比较熟悉,她从 2014 年 5 月被教练员陈华明选到体校开始训练,再到省队、国家队训练,最后于 2020 年 12 月入选东京奥运阵容,直到 2021 年 9 月 3 日获得奥运冠军,仅仅用了 7 年 4 个月的时间。从一个门外汉(家族没有体育竞技氛围、不会游泳等)到喜欢游泳、跳水、坚持训练等过程,动作学习对她的影响因素是主要的。全红婵的教练(陈华明和何威仪

①　Richard A. Magill. 运动技能学习与控制[M]. 张忠秋,等译. 北京:中国轻工业出版社,2006:239-242. 胡名霞. 动作控制与动作学习[M]. 北京:人民卫生出版社,2017:120-121,135-136.

②　王穗苹. 动作技能学习的迁移研究[J]. 华南师范大学学报(社会科学版),1997(6):65-70.

③　王树明. 运动技能学习与控制[M]. 北京:高等教育出版社,2018:38-49.

等)介绍,她从学习游泳、3米板、5米跳台、7米跳台,再到10米跳台,以及向后翻腾3周半抱膝等高难度动作,都是动作学习经历的过程,动作学习对她来说已经是家常便饭。她能够在这么短的时间、这么小的年龄获得这么多动作学习的结果,其中的原因是什么?本节主要探讨动作学习的影响因素,并以全红婵为案例作简要分析。动作学习是个体通过学习或经验获得持久性动作技巧的过程,影响该过程的因素很多,主要包括个体特征、环境因素、任务特征等方面。

一、个体特征

早期的动作发展研究主要关注个体特征、环境、任务等因素影响个体动作表现的结果或过程。[①] 外在环境和任务难度的设置是动作发展教法所涉及的内容,属于动作学习的一个方面;个体的结构与功能是动作发展的结构因素和内在动力因素,属于动作学习的另一方面。[②] 学习从属于发展。比如,赶上生长或动作学习的效果随着生理年龄的增加而产生不同质的效果[③],提前进行动作学习或滞后的动作学习有时会达到相同的结果,即有些动作学习内容明显前置了,这就涉及任务难度的设置问题。个体特征对动作学习效果的影响是直接的,研究个体特征在体育教学、技能获得、运动康复、物理治疗等方面的促进作用,是极为必要的。[④] 个体特征的研究包括生长发育(身体方面)、动作、认知和情绪心理4个领域的内容,还涉及这4个领域的交互特征(发展的、非线性的、随机突变的等)。人体是一个复杂系统,具有时时刻刻不断进化或变化的特征,任何外在刺激均可以激发人体的自我反应或适应修复能力。动作学习能够促进个体的发展,也就是外在刺激能够促进个体特征的发展与完善,但动作学习必须合理,比如,采用发展的视角和终身自然发展原则指导个体的动作学习。[⑤]

---

① Newell K M. Physical constraints to development of motor skills[M]//Thomas J, ed. Motor Development During Childhood and Adolescence. Minneapolis:Burgess Publishing Company,1984:105-120.

② 施良方. 学习论[M]. 北京:人民教育出版社,2001:182-190.

③ Williams J P. Catch-up growth[J]. Journal of embryology and experimental morphology,1981,65(Suppl):89-101. Gafni R I, Baron J. Catch-up growth:Possible mechanisms[J]. Pediatric Nephrology,2000(7):616-619. Kay's S K, Hindmarsh P C. Hindmarsh. Catch-up growth:An overview [J]. Pediatric Endocrinology Reviews,2006(4):365-378. 王兴泽. 踢毽子动作发展序列特征研究及案例教学分析[J]. 北京体育大学学报,2016(11):89-96,118. 邵志南,周谋琴. 以"踢毽子"动作发展为例分析教学内容的选择[C]//中国教育学会,中国中学生体育协会. 首届全国中小学体育教学改革北京论坛论文集. 2011:101-104.

④ 胡名霞. 动作控制与动作学习[M]. 北京:人民卫生出版社,2017:116-118. 王兴泽. 人类动作发展视野下的体育与健康课程标准研究[M]. 北京:北京体育大学出版社,2017:21-70. 卡尔,谢菲尔德. 神经康复:优化运动技能(第2版)[M]. 王宁华,黄真,主译. 北京:北京大学医学出版社,2015:11-14.

⑤ 耿培新,梁国立. 美国学校体育国家标准研究[M]. 北京:人民教育出版社,2007:2-3. 福禄培尔. 人的教育[M]. 孙祖复,译. 北京:人民教育出版社,2012:5-31.

个体特征是动作学习最直接的影响因素。比如,个体形态(身高或体重)对于一些运动项目的选才非常重要[排球(身高)、篮球(身高和体重)]。又如,基于个体认知能力开展不同运动项目的教学。认知的发展遵循皮亚杰的认知发展理论,即"感觉运动(U0—2)—前运算(U3—6)—具体运算(U7—10)—形式运算(U11及以上)"4个阶段①,不同阶段具有不同的认知特征,在动作学习的不同阶段,应根据个体认知发展的阶段相应设置学习任务的难度,使之适合个体学习,最终要体现的是动作学习的过程性,而不仅仅是强调动作的掌握结果。人类生命的发展是一个"形"的过程,即生物系统的运行模式是形结构,而不仅仅是质结构。② 动作学习过程中,个体认知的变化、结构的演变、神经系统工作的优化等,都是一个从不了解到掌握、从不适应的结构到完成任务的结构、从弥散募集到集中涨落募集的过程。对个体特征的认识与了解是动作学习的基础或首要任务,即强调终身的动作发展(lifespan development)。③ 表3-2列出了学龄期个体动作发展的主要特征,这些特征可以对个体动作学习领域、动作序列内容、动作学习计划等的设计起到指导作用。

表 3-2　不同阶段健康个体动作发展特征概述

阶段	动作发展特征
幼儿园阶段(U3—5)	躯干四肢大动作行为
水平一(U6—7)	学习运用自我
水平二(U8—9)	基本动作过程学习
水平三(U10—11)	基本运动技能的学习和应用
水平四(U12—14)	基本动作技术向专门动作技术过渡
水平五(U15—17)	专项动作技术精准控制
水平六(U18—21)	专项动作技术控制拓展

资料来源:王兴泽.踢毽子动作发展序列特征研究及案例教学分析[J].北京体育大学学报,2016(11):89-96,118.王兴泽.人类动作发展视野下的体育与健康课程标准研究[M].北京:北京体育大学出版社,2017:21-70.王兴泽.U3—17典型动作发展特征及运动技能教学设置原则研究[C]//南京:第十一届全国体育科学大会,2019:3079-3081.

---

① Wadsworth B J. Piaget's Theory of Cognitive and Affective Development[M]. 5th ed. New York: Longman Publishers,2004:137-146.

② 雷内·托姆.结构稳定性与形态发生学[M].成都:四川教育出版社,1992:173-182.

③ Payne V, Isaacs L. Human Motor Development: A Lifespan Approach[M]. 8th ed. New York: McGraw-Hill,2012:8.

人体作为典型的开放复杂巨系统,具有开放性、系统规模的巨型性、动态性、非线性、不可逆性、自适应性、鲁棒性、涌现性、不确定性等特征。① 在技能学习的非线性动态过程中,个体不可避免地会与外界交互并受其各项因素的约束。如人体各子系统之间、不同层次的系统之间以及人体系统与环境之间的互动、反馈、回路等一切演化过程,都是非线性的,人体通过自身所具有的进化特性,在各因素相互作用下不断适应,推动技能的复杂性演化。② 鉴于外界环境的多样性和人体自身的鲁棒性,如何选择适宜的刺激强度、刺激方式就显得尤为重要,它使本不确定的习得过程变得可控。此外,人体系统与其他系统最为显著的不同就在于人类所特有的意识,即心理。技能的习得过程必须把握"身"与"心"的统一关系:"心"内化于"身","心"的产生依赖于"身"。同时,人的认知是具身性的③,即身、心、环境三者的整合,"身"处于环境中。技能学习从最初的"照着葫芦画瓢",到高水平者的"行云流水",既是促进"身"与"心"关系从分离趋向统一的过程④,也是人的认知身体化及其水平(或者说人的知觉能力与复杂性)通过涌现而提高的过程。⑤ 理解人体的复杂相互作用,把握限制其和谐发展的各种因素,才能更好地促进技能习得。

全红婵14岁,通过7年4个月的专业训练获得了奥运会冠军,动作学习的过程历尽艰辛,同时也收获了很多经验,比如压水花动作技术。在7年多的时间内,儿童青少年的个体特征变化是显而易见的。全红婵在儿童期、青少年期的身高变化、体重增加程度、肌肉力量的提高,以及身体协调性的变化等,在不同阶段具有各自特征。教练员指导全红婵根据自己的发展特征进行专业动作的学习、练习,创新动作技术。不同阶段的发展特征(身体发育、认知发展、情绪心理发展和动作发展,以及上述因素的交互作用)决定着她的学习状态、效果和过程特征。比如,科学认识身体重心的变化是其完成跳水动作的基础。伴随年龄的增长,全红婵在儿童后期的身体发育中,由于下肢的生长速度超过头部发育速度,其生物力学特征体现为身体重心下移,易于身体平衡的控制,该阶段提升动作稳定性比较重要。生长发育高峰期

① 苗东升.系统科学概览[M].北京:中国书籍出版社,2018.
② 约翰·H.霍兰.隐秩序:适应性造就复杂性[M].上海:上海科学技术出版社,2019:32-37,78-83.
③ 李恒威,肖家燕.认知的具身观[J].自然辩证法通讯,2006(1):29-34,110.
④ 贾齐,李捷.运动学习:认识世界的一种方式——身与心如何走向统一[J].体育与科学,2003(4):36-39,48.
⑤ 殷治国,王林,范运祥.身体认知论视野下的运动学习实践[J].成都体育学院学报,2018(3):81-87.周乐,高强,Bernard Andrieu."从生成到涌现:生命体意识的身体知觉"译与析(英文)[J].成都体育学院学报,2019(3):7-16.

会出现身体能力的变异发展。全红婵在体型和力量上表现出成熟度不足、发展不完善的特征,在练习过程中如不注意,将会增加受伤风险;柔韧性的缺乏是全红婵在动作学习过程中一个潜在风险。尽管普遍认为青少年随着年龄的增加柔韧性会下降,但存在部分关节活动度增加的情况。这意味着身体不同部位的柔韧性可能存在不平衡发展,在执行动作时会使一些动作结构受到限制。柔韧性的下降可能存在专项特征,虽然柔韧性与肌肉力量并不相关。研究表明,肌肉力量和柔韧性的不平衡发展会导致动作模式异常,成为受伤的风险因素。① 这些发展特征,全红婵及其教练员团队应该注意到了,并且实施了相对科学的训练计划和预防措施。

　　个体动作学习前期的准备条件包括个体特征、动机和前须技能。② 个体特征主要包括结构、功能等赋使特征。动机是指个体是否需要进行动作学习的意愿或需求。前须技能是指个体在进行当前动作技术的学习时必须具备的技能,否则当前的动作学习不能进行下去。比如,学习行进间运球射门或上篮的过程,首先要熟练掌握运球技术和独立的射门和上篮(步伐:一大二小三起跳)技术。再如,学习花样跳绳前必须掌握基本的跳绳技术。前须技能格外重要,它要求个体按照动作发展领域、序列进行专业运动技能的学习,即"基本动作模式—基本动作技术—基本动作技能—专项动作技能"等过程。③ 在全红婵个人的整个运动生涯中,基本遵循"基本动作模式—基本动作技术—基本动作技能—专项动作技能"的培养进程。她从少年体育学校到省体育中心(省队),再到国家队的运动生涯中,基本按照该程序进行,另外突破了2个能力障碍期(或过程),即基本动作技术最低限度自动化(5—6岁)和基本运动技能障碍突破(8—9岁)。这两个阶段对全红婵来说是刚刚进入体育专业训练阶段的基本动作模式的自我练习过程,以及进入少年体育学校的基本运动技能的学习与掌握过程,直接奠定了她学习其他跳水、跳台等基本技能的基础。多数学者认为,3—6岁是儿童基本运动技能发展的关键期,所以多数运动干预研究聚焦于3—6岁儿童。但由于多国儿童出现大规模的基本运动技能发展滞后现象,许多10岁儿童仍然未能熟练掌握多项基本运动技能,且有针对大龄儿童运动干预的研究显示仍然能取得显著的干预效果,因此,未来不能仅局限于3—6岁儿童,也应该重视6—12岁儿童基本运动技能的测试与干预研究,为儿童熟练地掌握1~2项运动技能打下基础。此外,篮

---

① 托马斯·赖利,A.马克·威廉姆斯.足球与科学(第2版)[M].曹晓东,译.北京:人民体育出版社,2011:312-314.

② 罗宾·S.维莱,梅利莎·A.蔡斯.青少年体育运动指导与实践(修订版)[M].徐建方,王雄,译.北京:人民邮电出版社,2020:85-107.

③ 王兴泽.人类动作发展视野下的体育与健康课程标准研究[M].北京:北京体育大学出版社,2017:21-70.刘展.基本动作发展模式[Z].北京:2016年儿童少年动作发展与身体活动促进国际论坛,2016:1-47.

球、棒球等具体运动项目在促进儿童基本运动技能发展方面有一定的局限性,如篮球教学不能有效促进儿童踢球、击打固定球技能的发展。因此,为了促进儿童熟练地掌握多种基本运动技能,应该采用多种教学内容进行干预。婴幼儿时期形成的推撑、提拉和蹲起等基础动作模式是个体学习和发展基本动作技能的基石,全红婵在相应的婴幼儿时期基本完成了推撑、提拉、蹲起、屈伸等基本动作模式,促进了她后来进入少年体育运动学校的基本动作技术和技能的形成。

个体的动作技能在不同的发展阶段会体现出不同的发展特征。根据动作执行时所需的认知努力与动作的外在表现,运动技能学中通常将个体动作技能的形成分为认知、联结与自动化3个相对独立的阶段。全红婵每一个新的动作技术学习都经历了这3个阶段,由于其个体准备就绪效果较好、前须技能具备,后面的学习与掌握也就水到渠成。

动作概念包括身体、空间、动作质量与动作关系4个要素。动作概念与动作技能是全红婵体育技术主题教学法的核心,两者的关系犹如副词与动词,动作概念用来描述动作的过程与效果。陈华明教练在执教全红婵时,将两者进行融合教学,一方面可以使她更好地建立动作表象,理解动作要义,从而做到"知其然,知其所以然",真正帮助全红婵实现从"学会"到"会学"的突破。另一方面,可以让全红婵尽情发挥创造力,将不同的动作概念与动作技能相组合,充分体验运动中的动静虚实、辗转腾挪等无穷变化之趣。然而,尽管动作概念如此重要,国内体育课程或运动训练中的动作概念教学却是一个十分薄弱的环节;国内现有的儿童青少年体育知识测评体系也并未包含动作概念领域的内容,未来应加大对儿童动作概念相关知识的教学与测评研究。

二、环境因素

环境因素能够促进或抑制动作学习,在科学认识环境因素的同时,还应了解环境影响动作学习的机理与原则。人类进化到今天,神经系统被植入人体内部,反过来又影响环境或反馈于环境。环境因素与个体的交互影响如图3-3所示。一项运动技能的获得,至少需要具备在一个给定的环境中执行此项运动技能项目任务的机会。比如,在幼儿的行走学习中,需要为其提供步行的空间(爬行楼梯等)。在动作学习与技能优化过程中,环境是一个重要因素。

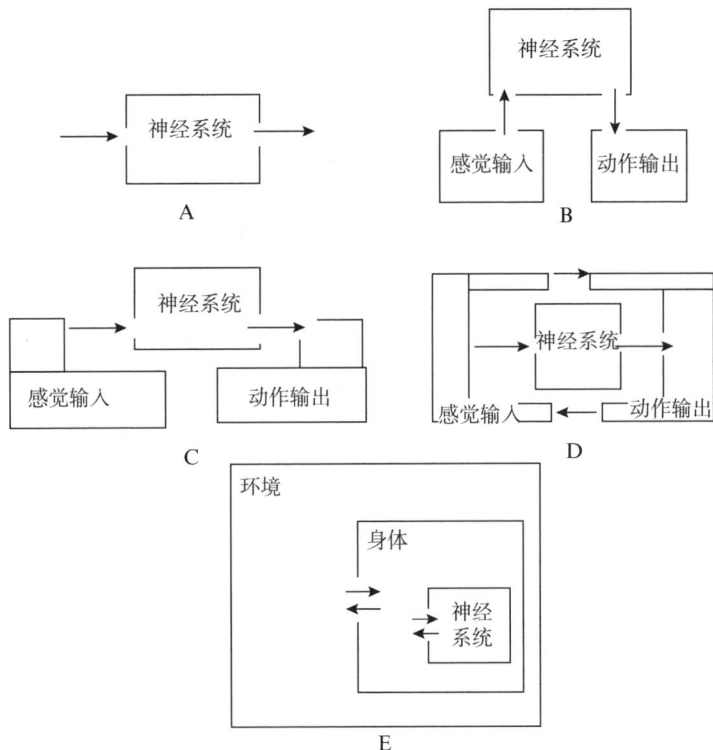

注：A：神经系统刺激—反应特征　　B：单一的感觉输入—动作输出

C：小范围内的感觉输入与输出　　D：相对固定环境的感觉输入与输出反应模式

E：相对封闭环境下的身体—神经系统—环境交互过程

图 3-3　人体与环境交互影响的过程

资料来源：Chiel H J，Beer R D. The brain has a body：Adaptive behavior emerges from interactions of nervous system，body and environment[J]. Trends in Neurosciences，1997(12)：553-557.

环境作为个体发展的外层因素，通常会通过内层因素间接地影响个体动作行为或竞技能力的发展。环境一般可分为物理性环境与社会性环境。物理性环境主要包括体育活动设备与场地，社会性环境主要包括家庭、学校、社会与政策因素。

物理性环境方面，一项基于 178～259 名幼儿的队列研究表明，家中体育活动器材的数量对幼儿未来的位移与物控技能均有正向预测作用。[1]　多项研究表明，体育活动设备的种类或数量与儿童的某类或多类个体基本运动技能发展水平呈正

---

① Barnett L M，Hnatiuk J A，Salmon J，et al. Modifiable factors which predict children's gross motor competence：A prospective cohort study[J]. International Journal of Behavioral Nutrition and Physical Activity，2019(1)：129.

相关。① 在关于体育活动空间的研究中,多项研究表明较大的体育活动空间与儿童的位移技能水平呈正相关。② 而体育活动空间对物控技能影响的研究所得出的结论并不一致。Hua 等在对 4001 名 3—6 岁儿童的测试中发现,较大的家庭户外活动空间与校内活动空间对儿童的物控技能有正向影响③;另有研究发现,学校活动场地面积较小的儿童的物控技能显著高于活动场地面积较大的儿童。Chow 等发现,学校活动场地面积与物控技能无关④;另有研究发现,家庭周围的广场面积大小对儿童的基本运动技能水平并无影响⑤。综上,较大的体育活动空间对儿童位移技能发展有正向影响,而物控技能的练习并不需要较大的活动空间,且环境只是儿童动作发展的影响因素之一。

社会性环境方面,有关家庭因素对儿童基本运动技能影响的研究中,有研究表明,以下因素与儿童的基本运动技能发展水平呈正相关:较高的家庭经济收入⑥,家长感知的儿童基本运动技能得分与母亲具有良好的体育活动态度与行为习惯⑦,以及与兄弟姐妹共同生活⑧。Hua 等发现,相比于多子女家庭的儿童,独生子女有更大的概率患有动作发展协调障碍⑨;Jin 等在对 2976 名 3—7 岁儿童的研究中发现,移民家庭儿童有更高的概率出现物控技能动作障碍⑩。家长对儿童基本运动技能的关注度、辨识度、参与度,以及儿童与其他儿童共同活动的机会对其基本运动技能的发展均具有重要影响。

① 陈月文,胡碧颖,李克建.幼儿园户外活动质量与儿童动作发展的关系[J].学前教育研究,2013(4):25-32.

② Chow B C,Louie L H T. Differencein children's gross motor skills between two types of preschools[J]. Perceptual and Motor Skills,2013(1):253-261.

③ Hua J,Duan T,Gu G,et al. Effects of home and education environments on children's motor performance in China[J]. Developmental Medicine and Child Neurology,2016(8):868-876.

④ Chow B C,Louie L H T. Differencein children's gross motor skills between two types of preschools[J]. Perceptual and Motor Skills,2013(1):253-261.

⑤ Adams J,Veitch J,Barnett L. Physical activity and fundamental motor skill performance of 5-10 year old children in three different playgrounds[J]. International Journal of Environmental Research and Public Health,2018(9):1896.

⑥ Zeng N,Johnson S L,Boles R E,et al. Social-ecological correlates of fundamental movement skills in young children[J]. Journal of Sport and Health Science,2019(2):122-129.

⑦ Liong G H E,Ridgers N D,Barnett L M. Associations between skill perceptions and young children's actual fundamental movement skills[J]. Perceptual and Motor Skills,2015(2):591-603.

⑧ Kwon S,O'Neill M. Socioeconomic and familial factors associated with gross motor skills among US children aged 3-5 years:The 2012 NHANES National Youth Fitness Survey[J]. International Journal of Environmental Research and Public Health,2020(12):4491.

⑨ Hua J,Jin H,Gu G,et al. The influence of Chinese one-child family status on developmental coordination disorder status[J]. Research in Developmental Disabilities,2014(11):3089-3095.

⑩ Jin H,Hua J,Shen J,et al. Status and determinants of motor impairment in preschool children from migrant families in China[J]. Iranian Journal of Pediatrics,2016(5):e5427.

训练环境因素主要包括教练员(或体育教师)与队友数量(或班额)。体育教练员或教师作为体育教学的设计者与执行者,是个体运动技能发展的重要保障。相关综述研究表明,接受过基本运动技能教学培训的教师能有效地促进个体基本运动技能的发展;有实证研究表明,教师缺乏培训与教育政策是限制个体基本运动技能学习与发展的主要原因。① 然而,在国内体育教师的培养体系中,针对动作科学与发展科学知识的培训阙如②;一项针对 150 名骨干幼儿教师的调查表明,了解幼儿各年龄段动作发展特征的教师仅占 20%③;此外,国内幼儿体育教师缺口近 200 万人④。因此,如何提升学前与小学体育教师的基本运动技能教学能力,以及填补幼儿体育教师数量缺口是当前国内深化学校体育改革亟须解决的问题。有关班额对儿童基本运动技能影响的研究较为稀缺。西方发达国家基础教育阶段班级规模基本控制在 35 人以内。而一项基于国内 179 所学校的调查表明,班级人数超过 56 人的"大班额"现象十分普遍。⑤ 班级人数过多不仅会加重教师的工作负荷,也会阻碍个性化教学的开展、减少学生接受教师指导的机会,从而对儿童个体基本运动技能发展形成掣肘。

通常,家庭经济条件较差个体的动作技能表现较低。⑥ 但国内关于居住环境(城市/农村)对儿童基本运动技能的影响尚未达成共识。刘莹莹在对 788 名 3—6 岁儿童的测试中发现,城市儿童的物控技能、基本运动技能得分均显著高于农村儿童,位移技能则无显著差异⑦;而柳倩等在对 1781 名 3—5 岁儿童的测试中发现,农村儿童的位移技能与物控技能得分均显著高于城市儿童⑧。鉴于此领域的研究较少,尚不能确定城乡差异对儿童基本运动技能发展的影响。未来应增加对不同居住地区儿童基本运动技能发展水平的测试研究,了解不同居住地区儿童动作发展特征,从而为制定更有针对性的干预措施提供参考。此外,社会政策对儿童基本

① Nobre F S S, Valentini N C, Rusidill M E. Applying the bioecological theory to the study of fundamental motor skills[J]. Physical Education and Sport Pedagogy,2020(1):29-48.

② 王兴泽.人类动作发展视野下的体育与健康课程标准研究[M].北京:北京体育大学出版社,2017:21-70.

③ 周喆啸,孟欢欢,赵焕彬,等.功能性训练促进 5—6 岁幼儿粗大动作发展的实证研究[J].成都体育学院学报,2016(5):16-22.

④ 幼儿体育教师缺口近 200 万人,体育教育如何从娃娃抓起? [EB/OL].(2019-02-25)[2021-12-01].https://www.sohu.com/a/297479632_613653.

⑤ 杨涵深,游振磊.义务教育"大班额":现状、问题与消减对策[J].教育学术月刊,2019(12):57-64.

⑥ Valentini N C,Logan S W,Spessato B C,et al. Fundamental motor skills across childhood: Age, sex, and competence outcomes of Brazilian children[J]. Journal of Motor Learning and Development,2016(1):16-36.

⑦ 刘莹莹.山东省 3—6 岁幼儿大肌肉动作发展特征研究[J].山东体育科技,2018(3):57-61.

⑧ 柳倩,曾睿.3—5 岁儿童动作发展及其与早期认知、学习品质的关系研究[J].全球教育展望,2018(5):94-112.

运动技能发展也具有广泛而深刻的影响①,而《关于全面加强和改进新时代学校体育工作的意见》等文件的颁布为国内儿童的基本运动技能发展提供了有利环境。故,环境因素是个体运动技能学习或动作技能表现的独立影响因素。

环境可以产生行为,其是易化行为和抑制行为的主要因素。② 环境能够促进和抑制动作学习行为。环境可以决定运动模式,比如,台阶可以助力幼儿完成爬行,网球场可以促进网球学习,条件良好的游泳池能够促进游泳技术的发挥,等等。动作学习效果或能力的大小,部分取决于动作学习环境。比如,小学体育课程的环境设置是儿童运动技能学习的重要因素。早期的生态学研究表明,物理设施直接影响动作学习,甚至能够促成动作学习。③ 动作学习中,科学合理的环境设置至关重要。④ 不同个体在进行动作学习的过程中应该遵循个体发展特征,即人的自然发展属性,同时注重外在的动作学习设施的建造与设计。小学 U6—11 阶段,个体发展变化很大,场地设施和体育器械的配置应该合理。比如,小学的足球场地大小和篮球架的高低能够根据不同年级学生的需求进行调整,足球分为 3 号、4 号、5 号(标准足球),篮球也分不同型号,这些都需要根据学生特征进行选择。尤其是小学生,他们对体育课的需求是基于个人兴趣,环境设置因而显得相当重要。中小学体育教师需要研究或学习动作发展的相关课程,以发展的视野进行体育教学,这样教学效果才会顺利达成。⑤ 国内相关研究表明,《义务教育体育与健康课程标准(2011 年版)》和校园足球运动环境均有需要完善的地方。⑥ 于素梅提出实施一体化课程首先要重视动作发展,了解学生的个体特征;其次,在环境设置或选择中依据个体的发展特征开展教学,尤其要考虑动作发展特征。⑦

环境提供信息,促进个体进一步产生行为或进行适应性学习。生命是远离平衡态的开放系统,为了保持其有序性,个体需要不断地与外界环境进行能量交换和

---

① 童甜甜,陈美媛,徐勤萍,等.幼儿基本动作技能发展影响因素的研究进展:基于社会生态学模型的视角[J].北京体育大学学报,2020(5):66-76.

② 卡尔,谢菲尔德.神经康复:优化运动技能(第 2 版)[M].王宁华,黄真,主译.北京:北京大学医学出版社,2015:11-14.

③ Robert S. Personal Space:The Behavioral Basis of Design[M]. Englewood Cliffs:Prentice-Hall,1969:176.

④ Thomas J R,Lee A M,Thomas K T. Physical Education for Children:Concepts into Practice[M]. Champaign:Human Kinetics,1988:166-179.

⑤ 梁国立.教法学及其地位和意义[J].教育研究,2012(10):141-147.

⑥ 张诚,王兴泽.动作学习视野下校园足球课程设置研究及案例教学分析[J].北京体育大学学报,2017(5):73-80.

⑦ 于素梅."乐动会"体育课堂教学评价体系研究[J].体育学刊,2018(4):87-92.于素梅.一体化体育课程的旨趣与建构[J].教育研究,2019(12):51-58.

信息交换,以抵消其熵增。薛定谔提出:生命以负熵流为食,而负熵就是信息的另一种表达。① 一般来说,生物信息以特定的方式进行流动,即"DNA—mRNA—蛋白质—蛋白质相互作用网络—细胞—器官—个体—群体"。② 每个层次的信息都是既独立又相互关联的系统。这些不同层次的实体结构不是生命的本质,其相互作用才是生命的核心,即信息,生命系统的运转是一个信息流的交互过程。环境促进个体信息的变化、反馈、迁移等。③

三、任务特征

动作学习的任务特征体现了个体动作学习水平,同等条件下,任务水平高说明个体的动作能力强。任务特征常用来分析个体是否适合该任务水平。关于任务难度的设置,教育学家给出过一些指导原则,比如基于最近发展区④、认知发展阶段特征⑤、动作发展特征⑥、Newell限制模型等⑦。任务在一定条件下能够促进个体动作学习。一定的任务可以引导个体逐步体现自我能力,也可以促进个体潜能的逐步开发,这种任务不限于学校或特训机构设定的学习内容,以及国家指定的相关能力水平标准等任务,因为个体的差异性多于共同性,个体的成长与发展各异,不存在能够测度个体发展的标尺。作为教育工作者或教育管理者,应该具备终身发展的视野。比如,一个5岁的儿童能很协调地完成上肢投掷动作,而另一个同龄儿童才刚刚理解上肢投掷动作技术,这是正常的个体发展现象,只是后者的发展过程更长一些,其并不能说明前者更优秀。教育工作者要对个体的纵向发展情况、个体特征、环境、任务等进行综合判断,促进个体的科学发展。儿童青少年在进行专项运动技能的学习过程中,应该遵循"基本动作模式—基本动作技能—基本运动技能—专项学习(专项基本动作技术—专项组合技术—项目专业动作技术)"的进程,比如篮球(见表3-3)和足球(见表3-4)项目运动技能的设置,这样个体在进行动作

①　埃尔温·薛定谔.生命是什么[M].仇万煜,左兰芬,译.海口:海南出版社,2017:73-82.

②　Hood L. A personal view of molecular technology and how it has changed biology[J]. Journal of Proteome Research,2002(5):399-409.

③　约翰·H.霍兰.隐秩序:适应性造就复杂性[M].上海:上海科学技术出版社,2019:32-37,78-83.

④　余震球.维果茨基教育论著选[M].北京:人民教育出版社,2005:377-391.

⑤　Wadsworth B J. Piaget's Theory of Cognitive and Affective Development[M]. 5th ed. New York: Longman Publishers,2004:137-146.

⑥　王兴泽.人类动作发展视野下的体育与健康课程标准研究[M].北京:北京体育大学出版社,2017:21-70.

⑦　Newell K M. Physical constraints to development of motor skilss[M]//Thomas J, ed. Motor Development During Childhood and Adolescence[M]. Minneapolis:Burgess Publishing Company,1984:105-120. Greg Payne,耿培新,梁国立.人类动作发展概论[M].北京:人民教育出版社,2008:61-84.

学习过程中,任务设置才会是相对合理的。

任务的难易程度反映设计者对不同个体发展水平的认知。不同的个体具有不同的发展水平,在动作学习中,如何达到每个个体尽力的效果?可以从自然发展、个体纵向发展、环境层次递进等维度进行思考。动作学习任务的设置要符合领域性、序列性、平衡性等生态学特征。生态任务分析(Ecological Task Analysis,ETA)提出于 1991 年,是一种建立于生态心理学、动作发展与控制理论基础上的动作教学综合模型。该模型已经被运用于医疗、学校体育与竞技体育领域。[①] 在体育教学的应用中,ETA 旨在提供个性化的教学策略,促进学生运动技能的发展,培养学生的自主决策、自我调节与承担责任的能力。[②] 如图 3-4 所示,ETA 的操作模型可分为 4 个具体的步骤:呈现任务,即教师通过示范、讲解与环境构建,使学生了解任务的目标、条件与标准;提供选择,即在学生进行动作技能练习的时候,给予学生选择动作技能、动作形式以及设备的权利,激发学生的内在学习动机,教师观察并记录学生的动作技能选择以及整体的动作表现;操控变量,即教师通过操控环境或任务的某些变量,使动作任务与学生的技能水平相匹配,促进学生运动技能的持续发展,教师观察并记录学生的动作技能选择以及整体的动作表现,并与之前的动作表现进行比较;反馈指导,即教师根据学生先前的动作技能表现提供直接的指导,并以学生先前的动作表现作为后续教学设计的线索与依据。

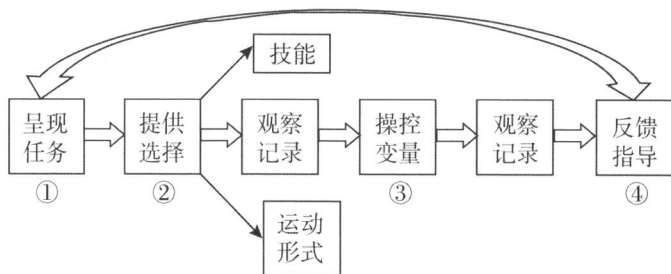

图 3-4　生态任务分析教学模型

资料来源:Davis W E,Burton A W. Ecological task analysis:Translating movement behavior theory into practice[J]. Adapted Physical Activity Quarterly,1991(2):154-177.

① Davis W E,Broadhead G D. Ecological Task Analysis and Movement[M]. Champaign:Human Kinetics,2007:1-28.

② Balan C M,Davis W E. Ecological task analysis:An approach to teaching physical education[J]. Journal of Physical Education,Recreation & Dance,1993(9):54-62.

表 3-3　篮球项目基本动作技术、组合技术、专业技术类别

动作技术类别	基本动作技术	篮球项目基本动作技术	篮球项目组合动作技术	篮球项目专业动作技术
移动类	走、跑、侧滑步、连续前垫步、连续垫步、跳、双脚跳、单脚跳、跨越跳、攀爬、匍匐	跑、侧滑步、跨步、跳起	运球进攻、无球防守、运球防守、行进间上篮、移动拦截、跳球盖帽	跳起抢篮板球、跳起接高球
操作类	投掷、接、踢、击打、控制物体	传球、投篮、起跳、接球、阻挡	胸前传球、头上传球、正手传球、单手肩上投篮、双手定点投篮、原地运球、行进间运球、胯下传球、转体、原地跳起	快传球、跳投、反弹传球、拼抢篮板球、争球（跳球）
稳定类	扭曲、转体、屈体、伸展、团身、停、平衡、着地、挥动、摇摆	转体、动态平衡、避开	绕轴旋转、屈体、运球假动作	

资料来源：Gallahue D L，Ozmun J C. Understanding Motor Development：Infants，Children，Adolescents，Adults[M]. 6th ed. New York：McGraw-Hill，2006：312-331.

表 3-4　足球项目基本动作技术、组合技术、专业技术类别

动作技术类别	基本动作技术	足球项目基本动作技术	足球项目组合动作技术	足球项目专业动作技术
移动类	走、跑、侧滑步、连续前垫步、连续垫步、跳、双脚跳、单脚跳、跨越跳、攀爬、匍匐	侧身跑、插肩跑、后退跑	急停急起、变相跑、移动拦截	直线切入、运球过人
操作类	投掷、接、踢、击打、控制物体	踢球、运球、停球、头顶球、掷球	脚内侧踢球、正脚背踢球、脚背内侧/外侧踢球、脚内侧运球、前额顶球、胸部停球、脚底停球、正面抢截球	接控球
稳定类	扭曲、转体、屈体、伸展、团身、停、平衡、着地、挥动、摇摆	正面急停、转身急停、前转身、后转身	合理冲撞抢截球、扑接球	假动作突破、拉球、单脚起跳接球

资料来源：Gallahue D L，Ozmun J C. Understanding Motor Development：Infants，Children，Adolescents，Adults[M]. 6th ed. New York：McGraw-Hill，2006：312-331.

　　由上可知，ETA 凸显了以学生为主体的教学理念，即在技能练习时给予学生一定的选择权，尊重学生的个体差异与主观能动性。同时，ETA 强调学生问责制，即强调学生对自己的运动技能学习、表现负责。具体教学方法类似于掌握激励氛

围,即教师为学生提供选择任务难度、设备等的机会,认可学生的努力与进步,促进学生任务目标取向的形成;ETA是基于动态系统理论的动作教学模型,认为个体的运动技能学习是在多种约束影响下,以非线性为特征的自组织过程。具体教学方法为约束型任务分析,即教师通过调整任务参数,改变任务的难易程度,为学生提供具有挑战性的任务与成功的机会(见表3-5、表3-6)。ETA强调学以致用,即让学生在游戏、比赛中应用自己所获得的运动技能,帮助学生成为适应能力更强、技能更突出的动作问题解决者。ETA教学模式中的教师是引导者、交流者与反思者,ETA强调教师的观察与记录,其要根据学生先前的动作技能表现为学生提供直接的指导,并作为后续教学设计的线索与依据。ETA教学模式与传统体育教学模式的比较,见表3-7。

表 3-5 接球技能约束矩阵

个体(结构)	个体(功能)	环境	任务(目的)	任务(规则)	任务(设备)
手的大小	经验	温度	双手接球	原地接球	球的大小
四肢长度	感知觉	照明	单手接球	行进间接球	球的软硬
身高	速度	场地	连续接球	跳起接球	球的颜色

资料来源:Greg Payne,耿培新,梁国立.人类动作发展概论[M].北京:人民教育出版社,2008:61-84.

表 3-6 接球技能约束型任务分析

	球径	来球速度	来球位置	接球者的状态
易	20 厘米	非常慢	胸前	原地
↓	10 厘米	一般速度	体侧	步行
难	5 厘米	快速	体侧一米	跑动

资料来源:李冉,刘展,李小京,等.约束模型视角下幼儿基本动作技能发展的教学干预研究:以山东省潍坊市一农村幼儿园学前儿童为例[J].体育科学,2021(2):51-58.

表 3-7 ETA教学模式与传统体育教学模式对比

比较维度	ETA 教学模式	传统体育教学模式
指导思想	促进学生自由而全面地发展,即促进学生自主学习能力、运动技能、情感等的发展	窄化的"健康第一"理念,即增强体质、发展运动技能
理论基础	动态系统理论、成就目标理论	连锁反应理论、信息加工学习理论、运动负荷规律

比较维度	ETA 教学模式	传统体育教学模式
教学程序	呈现任务—提供选择—操控变量—反馈指导	示范与讲解—学生学练—教师纠错，学生完善技术
教学内容	运动技能、与所教授的技能相关的游戏	身体素质、运动技能练习、以娱乐为主的游戏
教学目标	侧重运动技能、自主学习能力、任务目标取向培养，兼顾学生的认知与情感发展	提升体能与技能、培养体育兴趣
教学方法	直接教学法与间接教学法相结合（掌握激励氛围：以学生为中心；约束型任务分析）	直接教学法（教师主导：示范、讲解、练习）
组织形式	集体授课、小组合作	集体授课、个人练习
评价方式	主体多元、定性评价与定量评价相结合、以过程性评价为主	教师评价、以定量评价与终结性评价为主

特定任务的训练能够引起特异性适应，从而促进运动能力的提高。就适应性而言，运动员在动作学习中提高的运动能力和在体能训练中的特定任务训练中提高的运动能力是不一样的。特定任务训练产生的适应性主要包括神经肌肉的适应、肌肉骨骼的适应、代谢的适应。动作技术学习产生的特异性（神经系统）适应可以提高运动员的运动能力，体能训练（肌肉骨骼）产生的特异性适应是通过迁移提高运动技能，作用是间接的。单纯地模仿专项技术动作的体能训练，不可能提高运动技能水平，甚至会导致运动技术动作发生不利的改变。在任务设定过程中，体能训练与技战术训练需要分开进行。Fitts 定律揭示了人体运动中运动幅度与运动精度之间的协调关系，应根据项目特征和自我需要对二者进行权衡。①

在对个体基本运动技能进行教学或训练时，要重视人类身体、动作、认知与情感这四大发展领域交互作用的原理，即教学或训练中可以结合相应的身体素质练习、感觉统合训练、运动概念教学以及积极的运动情感体验。在教学内容上，应选择与个体发展水平相适应的动作任务进行教学，遵从平衡技能—位移技能—操控技能的难度顺序。在练习方法上，应逐步从以闭环运动控制为主的身体练习（重复性动作、稳定性环境的肌肉力量、关节幅度以及身体平衡等）过渡到以开环运动控

① Fitts P M. The information capacity of the human motor system in controlling the amplitude of movement[J]. Journal of Experimental Psychology：General，1992(3)：262-269. Schmidt R A，Lee T D. Motor Control and Learning：A Behavioral Emphasis[M]. Champaign：Human Kinetics，1999：171-203.

制为主的身体练习(多变的动作、速度、力量、方向以及不可预测的运动环境等)。此外,相关机构部门在为个体提供充足的体育活动空间与器材设备的基础上,应通过颁布相应的政策,提高家庭对个体基本运动技能的重视度,加大对现有以及未来体育教育人员的基本运动技能教学的培训力度。

第四章　全生命周期视野下动作学习发生机制

人类不同阶段的自然连接构成了不同阶段个体的连续生命周期。基于全生命周期下的大时间尺度,把握动作行为的发展,是当前认识自我的完整方式。本章主要从儿童青少年、成年、中老年的发展过程中观察与提炼不同阶段动作学习发生的机制,以提升全生命周期的动作学习质量。

第一节　儿童青少年成长期的动作学习发生机制

人类个体的成长期包括孕期、婴幼儿期、儿童期、青少年期和成年期。在个体的发展过程中,动作的学习过程是始终伴随着的,即使我们感觉不到的日常生活行为、生活方式等,都是动作学习的发生过程,这是一种过程教育的体验。[①] 从学习的范畴来看,这种自然生活方式的体验是广义动作学习的一种,广义动作学习主要包括任何一种行为的发生(和过去的方式有所区别)过程。当前,学校教育、职业培训、体育训练等专业学习机构进行的动作学习,是日常生活之外具有明确目标性和评价性的动作永久性改变过程。比如,学校体育要求学生掌握的体育运动技能(篮球投篮、足球射门等)、职业人士所掌握的专业灭火器的使用(10 米水带的快速打开、具有安全措施的绳攀技术)等。该过程主要包括不同职业领域的粗大动作和精细动作或动作组合(高原极寒天气下的冰雪运动,中医脉象的感觉,针刺皮肤位置进针、留针和取针,以及相关医学实验过程中的心外科和脑外科手术,等等)。这些动作学习的

---

① 卢梭.爱弥儿[M].彭正梅,译.上海:上海人民出版社,2014.

原理、发生进程、动作获得等方式具体如何,应根据个体所处的不同生理发展阶段进行分析。本章主要介绍不同阶段个体发展过程中动作学习的原理、典型动作学习机制和非典型的特征案例。

一、出生前的动作学习

胎儿在母体中成长的时间大约是 40 周,整个孕期对胎儿的影响涉及母亲的营养摄取、休息以及外界行为干预等方面。由于基因的进化作用,营养摄取是十分重要的,胎儿需要不断从母体中吸收营养进行细胞分裂、发育。目前,年轻妈妈多数体现为营养过剩[1],胎儿吸收一定营养后,多余的能量留存在母体,和其他存于母体的能量一起,为年轻妈妈育儿供能。整个胚胎期间,胎儿身体各个系统的成长和发展呈现相似的序列,非典型的变化主要是身体的变化时间,这是基因所决定的。胚胎期的动作发展主要体现在:10 周左右,胎儿肢体的摆动、弯曲、屈曲和左右移动,即粗大动作环节动作活动;15 周左右,胎儿踢、扭转躯干等活动,以及具体的手抓、斜视、眉头皱起等粗大动作;30 周左右,四肢末端(手抓和脚踢)粗大动作,以及眼睛闭—开动作等核心部位开口处动作;40 周,正常妊娠期结束,身长达到 50cm,体重 3200 克,呼吸动作是最后出生时才形成的特定规律动作。[2] 在胎儿出生前的 3 个月左右的动作干预能够促进动作学习。[3] 干预过程要根据母亲的身体条件进行设置。首先,形成良好的作息规律和饮食习惯。其次,临近生产期的 4 周进行适当的运动干预,比如,上午进行认知干预和运动干预,下午进行音乐干预和感知运动干预等,宜采取时间短、频次多的干预方式。通过不同的干预刺激,胎儿能更加适应宫内生活,产生更为强烈的共鸣活动。同时,注意关注孕妇的休息、生活习惯,进行原生态干预(提高生活质量,空气、水、阳光等自然资源的利用)以及精神干预。

二、婴幼儿阶段的动作学习

婴儿期,个体在身体发育和动作行为上变化非常迅速。在典型动作发展中,1 岁之后的标志性动作是个体能够主动控制身体不同的大环节(头部、身躯、四肢)。身体发育迅速,特别是头围的增加,是神经系统发育(神经胶质细胞、树突、髓

---

[1]　房红芸,郭齐雅,琚腊红,等.2010—2013 年中国 15—49 岁育龄妇女体重认知及控制状况[J].卫生研究,2019(6):888-891,944.

[2]　Greg Payne,耿培新,梁国立.人类动作发展概论[M].北京:人民教育出版社,2008:322-336.

[3]　刘隆炎.孕妇与娱乐运动[J].家庭医学,1996(24):5.王美丽.北京市城区妊娠妇女体育活动状况研究[D].北京:北京体育大学,2008.

鞘)的外显信号。婴儿在 12 个月快速生长过程中行为上的变化较大,但自主的动作学习行为不多,因为个体自主意识尚不清晰,处于一种自然生长的状态。该阶段是家长主动施教的最佳时机,比如,家长应该了解不同阶段(每个月)婴儿睡眠之外的主动活动时间,针对婴儿主动生活时间进行干预(运动、认知、音乐节奏、听觉欣赏等方面),促进个体学习与经验的获得。该阶段成长过程中里程碑式的动作模式主要有翻身(3 个月)、坐直(6 个月)、爬行(8 个月)、直立行走(11 个月)等,一般遵从躯干—头部—四肢的功能动作大环节发展顺序。该过程中,反射、自主活动、父母引领等促进了婴儿的动作学习与发展。婴儿在该阶段主要体现为个体的自然生长,动作模式主要体现为基本的生活模式和活力状态。

个体进入幼儿阶段(12 个月)后,不同个体由于自我生长、家庭引导、自我主动行为的交互特征与差异,动作表现水平有明显的区别。多数个体具备了基本行走的动作模式,能够跟随自我意识去完成自我意愿等。该阶段主要由与环境有关的刺激促进动作学习,比如,与婴儿相符高度的扶持物能够增加其下肢站立的时间,使其上肢能够解放出来触及相关物品,进行抓握等动作学习。婴儿阶段的适婴化家具、玩具、生活环境的建设等,是该阶段个体动作学习的主要因素。婴儿期间的适婴化建设环境能够让个体在正常生活中产生更多的动作行为,即环境产生动作行为。环境产生行为是人生任何阶段都适用的理论,但是该阶段个体自我能力相对不足,认知趋同于父母,环境就是主要的影响因素。根据 Newell 的限制理论①,在个体、环境、任务 3 个因素中,环境是该阶段限制个体动作行为的主要因素。

出生 2 年左右,个体基本能够独自站立和平行移动,多数幼儿的动作体现为肢体(手或脚)的活动,比如用整个手部撞击物体、用膝盖触及物体等。躯干功能发展进一步充实,能够自如地抬头、翻身、转体、屈伸等,旋转类的活动还不能独立完成。该阶段应对基本动作模式(12 个:下蹲、弓箭步、弯身、转体、疾跑、提拉、推撑、上举、爬行、翻滚、静坐、跪坐)进行多次练习②,多次练习后个体就会产生更加协调的动作模式和更具难度的动作结构,比如能够独立站稳,接下来就是平行移动。该阶段动作学习的内容以人类生存所需的基本动作模式为主,个体多次练习这些基本动作模式,可促进基本动作技能的进一步发展。这些动作都是大肌肉群动作,也是今后日常生活必须具备的动作技能。婴儿长到 3 岁时,逐渐具有动作模式的感知

---

①　Newell K M. Physical constraints to development of motor skills[M]//Thomas J, ed. Motor Development During Childhood and Adolescence[M]. Minneapolis:Burgess Publishing Company,1984:105-120.

②　刘展.儿童青少年动作和运动技能以及运动能力评价的理论和方法[Z].北京:2016 年儿童少年动作发展与身体活动促进国际论坛,2016:10-66.

能力,偶尔会学习父母(或成人、其他同伴等)的动作行为,自我意识逐渐加强。

三、儿童期的动作学习

儿童期的动作学习主要从个体发展的限制性、学习任务设计的生态性、环境的自然生态性等3个方面进行阐述。

(一)个体发展的限制性

国内一般认为个体进入幼儿园和整个小学阶段都是儿童期(3—11 岁)。儿童期大体分为 3 个阶段,即儿童早期(幼儿园,3—5 岁)、儿童中期(小学低年级阶段,6—9 岁)、儿童后期(小学高年级,10—11 岁)。由于儿童期个体身体生长迅速,各个阶段具有明显特征,根据大时间尺度非线性儿童动作发展特征进行分析,儿童早期个体主要学习基本动作(位移类、稳定类、控制类和传统项目类等),体育课堂上针对不同基本动作进行不同形式的内容学习与练习,该阶段能够达到基本会使用、练习这些基本动作的目标。儿童中期的动作学习主要是基本动作技能(14 个,涉及现代运动类和传统项目类)的熟练使用,以达到基本动作最低限度自动化,即儿童个体在体育运动或游戏中能够完全独立掌握这些动作(避让、躲闪、控物、滚跳等),并且身体控制以外的控物行为也是学习与练习的主要内容。儿童后期的动作学习以基本动作组合学习与练习为主,具体学习内容体现为基本运动技能(20 个,涉及现代运动美和传统项目类)。

整个儿童期阶段的大时间尺度动作发展特征体现为:躯干大动作—学习运用自我—动作过程学习与应用。基于该动作发展特征,家长、教育工作者可以基于Newell 限制理论,依据个体、任务、环境的交互作用进行设计。该阶段,由于个体自我意识逐渐支配个体行为,个体的作用渐显,环境和任务的主要地位逐渐被替代,尤其是环境的作用被边缘化;个体和学校教学任务在该阶段是影响动作学习的核心因素,其中又以任务占据核心位置。儿童个体在发展过程中是逐步进入自我支配地位的,这符合个体成长规律;该阶段发展的个体需要正常、自然地成才,不可以给予额外的超过该年龄阶段的超重任务或特训,应依据自然发展规律促进个体全面和终身发展的科学化。[1]

(二)学习任务设计的生态性

儿童阶段运动技能方面的教学任务设计主要依据领域性、序列性、平衡性等教育原则。领域性是指运动技能学习的范围宽广度的发展;序列性是指纵向发展过程中学习内容的次序性,即先学习什么内容、后学习什么内容;平衡性是指根据个

---

[1] 福禄培尔.人的教育[M].孙祖复,译.北京:人民教育出版社,2012:5-31.

体发展特征有针对性地进行调整,比如:掌握基本运动技能到一定程度,能够达到基本动作技能最低限度自动化,之后再学习专项的动作技术[①];学习一项新的运动项目前,个体应具备该项目的前须技能[②]。

1. 领域性

人类个体学习的领域根据个体发展的具体阶段而定,学习从属于发展。婴幼儿期、儿童期、青少年期、成年期、老年期等各阶段,均具备不同的动作认知领域。运动技能学习的领域性是指儿童个体运动项目学习的种类多样、范围宽广。人类个体在不同的发展阶段适用的活动范围是动态变化的,是一个由少到多,再突然到少的过渡过程。例如,动作认知方面,按照生理年龄设计的动作发展领域为:U6—9(少于 3 个)、U10—11(多,5 个左右)、U12—14(全,7 个左右)、U15—17(精,3 个左右)、U18 及以上(专,1—2 个),见图 4-1。按照该领域范围进行儿童个体运动技能任务学习的设计是科学、生态且自然的。当前的研究也体现出该种设计思路,比如于素梅提出一体化课程[③]、王兴泽提出梭子型领域发展模型等[④]。

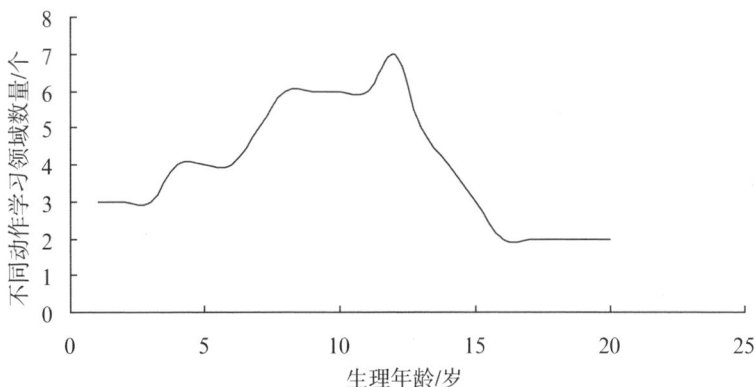

图 4-1　个体处于不同生理年龄时的运动技能学习领域

资料来源:Henson K T. Curriculum Planning:Integrating Multiculturalism,Constructivism,and Education Reform[M]. Long Grove:Waveland Press Inc. ,2010:324-330. Susan C,Susan P. Issues in Physical Education[M]. London and New York:Routledge,2000:124-129. Mckenzie T,Sallis J,Rosengard P. Beyond the Stucco Dower:Design,development,and dissemination of the SPARK physical education programs[J]. Quest,2009(1):114-127.

---

① 耿培新,梁国立.美国学校体育国家标准研究[M].北京:人民教育出版社,2007:2-3.

② 罗宾·S.维莱,梅利莎·A.蔡斯.青少年体育运动指导与实践(修订版)[M].徐建方,王雄,译. 北京:人民邮电出版社,2020:85-107.

③ 于素梅.一体化体育课程的旨趣与建构[J].教育研究,2019(12):51-58.

④ 王兴泽.人类动作发展视野下的体育与健康课程标准研究[M].北京:北京体育大学出版社,2017:21-22,106-109,159-164.

2.序列性

序列性是指儿童个体在发展过程中先学什么、后学什么,体现运动技能学习的进度特征。序列的作用是帮助师生在个体不同发展阶段选择合适的学习项目,构建个体运动技能学习的限制性工具。依据动作发展特征设计儿童个体动作学习的序列内容,主要包括:基本动作模式—基本动作技能(基本动作技术最低限度自动化)—基本运动技能(基本运动技能障碍突破)—基本运动动作组合技能—不同项目特定技能。① 为了促进儿童个体自然生态化成长,运动技能教学设置的序列主要考虑横向设计和纵向设计。横向设计包括年度计划和限定年度教学内容的前后顺序,即大致的教学内容设置;纵向设计的序列包括总体运动项目的范围和横向序列下的具体运动项目的学习排序。同时,具体课程设计要体现体能、健康教育和运动技能学习的相对合理性,采用平行和递进的罗列方式进行。②

序列性原则主要体现在基本动作模式、基本动作技能、基本运动技能、突破基本运动能力障碍、组合基本运动技能、完整运动技能项目学习、特定项目体育运动技能等7个发展阶段。不同的发展阶段具有不同的具体学习内容。基本运动能力障碍是通过学习获得基本动作模式、基本动作技能和基本运动技能后的综合运动能力,也只有具备了基本动作模式、基本动作技能和基本运动技能,才能够突破基本运动能力障碍,进入下一个阶段进行组合技能、完整项目技能和特定项目技能提高的学习与练习。图4-2勾勒出不同阶段学龄期动作发展的学习内容序列,图4-3描述了U6—17运动技能发展脉络。比如,在进行体操学习过程中,首先掌握基本动作技能,然后掌握体操基本动作的技术,后面继续学习体操项目组合动作技术,最后掌握体操项目专业动作技术,见表4-1。

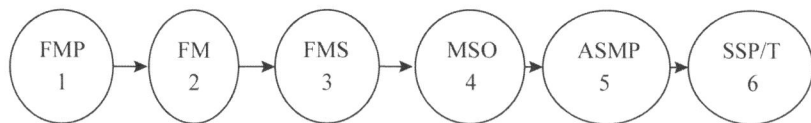

注:FMP,fundamental motor pattern,基本动作模式;FM,fundamental motor,基本动作;FMS,fundamental motor skills,基本动作技能;MSO,movement skill functional obstruction 运动技能障碍;ASMP,all sports motor learning and practice,多项目学习与练习;SSP/T,special sport practice or training,特定运动项目练习或训练。

图 4-2　运动技能教学序列线性发展示意

① Gallahue D L, Ozmun J C. Understanding Motor Development: Infants, Children, Adolescents, Adults[M]. 6th ed. New York:McGraw-Hill,2006:7,186-242,314.

② 刘展.儿童青少年动作和运动技能以及运动能力评价的理论和方法[Z].北京:2016年儿童少年动作发展与身体活动促进国际论坛,2016:10-66.

```
                              基本动作
                                 │
            ┌────────────────────┼────────────────────┐
          移动类                操作类                稳定类
```

学龄前 阶段 U2—5	基本动 作模式 发展	爬行、弓箭步、 步态（行走、 跑步）	提拉、推撑、 上举	翻滚、弯身、 转体

```
小学低
年级阶          基本
段      →      动作       （1）基础动作        （1）基础操作动作：      （1）轴向运动
U6—7           技能       （1个动作）：        投掷、踢静止物、         动作：屈体、
               发展       走、跑、跳跃、       踢悬垂物、截击、         伸展、转体、
               与提炼     障碍跳、单脚跳       击打、弹跳、滚动         鞭打
小学高
年级阶                    （2）组合动作类       （2）捕获性动         （2）静态和动
段             →          （2个或2个           作：移动接           态姿势：倒立、滚翻、
U8—11                     以上）：飞奔、        物、俘获截留         启动、停止、避
                          滑动、跨越                               让、平衡
```

```
初中
阶段           专门运动技能         足球运动技能
U12    →       应用于竞技比         篮球运动技能
—14            赛或休闲运动         橄榄球运动技能
               行为                 曲棍球运动技能
                                    翻滚跳跃技巧运动技能
                                    器械运动技能
                                    田径运动技能
                                    游泳运动技能
                                    网球运动技能
                                    舞蹈
```

```
高中
阶段           终身体育、体能         个人室内、室外运动技能项目（2~3项）
U15    →       需求以及身体           舞蹈、体操等个人自我展现的运动项目
—17            节奏韵律行为           满足体能需要的促进练习项目
```

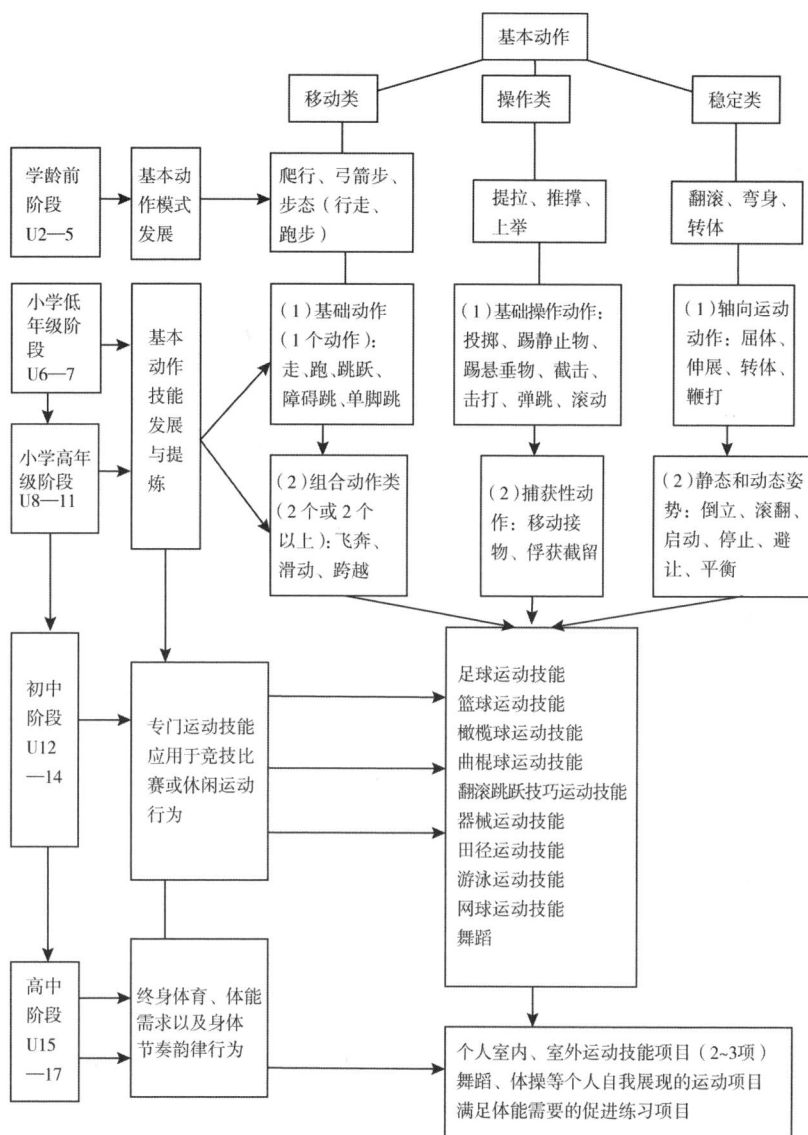

图 4-3　U6—17 运动技能发展脉络

资料来源：王兴泽.人类动作发展视野下的体育与健康课程标准研究［M］.北京：北京体育大学出版社，2017：21-22，106-109，159-164. Payne V，Isaacs L. Human Motor Development：A Lifespan Approach［M］. 8th ed. New York：McGraw-Hill，2012：8，383-416. 罗宾·S.维莱，梅利莎·A.蔡斯.青少年体育运动指导与实践［M］.徐建方，王雄，译.北京：人民邮电出版社，2017：85-107.

表 4-1　体操项目基本动作技术、组合技术、专业技术类别

动作技术类别	基本动作技术	体操项目基本动作技术	体操项目组合动作技术	体操项目专业动作技术
移动类	走、跑、侧滑步、连续前垫步、连续垫步、跳、双脚跳、单脚跳、跨越跳、攀爬、匍匐	踏步走、齐步走、仿生走	迈步踢腿、助跑起跳	鱼跃前滚翻、直腿前滚翻、直腿后滚翻、前手翻、后手翻
稳定类	扭曲、转体、屈体、伸展、团身、停、平衡、着地、挥动、摇摆	倒立、平衡、原地跳起	头手倒立接前滚翻、肩肘倒立接跪跳起	肩肘倒立、头手倒立、手倒立、燕式平衡、侧身平衡、挺身跳、跪跳起、原地前空翻、原地后空翻、单腿全旋、原地跳转360°

资料来源：Payne V，Isaacs L. Human Motor Development：A Lifespan Approach[M]. 8th ed. New York：McGraw-Hill，2012：8，383-416.

3. 平衡性

平衡性是指在运动技能教学过程中调整不同运动项目教学的比例，以达成体育与健康课程标准的所有目标。平衡性是在领域性和序列性之后进一步的限制性弥补措施，即学习领域范围的设置和教学进度的安排是否合适、是否需要调整等。同时，根据教学领域范围、序列和学习者发展特征计算出教学时间百分比。目前，高中体育与健康教科书和新课标中对平衡原则的使用不够严谨。比如，不同运动项目技战术教学设置的平衡原则，即不同的运动项目具有不同的特征，有的运动项目（田径运动等）以个体技能为主、战术等应用为辅；有的运动项目（足球运动等）以战术应用为主、个体技能等为辅。根据不同运动项目的特征进行教学设置，才能体现其科学性。如图4-4所示，根据不同运动项目动作技术与战术策略，对学习比重进行了划分。如果个体平衡能力较差，且灵活性、爆发力和动作速度不达标，那么到了初中阶段再尝试培养这些基本运动技能将会导致他们进步艰难。在人类神经系统发育过程中，突触的联结遵循剪切理论，即在青春期经常使用的动作联结会更加髓鞘化，不用的会自动剪短。[①] 一个人要想在一生中保持身体活跃，那么熟练掌握基本运动技能至关重要。然而，基本运动技能的获得不是随着身体的发育成熟而形成的，它需要个体的学习与练习。

---

① Wallis C. What makes teens tick[J]. Time，2004(19)：56-62，65.

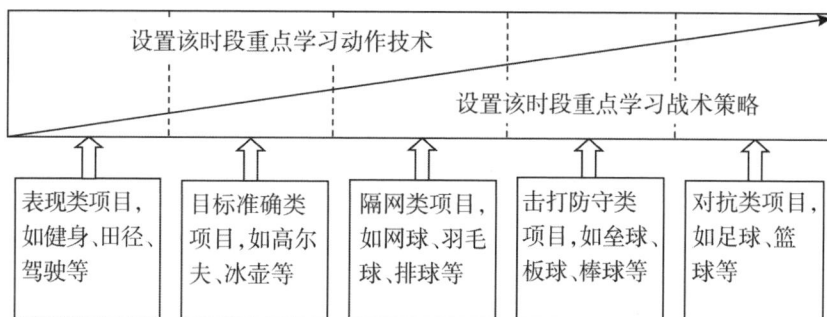

图 4-4 不同运动项目动作技术学习与战术策略学习比重划分

资料来源:Siedentop H D,et al. Complete Guide to Sport Education[M]. 2nd ed. Champaign: Human Kinetics,2011:25-29.

再如,竞赛动作与练习动作的平衡性。人类在心理上具有竞技属性,这一属性在竞技领域尤为突出,然而,运动技能的掌握是有一定程序的,只有掌握了基本技能、专项技能、比赛技能等之后,才能进行专业竞技。儿童、青少年运动技能发展过程中的竞赛同样遵循该理论,这也是身体教育工作者遵循的原则。在儿童青少年没有建立起牢固的基本动作技能之前,有太多的体育课程强调获得诸如足球、篮球等运动的专门技能,这种教学是不合适的,因为它忽略了这样的事实:儿童青少年在基本动作技术最低限度自动化之前,是不可能把主要注意力转移到运动比赛的策略运用方面的。故,在个体发展到一定阶段进行竞赛是按照个体动作发展水平进行设定的。动作技能的学习和比赛的安排有一个相对的比例(见表4-2),即基本运动技能学习阶段包括基本动作模式阶段[动作学习(motor learning,ML)所占时

表 4-2 运动技能学习不同发展阶段学习与比赛所占时间比重

运动技能学习的发展阶段		生理年龄阶段	学习所占时间比重/%	比赛所占时间比重/%
基本运动技能学习阶段	运动技能基本动作模式阶段	U0—3	100	0
	运动技能基本动作初级阶段	U4—6	90	10
	运动技能成熟动作阶段	U7—11	80	20
运动技能专业学习阶段	运动技能专项过渡阶段	U12—14	70	30
	运动技能专项应用阶段	U15—17	60	40
	运动技能终身应用阶段	U17 以上	40	60

资料来源:Gallahue D L, Ozmun J C. Understanding Motor Development:Infants, Children, Adolescents, Adults[M]. 6th ed. New York:McGraw-Hill,2006:7,186-242,314. 王兴泽. U12—14 阶段动作发展特征及武术运动技能案例教学分析[J].北京体育大学学报,2015(9):101-110.

间比重为 100%、比赛战术(competition tactic,CT)所占时间比重为 0%]、基本动作初级阶段(ML 90%、CT 10%)和成熟动作阶段(ML 80%、CT 20%)。运动技能专业学习阶段包括运动技能专项过渡阶段(ML 70%、CT 30%)、运动技能专项应用阶段(ML 60%、CT 40%)和运动技能终身应用阶段(ML 40%、CT 60%)。

个体发展过程中体现的相关特征主要是动态非线性、突变性和结构限制性(学习从属于发展)等几个具体特征。人类发展的动态性,即大时间尺度下的非线性发展。人类的非连续性发展显示,从出生到 30 岁的成人过程,一般要经历 10 个快速发展水平点的阶段式发展。即,出生后的 1 个月发展了 3 个快速发展水平点,之后个体快速增长的间隔逐渐拉长,它们分别是 4 岁、7 岁、11 岁、15 岁、20 岁、25 岁和 30 岁。[①] 动作发展具有突变性的 U6—11 阶段是一个标志性的过渡阶段,该阶段的主要特征是男生的大动作优于女生,女生精细动作表现优于男生。不同阶段表现出不同的特征,即,U6—7 阶段的儿童主要体现运用自我过程。该阶段个体主要发展自我肢体协调性,只有当自我发展协调了,再进行后面的技术动作的学习才有价值。U8—11 阶段属于基本动作技术学习以及学习后的简单应用阶段,即基本动作学习与组合阶段。基本动作主要包括位移类的跑、跳、滑等动作,操作类的投掷、踢、接等动作,以及稳定类的平衡、扭转等动作。该阶段的重要调节方式是视—动协调程度,如 U6—7 阶段视—动不协调,U8—9 阶段视—动协调初步建立,U10—11 阶段的多数个体已经建立视—动协调。人体动作发展突变下存在稳定状态,这些稳定状态存在边界条件,达到某一关键值时才发生稳定状态的变化,如人类动作步行越来越快,达到某一数值时变为小跑,当小跑状态进入另一数值时变成疾奔,见图 4-5。根据这个原则进行动作技术学习的教学内容设置就是在发展视野下践行"以学生发展为本"的教学理念。

学习从属于发展。个体的动作发展水平受限于认知发展水平,儿童青少年个体在不同的周期水平上具备不同的认知水平,动作功能上体现出不同的水平,一般不会超出个体生理年龄的两个水平等级。[②] 故 Fischer 等人的技能嵌套式周期、水平阶段的划分有助于诊断与指导一般个体的发展。[③] 如果个体在某一周期水平上没有体现出应具有的特征,教育工作者就要加以关注。当个体达到或超过单一周期上的两个水平时,教育工作者要提出进行医疗诊断的申请,以对受教育者负责,从而在发展视野下体现"以学生发展为本"的教学理念。

---

① Fischer K W. A theory of cognitive development:The control and construction of hierarchies of skills [J]. Psychological Review,1980(6):477-531.

② 施良方. 学习论[M]. 北京:人民教育出版社,2001:14-39.

③ Fischer K W. A Theory of cognitive development:The control and construction of hierarchies of skills[J]. Psychological Review,1980(6):477-531.

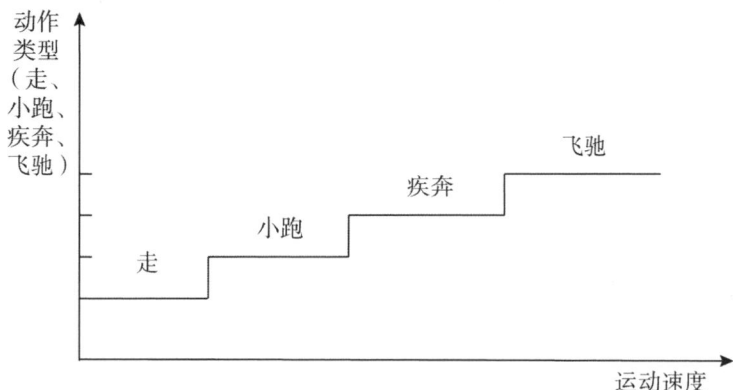

图 4-5　动态系统理论下的运动速度变化

资料来源：Noble K P, Michael T. Information, Natural Law, and the Self-Assembly of Rhythmic Movement[M]. Mahwah, NJ: Erlbaum Associates, 1987: 1-88. Shumway-Cook A, Woollacott M H. 运动控制原理与实践（第 3 版）[M]. 毕胜，燕铁斌，王宁华，主译. 北京：人民卫生出版社，2009: 12-13.

（三）环境的生态性

儿童期的个体在正常发展过程中，除了考虑个体自然生长发育和运动技能学习任务设计外，环境生态也是一个考虑因素，因为环境可以产生行为。① 当前，主动健康领域采用的 15 分钟生活圈设计、社区生活环境中的路径健身设计、办公场所等进行的调节长时间（超过 60 分钟）久坐工作方式的各种活动场所设计，都是环境生态方面的干预措施。"健康中国 2030"策略同样采用相关理念指导实践。儿童期的运动技能学习主要考虑教学或学习环境是否适合儿童身体形态和功能性特征，即大环境和小环境等。大环境是家庭、学校、社区生活的环境，符合儿童身高、身体功能的动作学习或练习的器械或场所，当前基本没有被考虑过。比如，社区"健身路径"多数为适合成年人或老年人活动的典型设备，适合儿童不同阶段的设备几乎没有；学校建设的操场，比如篮球场、足球场、田径场多是标准的成年场地，适合儿童不同成长阶段的场地几乎没有。小环境，即体育运动技能学习过程中运用到的各种器械等，而适合儿童不同阶段的小篮球、小足球、儿童羽毛球拍、儿童高尔夫球杆等器械，多数学校没有按照儿童不同发展阶段或成长阶段进行合理提供。当前中国体育教师缺编 30 万人②，场地、器械还是 30 年以后考虑的事情。2020 年 10 月，中

---

① Anne Shumway-Cook, Marjorie H. Woollacott. 运动控制原理与实践（第 3 版）[M]. 毕胜，燕铁斌，王宁华，主译. 北京：人民卫生出版社，2009: 12-13.

② 义务教育体育老师缺编 30 万[EB/OL]. [2021-12-01]. https://www.bjnews.com.cn/detail/155145732014780.html.

共中央办公厅、国务院办公厅印发了《关于全面加强和改进新时代学校体育工作的意见》，提出如下目标："到 2022 年，配齐配强体育教师，开齐开足体育课，办学条件全面改善，学校体育工作制度机制更加健全，教学、训练、竞赛体系普遍建立，教育教学质量全面提高，育人成效显著增强，学生身体素质和综合素养明显提升。到 2035 年，多样化、现代化、高质量的学校体育体系基本形成。"

儿童运动技能学习的课程设置方面，需要综合考虑儿童的身体形态、功能水平、认知水平和情绪心理等多个因素。当前，体育教师或教育工作者对个体发展的干预主要是从生长发育、医学监护、营养、认知和心理等方面进行指导。而在运动技能学习中，环境是个体发展的一个重要因素，比如，儿童运动场馆与成人必须有所区分，儿童的心肺机能尚待发展，活动区域不能像成年人那样大，活动时间也相对短。另外，由于运动效率的相对低下，其在运动技能的表现过程中比成年人更加费力或消耗更多能量。在足球运动技能的学习过程中，针对不同年龄段的群体，在场地使用上有明确的规定。① 国内校园足球教材几乎都没有涉及这些内容，导致儿童从小学就开始进行联赛，直接进入 11 人制比赛，没有遵循足球运动技能科学训练的规律。校园足球是以培养学生对足球的兴趣和锻炼身体为目的的体育活动，不是培养足球专业运动员，校园足球工作者应该辩证理解足球教学与训练中的假象与教育主旨(见表 4-3)。

表 4-3　校园足球教学与训练中的假象和教育主旨概述

校园足球教学与训练的假象	校园足球教学与训练的教育主旨
教师训练学生成为优秀足球运动员	教会多数学生足球基本动作、空间方位意识、基本运动技能，以及体验参与足球运动的各种情绪
教师是学生的监督者	体育教师有组织、有指导地监督学生参与足球活动，通过足球比赛活动进行学习，促进儿童青少年全面发展
教师的作用是使学生筋疲力尽	足球教师的作用是让学生理解为什么锻炼、怎样练习足球动作和运动技能，以及通过足球活动如何提高体能与健康、理解增加跑与跳的益处，理解增加力量和耐力、柔韧性等的益处
足球教育是一维的(传授运动技能)	足球教育是多维的，即学习基本运动技能、帮助个人成长、构建骨骼肌肉健康、控制体重，以及排解不良情绪等。校园足球教学与训练要能促进学生个体的积极参与、体质健康，提高运动技能和社会适应能力等

资料来源：Sutherland C. Physical Education Action Plans: Challenges to Promote Activity at School and at Home[M]. Champaign, Illinois: Human Kinetics, 2011:1-4.

① 霍斯特·韦恩.青少年足球运动员培养训练宝典[M].陈柳，译.北京：人民邮电出版社，2016:14-17.吉姆·加兰.少年足球训练圣经[M].马东芳，译.北京：人民邮电出版社，2016.

四、青少年期的动作学习

青少年时期的个体出现第二性征,动作发展特征主要体现为由半技术动作向专项技术动作的过渡,神经系统特征体现为多数联结后的偏向特定的联结汇聚,身体特征表现为身高突增,豆芽外形。认知方面体现为数理逻辑思维发展缓慢,情绪心理特征体现为易冲动。以上特征主要是生长发育的变化导致的。该阶段,个体在动作学习中可以接触多个种类的运动项目,促进个体在运动神经元方面保持尽量多的神经联结,以及后期不同兴趣的转移或跨项转移等。按照动作发展理论与实践,男生和女生由于存在青春期身体生长、情绪心理的差异而在动作发展方面显示出性别差异。比如身高方面,个体在青春期身高的增长分为 4 个阶段,即突增的开始阶段(男 11 岁,女 9 岁)、快速增长的峰值阶段(男 13 岁,女 11 岁)、快速增长的下降阶段(男 15 岁,女 13 岁)和增长完成阶段(男 18 岁,女 16 岁)。体重的增加大致分为三个阶段,即突增的开始阶段(男 11 岁,女 10 岁)、突增的峰值阶段(男 13 岁,女 12 岁)和突增的完成阶段(男 14 岁,女 16 岁)。峰值阶段一般为 6—12 个月,在一个完整的生理年内,男生体重大约增加 18 公斤,女生体重大约增加 16 公斤。[1] 在大脑总容量方面,男性大脑总容量在 14.5 岁时达到顶点,而女性在 11.5 岁就到顶点。[2] 男性大脑容量平均比女性大 9%,在控制了身高和体重因素后,这种差别仍具有统计学上的显著性,有时甚至在同等年龄的正常、健康儿童的大脑总容量上存在 50% 的差异。[3]

动作学习过程中,最主要的影响因素是个体的身体形态变化及其导致的功能相对降低与不稳定性。该阶段,多数个体由于身高的变化,在动作方面出现笨拙或不协调现象;个体前须技能为基本动作技能、基本运动技能以及组合基本运动技能;主要任务是学习特定运动项目的基本动作技术,以便掌握特定项目的动作表现任务。该阶段属于尝试多种运动项目的阶段,国内一些专家也提出体育运动学习的指导方向为"小学兴趣化""初中多样化""高中专项化"。青少年阶段应尽量多学习不同的运动项目,使自己的神经类型处于多联结状态,为成年期选择运动项目打

① Rogol A D,Roemmich J N,Clark P A. Growth at puberty[J]. Journal of Adolescent Health,2002(6):192-200. Rogol A D,Clark P A,Roemmich J N. Growth and pubertal development in children and adolescents:Effects of diet and physical activity[J]. The American Journal of Clinical Nutrition,2000(2):521-528.

② Giedd J N,Blumenthal J,Jeffries N O,et al. Brain development during childhood and adolescence:A longitudinal MRI study[J]. Nature Neuroscience,1999(10):861-863.

③ Lenroot R K,Giedd J N. Brain development in children and adolescents:Insights from anatomical magnetic resonance imaging[J]. Neuroscience & Biobehavioral Reviews,2006(6):718-729.

好基础。① 青少年动作学习的内容主要有具有当地文化特色的传统项目和当前教育部等职能部门指定的教材内容(体育与健康、校园足球、特色项目学校等)。

五、儿童青少年大时间尺度动作学习特征

儿童青少年在不同发展阶段的动作表现受到个体特征、环境和任务的影响。② 三者之间没有哪一种比另一种更重要,只是在一种状态下(或一个发展阶段),某一个因素起主导作用,在另一种状态下则可能发生转化,且这种转化是非线性的。对于儿童青少年大时间尺度的动作学习,西方国家没有严格的阶段划分,我国根据5个水平等级做了大致的划分,但儿童青少年实际的运动能力发展顺序与神经肌肉、关节等运动系统的发展有关,它们的发展并没有严格的阶段顺序,而是既有重合也有独立的部分,其发展轨迹应为"感知运动能力→身体运动能力→综合运动能力"(感知运动能力包括定向、定位、反应、预判、节律、操控;身体运动能力包括力量、速度、耐力、柔韧、稳定、平衡;综合运动能力包括速度耐力、力量耐力、灵敏、协调、灵活、毅力、爆发力)。

第二节　成年、中老年阶段动作学习发生机制

儿童青少年的动作发展与动作学习效果直接影响成年、中老年的动作行为,如果个体具备一定的运动技能,其在中老年阶段的锻炼模式和生活方式是不同的。成年至中年,个体的机能和功能基本达到了人类的顶峰水平,随着生理年龄的自然增长,机能和功能逐步降低。整个稳定期的动作学习,主要表现为学习进程的科学性、环境发展的适合性和个体的动作驱使度等方面。该阶段的生理时间为18—45岁,其动作的学习是指通过多种通道输入(练习、学习、经验积累、身体功能和形态变化、环境刺激等)提高那些并非先天的技能的运动在空间和时间上的准确性。本节从试错、多重功能重叠的综合体现、技能的长期学习与发展,以及复杂性科学视野下的动作学习等方面进行阐述。

---

① 郭建军.“运动是营养”及对青少年体育的启示[Z].北京:2016 年儿童少年动作发展与身体活动促进国际论坛,2016:112-147.

② Sugden D,Wade M. Typical and Atypical Motor Development[M]. London:Mac Keith Press,2013:1-14.

一、成年—中年阶段动作学习发生机制

(一)试错

试错就是尝试练习,尽量减少错误发生,最终形成需要的动作形式。动作学习的早期阶段通常以不确定的感觉和运动目标为标志,就像学习说话或学习网球发球的感觉一样。在运动技能习得的早期阶段,体感系统主导着学习。[①] 当个体学习新的动作时,其也在决定自己试图达到的感觉状态。该阶段是通过试错、探索和强化来获得和完善的。试错行为包含了对周围环境以及头部和身体运动的内部表征,换句话说,是对空间的稳定表征。所以,运动系统所要求的稳定的自我中心表征,也是我们对稳定世界的意识感知的来源,运动系统需要有物体相对头部和躯干位置的信息,而且这些信息必须足够精确,以支持一系列的动作。我们人类的大脑中存在着对外部世界的最小表征,支持着附近少数关键特征的记忆痕迹。至关重要的是,当一个人通过旋转或转换来改变位置时,这些记忆痕迹的位置也会改变,这种更新确保它们所指示的对象与外部对象本身保持恒定的方向关系。[②] 因此,试错过程中,视觉和记忆的相对权重取决于物体的可见性,高对比度的场景有利于视觉感知,低对比度的场景产生更多的记忆引导,大脑则可以根据信息来源的可靠性来选择。视觉和记忆表征在周边视觉中重叠,可能在整个视野中重叠,两者都可以用来指导四肢或眼睛的运动,视觉关注的对象既可以暂时依附于自我中心的记忆,也可以暂时脱离自我中心的记忆。

单个学习事件的内部机制,是校正个体认知能力中的单个过失,即不断地从错误中学习。但这样的学习事件可能只维持几秒到几分钟,在动作学习过程中,通常会存在数个像这样的学习事件,复杂动作系统的学习甚至需要大量的学习事件才能达到整体性的目标技能,并且由于学习事件的发生并不频繁,平均每 5~10 分钟才能发生一次。也就是说,如果一项运动技能包含 10 个分解学习事件来完成,那么就至少需要 1~2 小时才能学会。[③] 此外,在现实生活中,人们为了适应自己的工作需求,往往追求专精于某一项技能,通常,这样的专精学习过程可能持续几天、

① Bernardi N F,Darainy M,Ostry D J. Somatosensory contribution to the initial stages of human motor learning[J]. Journal of Neuroscience,2015(42):14316-14326.

② Land M F. Do we have an internal model of the outside world? [J]. Philosophical Transactions of the Royal Society B:Biological Sciences,2014(1636):20130045.

③ 斯特兰·奥尔松.深层学习:心智如何超越经验[M].赵庆柏,唐云,陈石,等译.北京:机械工业出版社,2017.

几周甚至数年直至终身。所以,我们同样需要了解在不同时间维度上的技能学习模式。比如,针对短期学习的负加速模式。该模式认为,通过练习而达到的技能提高是一个渐进的过程,学习开始时,由于在每次尝试过程中会出现许多错误,所以每次尝试都有大量学习机会,故错误率下降得快;当学习者逐渐接近掌握阶段时,这一学习事件中可能出现的错误被大量排除,导致每次尝试的错误次数也会逐渐减少,于是学习新内容的机会也随之变少,技能提高的速度也会变缓,但相应的完成表现会提高。如果将练习尝试的次数和发生错误的数量,以及完成表现(时间)和练习量之间的关系分别进行作图,可以得到两条近似的负加速曲线,如图 4-6 所示。可以说,几乎任何学习曲线都是随着练习的推进而趋于平缓,水平提升的速度降低,呈现出均匀的负加速曲线。① 因此,短期学习模式就是完成表现提高的速度逐渐下降的过程,这也是运动生理学中运动技能形成划分为 4 个阶段(泛化、分化、巩固、自动化)的主要原因。有时,针对运动技能学习划分了 2~4 个学习阶段,个体在实际学习过程中,并不是严格按照该阶段划分发展的,有些是重叠的,有些是突变的,有些是涌现的。

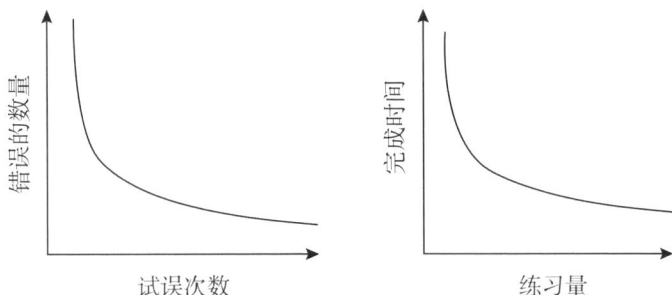

图 4-6　短期学习负加速曲线

资料来源:斯特兰·奥尔松.深层学习:心智如何超越经验[M].赵庆柏,唐云,陈石,等译.北京:机械工业出版社,2017.

(二)多重重叠波(多重功能重叠的综合体现)

从长期来看,短期学习曲线所展示的练习效果与练习时间的联系并不十分明显,在长期学习过程中,会运用到更加有效的策略,且由于个体差异,策略的使用情况也不相同,但总体上完成特定学习任务的策略之间的关系遵循着一种名为多重重叠波的时间模式,如图 4-7 所示。每项策略都有其生命周期,在初始阶段它被用到的频率很低,而在随后的一个时期,它的使用概率会逐渐增加,在到达峰值后开

---

① Woodworth R S. Experimental Psychology[M]. New York:Henry Holt,1938.

始下降。根据不同学习任务的需求,策略使用可能性的图形呈现出波形。由于个体差异,不同的波的起点和峰值高度不同,且每种策略从发现到逐渐消逝的时间长短也不相同,同一时刻也可能存在多重波。这一理论阐释了如下现象:在技能学习过程中,新学习策略往往是由于它优于以往的策略才逐渐发挥主导作用。这可以使学习任务的执行更加快速有效,或减少人们的认知负荷,直到更好的新策略产生。比如,运动技能恢复的异时性同样遵循这个原则,即在极限强度竞技训练后的恢复过程中,不同系统的恢复速度不同,肌肉系统 72 小时基本恢复,神经系统 48小时,心理系统需更长时间。机体在机能上的适应性变化先于形态结构上的适应性变化。一般来说,神经系统和肌肉、腺体的生理与生化状态最早发生变化;代谢活动变化次之,机体和结构变化需要的时间相对较长(以周计算);支撑韧带组织的适应性变化所需时间最长(以月计算);中枢神经系统的适应性变化比植物性神经系统发生变化要早,运动系统或器官的适应性变化也比内脏器官发生适应性变化要早;能量代谢方面,先是能源物质的适应性增加,再是酶的活性调节,之后就是代谢调节。竞技训练后的恢复中,除了有个体内部的生理、生化的适应性变化,还有心理的适应性变化、对外部环境的适应性变化等。

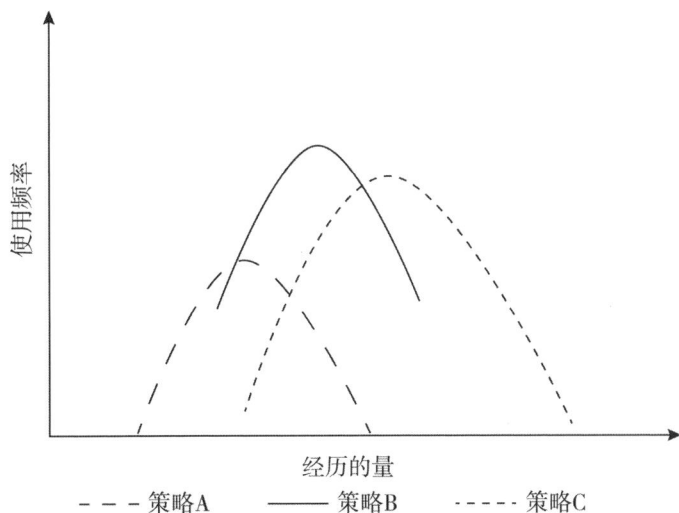

图 4-7　多重重叠波模式

资料来源:斯特兰·奥尔松.深层学习心智如何超越经验[M].赵庆柏,唐云,陈石,等译.北京:机械工业出版社,2017.

另外,人体由 1000 万亿个细胞组成,细胞代谢过程中,每天有约 6000 亿个细胞死去和同样多的细胞再生。比如,皮肤细胞平均存活约 2 周;骨细胞每 3 个月就全部更新;每小时有 2 亿个红细胞再生;1 年之中组成有机体的 98% 的原子被更换一新。躯体中没有一种物质是不变的,尽管心和脑细胞持续的时间比其他器官的细胞更长一些。在一定的时间里,同时存在于躯体内的物质每秒钟都要产生数千次的生物化学反应。这些不同类型的细胞代谢周期直接反映出个体运动后恢复的异时性。①

(三)复杂性长期增长(技能的长期学习与发展)

事实上,学习策略并不可能无限地开发,有时候更有效的策略已经不存在了,并且运动技能经由多次练习而接近专业水平时,技能呈现出成块的集合形式,每一核心技能下可能包含了多种次级技能,这些技能显著不同却又相互关联。学习曲线可以指导每个单一的次级技能的习得,却并不适用于学习者的整体能力的习得。技能集合的拓宽会使得整体能力的维持、扩展、重组变得更为复杂和困难,这种长期练习导致的多重次级技能集合,呈现出图 4-8 所示的关系。

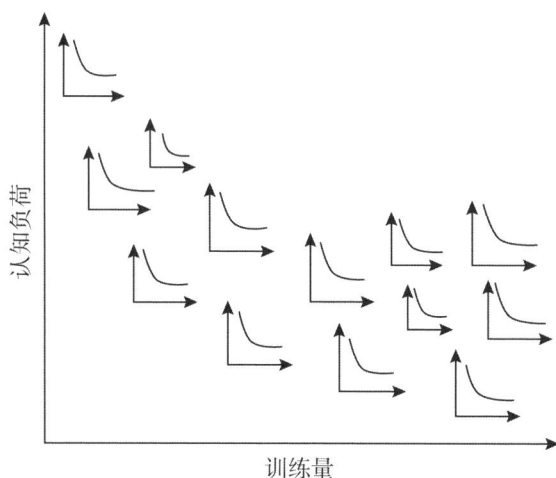

图 4-8　长期练习下的多重次级技能集合模式

资料来源:斯特兰·奥尔松.深层学习:心智如何超越经验[M].赵庆柏,唐云,陈石,等译.北京:机械工业出版社,2017.

可见,单项次级技能皆为流水线式,整套技能呈现不断拓宽的趋势,任意时间点都有多个技能正在练习。整体和局部两种活动朝着相反的方向,随时间的增加推动整体运动的复杂性增加。因此,我们不可能对运动能力的长期增长中的复杂性的时间进程做出具体的预测。负加速模式、多重重叠波模式、多重次级技能集合模式分别描述了技能学习不同时间维度下的规律,但并不会产生总体模式或规律,

---

① 　余振苏,倪志勇.人体复杂系统科学探索[M].北京:科学出版社,2012:162-179.

单项学习的试误机制不会影响多重重叠波的整体模式,复杂性的长期增长也不会受某一次级技能形成的影响,三者相互包含却又相对独立。

(四)复杂性视角下的动作学习

人体复杂性科学观点认为,人体作为典型的开放复杂巨系统,具有开放性、系统规模的巨型性、动态性、非线性、不可逆性、自适应性、鲁棒性、涌现性、不确定性等特征。[①] 生物有机化是生命的表现形式,其始终在进行着多层次的内部自我更新,以细胞的凋亡和分离增殖以及细胞内的分子代谢为典型代表,在生物体内部几乎不存在始终不变的物质构成。在生命形式变化过程中,技能的学习是非线性的动态过程,不可避免地会与外界交互并受其各项因素约束。如人体各子系统之间、不同层次之间以及人体系统与环境之间的互动、反馈、回路等一切演化过程都是非线性的,人体基于自身所具有的进化特性,在各因素相互作用下不断适应,推动技能的复杂性演化。[②] 这种演化是一种形式性质,而非物质性质,是物质组织的结果,而非物质自身固有的某种东西。尽管核苷酸、氨基酸、碳链分子都不是活的,但只要以正确的方式把它们聚集起来,它们的相互作用涌现出来的动力学现象,就成为名为生命的东西。[③] 由于外界环境的多样性和人体自身的鲁棒性,动作学习过程中,如何选择适宜的刺激强度、刺激方式显得尤为重要,它使本不确定的习得过程变得可控。人体是一个复杂系统,其运行是由一系列的宏观序参量(参数行为,比如进食、睡眠、运动、工作、社会网络等)所主导,这些宏观序参量的调控会影响人体内微观化学成分的变化,进而影响人体的功能与技能水平发挥。[④] 钱学森曾提出"运用人体系统科学来提升运动员的竞技成绩";2008年北京奥运会期间,成立人体复杂系统研究组,引导世界冠军的培养。从复杂性视角来看,人体动作学习的机制表现为人体运动规律随其基本参数的变化而变化。人类行为是控制系统的一个表现形式,具有可调整性,即变化的人类运动表现和变化的自我认知可塑性是相辅相成的,见图4-9。理解人体的复杂性,把握限制其和谐发展的各种因素,才能更好地促进动作学习。

① 苗东升.系统科学概览[M].北京:中国书籍出版社,2018.
② 约翰·H.霍兰.隐秩序:适应性造就复杂性[M].上海:上海科学技术出版社,2019:78-83.
③ Langton C G. Artificial Life[M].New York:Andson-Wesley Publishing Company,1995:113.
④ 佘振苏,倪志勇.人体复杂系统科学探索[M].北京:科学出版社,2012:162-179.

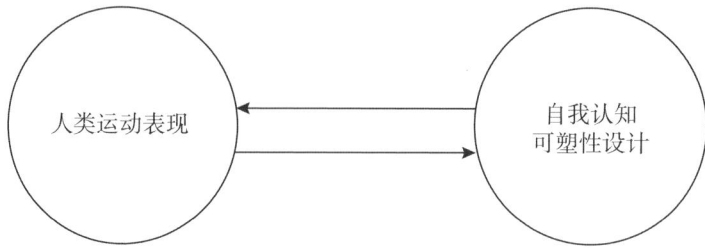

图 4-9　人类运动表现和自我认知可塑性设计的交互过程

资料来源：SmithT J，Henning R，Wade M G，et al. Variability in Human Performance［M］. Boca Raton：Taylor & Francis CRC Press，2015：6-10.

（五）人体因素和功效学视野下的动作学习

成年个体看似机体和功能达到正常或峰值状态，其各个系统始终在动态变化过程中，人体因素是该阶段动作学习的一个重要影响因素。这种变化是周期性的、是有规律可遵循的，比如生理周期节律（体力周期 23 天、情绪周期 28 天、智力周期 31 天）。[①] 人体因素存在可变性，随时都在变化，这其实就体现出强烈的可调节性或可控性，即控制论。[②] 基于功效学视角，在指导动作学习的过程中，要能体现并符合个体的身体赋使特征。这是因为，不同个体存在身材或体型的不同（高矮胖瘦不一），以及同等身体形态下的功能和技能的差异，导致动作学习效果不同。

1.人体因素的变化特性

人一生中各种动作行为的特征（或质性）始终在发生变化。动作方面，全生命周期动作行为的变化主要是个体从孕期直至生命结束全程动作行为的变化过程，这种变化属性是全方位的、与生俱来的。人体因素变化的范围主要包括身体形态功能、动作行为、认知、情绪心理、社会适应等方面。每个领域的变化都是独立发展的，且不同领域又相互影响，见图 4-10。人体因素的纵向变化是因时发生的，但是在横向方面，同一时间点上不同个体存在差异，同时，同一个体随着纵向时间的变化，由于自我支配能力的变化导致机能和功能、技能等不同程度发生变化（见图 4-11），体现个体功能的变化范围。

---

① 洛勇平.人体生物节律浅谈［J］.东疆学刊，1991（2）：12.

② Langton C G. Artificial Life［M］. NewYork：Andson-Wesley Publishing Company，1995：113. Karwowski W，Soares M，Stanton N. Human Factors and Ergonomics in Consumer Product Design：Methods and Techniques［M］.Boca Raton，Florida：Taylor & Francis Group，2012：257-482.

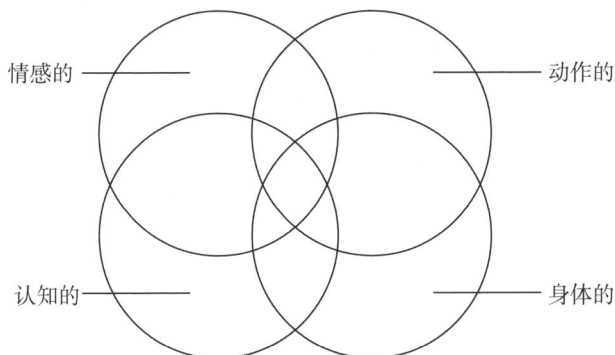

图 4-10 人类不同领域及交互作用

资料来源：Chiel H J，Beer B D. The brain has a body：Adaptive behavior emerges from interactions of nervous system，body and environment[J]. Trends Neurosci，1997(12)：553-557. Whitall J. Introduction to human motor development[C]. The 2009 International Forum and Teacher's Workshop on Motor Behavior，Physical Education and Health Promotion Throughout the Lifespan，2009：18-28. 王兴泽. 人类动作发展视野下的体育与健康课程标准研究[M]. 北京：北京体育大学出版社，2017：21-22，106-109，159-164.

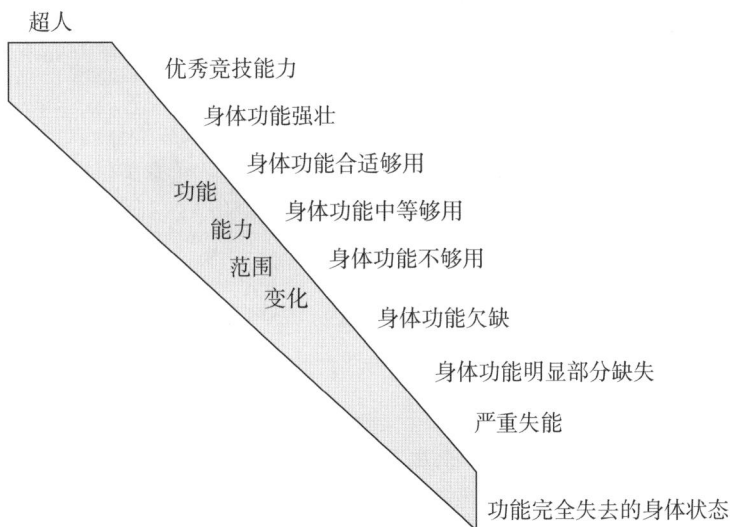

图 4-11 人体不同功能能力范围变化趋势

资料来源：Shrawan K. Ergonomics for Rehabilitation Professionals[M]. Boca Raton：Taylor & Francis Group，2009：4-8.

在中国学者看来，人体是一个开放的复杂巨系统，即人体遵循物理宇宙的能量作用原理，以及生命世界的进化原理，是以生命本性作为本体一元、以形体两面作为表现形式（阴阳）、以复杂多维多层为运动形式的一元两面多维多层的复杂系统。[①] 进行人体运动的基础是认识自我特征,再根据自我赋使特征进行自我意识塑造(主动学习或动作学习),而随着个体机能和功能的变化(提升或协调,或多余动作的减少等),身体基本参数特征进一步优化或适合该项目的具体变化,比如马拉松运动中的有氧代谢能量、竞技举重需要的决定力量和相对于自我身体的速度、开门手指精细动作能力等。这些动作表现特征是个体根据自我机能和功能综合调整动作后的技术体现,具体的动作学习过程,目前还无法直接观察到,只有通过竞技表现(成绩、对抗、合作等)才能体现出来,但是动作学习的效果在个体身体上已经出现了,比如力量提高、代谢加快、神经协调支配、多余动作减少等现象。当个体逐渐掌握了某一动作技术后,身体赋使特征就明显与没有掌握时不同,比如体能的提升、技术动作效果的优化、能量的节省、心理疲劳的降低等。这是个体通过动作学习、练习后机体自组织的结果,也是自我动作学习的结果。被动练习有时也会出现类似的结果,比如慢病逆转,即,人体可以在内外环境的刺激下产生新的自组织行为(见图4-12),形成新结构,实现慢病逆转。人类生命在微观层面也遵循最基本的物理和化学原理,还原论和整体论不能简单地将其对立。

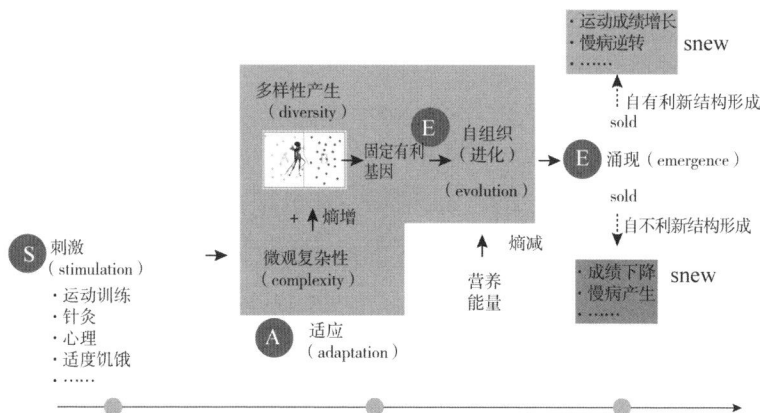

图4-12 外部刺激下人体机能或结构变化机制

资料来源:王兴泽,易清.个体化运动健康行为 AI辅助干预关键技术实证研究(2021年度报告)[R].上海体育学院,中国科学院深圳先进技术研究院,2021:1-10.

2.功效学视野下的动作学习设计

动作学习最终是为了应用或欣赏。功效学追求的是在符合人体结构和功能特征的前提下表现一个动作或一种思想意识,安全、有效、合适等是其应用目标。功效学遵循人体因素的自然属性,即自然发展性。个体的发展应该是自然的,每一个

---

① 佘振苏.复杂系统学新框架:融合量子与道的知识体系[M].北京:科学出版社,2012:63-81.

发展阶段都应该得到充分的发展,进而串联成整个人生的不同发展阶段,这才是完美的个体发展过程。[1]　然而,在现实生活中,环境的不同特征和变化、个体不同阶段实施任务的难易程度存在差异、个体自省能力的不足等,均会导致一些个体在发展过程中出现忽快忽慢等现象,致使个体整个人生发展"打折"。在人类全生命周期视野下针对个体不同阶段进行生态化设计或指引等,会产生较好的发展效果,尤其是功效学的指引,会使不同个体在不同阶段获得差异性的学习效果。不同个体没有可比性,个体首先要认识自我、认识人生的不同阶段,实现生态化发展。另外,人生的不同阶段,每个阶段都重要,故,每个阶段都持自然发展的理念会换来满意的人生。

成年至中年的阶段,基本不存在发展性转变,人体生理参数变化缓慢,自我认知能力是该阶段发展的主动因素,信息识别、自主意识、环境诱导等是该阶段动作学习的主要因素。

这里简要探讨信息机制下的个体行为运行规律。个体的不同层次、不同功能的结构不计其数,运行机制极其复杂,受中枢神经的控制,尤其是大脑,要在信息机制作用下运行。宏观层面,大脑对信息的存储和累积即记忆过程。微观层面,大脑记忆是信息过程,神经元神经突触的运动和神经介质的传递也是信息过程。以望梅止渴的典故为例,在生理缺水的机体环境下,梅子所具有的酸味信息对人体信息机制的刺激,导致口水的产生,从而起到止渴的作用。相反,由于个体性格原因,遇到一些事情着急上火、肝火旺盛、脾气暴躁等,即使饮用大量自然水也很少产生口水,即信息是启动其机制运行的关键因素。[2]　人类机体功能的变化机制是"受到刺激—适应—自组织—涌现",即受到相应的信息刺激而逐渐强化其功能。

需要耗散物质和能量的有序结构被称为耗散结构。[3]　一个远离平衡态的开放系统,当外界条件或系统的某个变量变化到一定的临界值时,通过涨落发生突变,即非平衡相变。这种在远离平衡非线性区形成的宏观有序结构,需要不断地与外界交换物质和能量,以能形成或维持新的稳定结构。当它可以继续做某件事,不断地运动,与外界交换物质的时候,它的寿命比我们预计的无生命的物质在相似情况下能够持续的时间要长得多。生命有机体时刻与外界进行物质、能量、信息交换,即从外界汲取负熵,才能避免死亡,生存下去。生命赖以负熵而生存。[4]　新陈代谢

①　福禄培尔.人的教育[M].孙祖复,译.北京:人民教育出版社,2012:5-31.
②　李喜太,李志芳,李志敏.生命信息[M].北京:科学技术文献出版社,2012:22-40.
③　湛垦华,沈小峰,等.普利高津与耗散结构理论[M].西安:陕西科学技术出版社,1998:23-64.
④　埃尔温·薛定谔.生命是什么[M].仇万煜,左兰芬,译.海口:海南出版社,2017:73-82.

帮助有机体成功消除当它活着时免不了要产生的、全部的熵。生命有机体由于避免快速衰变成惰性的平衡状态,要远离平衡态才有生命活力。个体的机体运动能力,只有在运动中才能被强化,而且是运动哪个部位就强化哪个部位,变化的过程就是获取信息的过程。人体在吸收外界环境负熵情况下产生新的自组织行为,形成新结构,实现慢病逆转。主动健康理论下的慢病治疗是自身动态演化的过程。通过施加合理的人为刺激,并反复练习,可激发人体多样性进化,引发人体自组织行为,重建与之对应的新功能结构,实现慢病逆转。健康状态的变化不是一次刺激的结果,它需要反复练习才能引起状态变化。另外,需要辅以个体纵向时间维度上的跟踪及随机过程干预。

二、老年阶段动作发展特征及动作学习发生机制

目前,中国社会老龄化进程加快,不同阶段老年个体发展特征的研究逐渐进入学界研究视域,尤其是动作发展特征研究中的动作发展和动作学习一直是老年阶段最直接的外显动作。本部分主要对老年不同阶段动作发展特征和动作学习发生机制进行阐述。

(一)老年不同阶段动作发展特征

人口老龄化的加剧给我国的健康管理带来了严峻挑战,了解老年人的发展变化规律是进行健康干预的重要前提。国际上将 65 岁及以上群体定义为老年人,而在发展中国家,60 岁及以上即为老年人,依据我国国情,将 U60—75 定义为老年前期,此阶段的老年人可称为年轻老年人。本部分主要针对老年前期不同领域(身体、认知、情绪心理和动作)的发展特征进行梳理与分析,以期指导老年前期的运动干预和健康管理。

1. 身体发展特征:心肺机能和肌力下降显著,皮肤和感官功能退化

老年身体发展特征体现为心肺机能和肌力下降显著,皮肤和感官功能退化。年龄是老年人肌力下降的因素之一,但身体活动的大幅度减少对肌力的影响更为直接。70 岁后,人体的柔韧性下降更快,因此 70 岁以前的柔韧性干预活动尤为重要。[①] 60 岁之后身高降低 1~4cm[②];60—69 岁群体之间的骨骼肌含量差别不大,与国际标准值相比,男性在 60—69 岁平均下降 3%~6%,女性在 60—69 岁下降

---

① 胡蓉,戴曦,王素英,等.社区 61—80 岁老年人健康体适能的人群分布特点研究[J].全科护理,2020(21):2766-2769.

② 杜鹏飞.太原市城区老年人身体形态、机能的现状研究及对策[D].太原:太原理工大学,2008.章丽平.功能性练习对原发性高血压老年患者干预的实验研究[D].赣州:赣南师范大学,2019.

5%～7%。在感官变化方面,嗅觉的变化较难被察觉,实验发现,50 岁之后嗅觉能力开始衰退,嗅觉阈值逐渐提高,55 岁之后降幅明显,致使嗅觉鉴别能力减弱,对饮食和生活健康产生不良影响,例如有时无法察觉有害气体①,目前还需要更多的样本研究证实这一变化。老年期视觉的变化非常显著,70—74 岁的视觉损伤人群占比超过 10%,由于晶状体随年龄增厚而浑浊,60 岁人群视网膜接收到的光线只有 20 岁的三分之一,而 45 岁开始,个体对炫目光线的敏感性已经显著增加。听觉上,50 岁时个体对高音调的感觉出现一定衰退,65—74 岁人群中,11%左右的人群会出现耳鸣,扰乱注意力而使人难以专注。② 感官能力的退化特别是视觉的变化将会对动作执行产生影响。

皮肤是直接受到外界环境影响的特殊器官。在皮肤自然老化的过程中,随年龄增长,皮肤变薄、光泽度降低,皮肤代谢能力降低。60 岁之后,身体水分占体重的比例下降 4.5%～8.5%,并使得皮肤干燥程度升高。据研究,30—70 岁,个体的皮肤表皮细胞的更新率降低 50%;70 岁之后,真皮清除能力下降显著。③ 健康老年人前额部角质层含水量在 70 岁之后明显降低,并且面部、脚踝和前额等部位在 70 岁后皮肤 pH 值明显升高,对皮肤含水量将会产生影响,进而影响皮肤功能。④ 皮肤的改变对体温调节功能产生影响,随年龄增长老年人对温度的敏感性降低,比较难以分辨<4℃的温差,机体在冷环境中产热能力降低,而在热环境中散热不足,使老年群体更易冻伤和中暑,因此体温感知调节能力对老年健康防护至关重要。⑤

2.认知发展特征:工作记忆、情景记忆、非言语能力降低更显著

认知功能是大脑功能的重要部分,包括记忆能力、注意能力、语言能力和推理能力等,如长期记忆和短期记忆、选择性注意和分散性注意等,是大脑功能状态的反映。年龄、性别、生活方式、受教育程度以及饮食等均会对认知发展变化产生影响。认知受损往往是阿尔兹海默病早期的可能表现,年龄增长使大脑神经细胞老化与凋亡,大脑体积和容量减小,导致大脑所需的营养物质和氧气等必需物质供应

① 张陈平.运动与老年人嗅觉衰退的关系研究[D].上海:上海体育学院,2019.
② 威廉·J.霍耶,保罗·A.路丁.成人发展与老龄化(第 5 版)[M].黄辛隐,等译.南京:江苏教育出版社,2008:55-59,246-267.
③ 王学民.老年皮肤的特点及其护理[J].实用老年医学,2004(6):283-286.
④ 蔺茂强、宋顺鹏,Peter M. Elias.老年人皮肤生物物理特性的改变及其意义[J].中国皮肤性病学杂志,2010(6):570-572.
⑤ 杨永录,卜舒,陈冰.老年人体温调节的研究进展[J].成都医学院学报,2013(5):624-628.

不足,引起健忘、反应减慢等现象,严重影响生活质量。[1] 认知开始下降的时间点存在争议,在 60 岁以前认知就可能会出现衰退。在对 45—70 岁老年人的一项研究中发现,随着年龄增长,其词汇几乎没有变化,而总体来看,男性认知能力在 65—70 岁下降估值为 9.6%,女性则为 7.4%。[2] 在对老年群体进行实验观察时,更加自然的实验方式可能会使实验结果更加趋向于真实情况,这为如何设计干预实验带来了挑战。另外,代谢紊乱会引起相关代谢综合征,如糖代谢、脂代谢出现异常,BMI 过高或过低。在老年群体中代谢与认知存在显著关联,特别是在 70 岁及以下的老年人中,代谢的异常将会引起认知功能如记忆功能的显著变化,这是由于代谢异常导致中枢的代谢过程发生了紊乱。[3]

情景记忆是指对以前事件中具体细节的有意回忆,而语义记忆是对获得有关知识的回忆,与情景记忆功能发挥有关的是回忆能力,而与语义相关的则为再认能力。研究指出,老年人的情景记忆出现与年龄相关的明显下降,工作记忆下降较多,语义记忆没有受到太大影响;老年人的言语能力受到年龄影响很小,而知觉速度受到较大影响;流体智力的非言语能力比晶体智力的言语能力出现更早和更急剧的下降。[4] 另外,情景记忆和语义记忆、回忆和再认功能出现明显变化的具体年龄并不明晰,由于研究所选择的年龄段仍然较为广泛,确定更加具体的不同认知能力在何时出现下降的拐点,对于老年人认知干预将具有指导意义。

3. 情绪发展特征:孤独、抑郁情绪增加,情绪辨别能力降低

老年人的心理情绪随着其退出社会工作将会产生变化。作为相对弱势人群,老年人经常产生负面心理情绪,而心理情绪状况会影响老年人的健康,不良的心理情绪状态包括过度焦虑、情绪抑郁和孤独感增强以及疑虑增多等。老年人社会参与减少会影响精神、情绪状态和生活幸福感,而社会活动的参与度上升将会改善诸如焦虑、孤独等情绪。马斯洛的需求层次理论涉及生理、安全、归属感和尊重以及自我实现等领域,老年人同样需要这些体系的支持。生活幸福感是衡量老年人心理情绪健康的一项指标,研究显示,60—69 岁老年人有 27% 以上觉得不幸福,迈入 70 岁后,该比例升至 30% 以上。值得注意的是,由于老年前期群体刚经历退休,社

① 张慧芳.我国老年人群认知功能及其影响因素研究[D].北京:中国疾病预防控制中心,2012.

② Singh-Manoux A,Kivimaki M,Glymour M M,et al. Timing of onset of cognitive decline:Results from Whitehall II prospective cohort study[J]. BMJ,2012,344:d7622.

③ Siervo M,Harrison S L,Jagger C,et al. Metabolic syndrome and longitudinal changes in cognitive function:A systematic review and Meta-Analysis[J]. Journal of Alzheimer's Disease,2014(4):151-161.

④ 威廉·J.霍耶,保罗·A.路丁.成人发展与老龄化(第 5 版)[M].黄辛隐,等译.南京:江苏教育出版社,2008:55-59,246-267.

会角色的转变会给老年人带来不适应,该阶段老年人的不良情绪状态比较明显。[①] 但在75岁之前,老年人总体的心理情绪健康状况差异不明显。[②] 另一项研究支持了此观点,其发现,65—69岁老年人与70—74岁以及75—79岁老年人在精神状态上没有显著性差异。[③] 60—69岁老年人由于脱离工作不久,并没有丧失工作能力,认知和心理处在一个较好的状态,此时还存有为社会继续做贡献的情绪特征;70岁之后,老年人的孤独感相较之前明显增强。总体而言,60—75岁老年群体的心理较为特殊,正处于一个心理情绪过渡时期,应该作为心理关注的重要对象。[④] 由这些可以发现,在老年早期就应对老年人的健康状况进行管理,避免产生不良心理情绪,特别是在老年人70岁之后,应重视影响其心理情绪的因素,如家庭和社会支持等。

老年人抑郁情绪与功能衰退、生活质量以及健康状况高度相关。老年人群的抑郁症患病率高达35%,而轻度抑郁症是最常见的抑郁类型。在老年前期,患抑郁症会对其身体的营养状态产生不良影响,即抑郁症与营养不良呈现出相关性,并且在不同年龄阶段具有不同作用和症状。具体来说,在65—74岁老年群体中抑郁症与营养状况的相关性比75岁以上老年人更为密切。[⑤] 这一结果显示抑郁情绪不仅会影响心理状态,也会间接对老年前期的饮食产生负面影响从而导致营养水平的下降。在评估老年人的心理健康状况时,可以根据其饮食习惯和营养状态,"倒推"在老年前期是否出现抑郁情绪,根据老年前期的情绪特点建立相应的饮食和营养评价指标体系将具有社会参考价值。过去的经历对于老年人的抑郁情绪也具有较大影响,那些对自己过去具有更为积极的看法的老年人情绪更为健康。研究发现,在70岁以下老年前期群体中,对过去持消极看法如自我否定较之对过去持积极看法对情绪健康影响更大,在70—74岁群体中这种效应的结果相同。[⑥] 因此在进行老年前期的心理引导时,激活他们以前克服困难时的积极记忆,有助于老年前期群体更好地应对当前这个特殊年龄段的不适应问题。

心理理论能力是一种社会认知方面的技能,是指理解他人心理状态的能力,如

① 孙亚.社会参与、孤独感与老年人主观幸福感的关系研究[D].济南:山东大学,2019.

② 刘文俐.我国老年心理研究概况[J].中国老年保健医学,2008(6):34-36.

③ 吴敏,李士雪,Ning Jackie Zhang,等.济南市65岁以上老年人精神健康状况影响因素研究[J].山东大学学报(医学版),2011(1):120-123.

④ 吴捷.城市低龄老年人的需要、社会支持和心理健康关系的研究[D].天津:南开大学,2010.

⑤ Yoshimura K,Yamad M,Kajiwara Y,et al. Relationship between depression and risk of malnutrition among community-dwelling young-old and old-old elderly people[J]. Aging & Mental Health,2013(4):456-460.

⑥ O' Rourke N,Cappeliez P,ClaxtonA. Functions of reminiscence and the psychological well-being of young-old and older adults over time[J]. Aging & Mental Health,2011(2):272-281.

通过他人的表情或者动作来理解他人的情绪状态。良好的心理理论能力有助于更好地与他人交流并参与到社会活动之中。老年人的心理理论能力随年龄增长也出现下降趋势,特别是在复杂情绪的判断方面存在较大缺陷,导致其社会参与度的下降。① 社会认知能力是一种独立于一般认知能力(如记忆、注意等)的心理方面的特殊能力,但它与特定的认知能力也具有一定关系。70岁左右老年人的共情能力水平较低,而且通过他人面部表情辨别情绪状态的能力不如年轻人,在60—65岁和70—75岁老年前期人群中,这一特征尤为显著。这与老年人的社会参与度降低有关,同时,69岁左右老年人的道德观念和情绪也会发生变化,使老年人的道德判断能力出现变化进而产生相应的行为变化,这可能影响其心理情绪健康。② 对这项研究结果的使用要谨慎,因为其所选取的年龄范围较大,所给出的具体年龄是平均年龄,并且老年人对复杂情绪和较为简单情绪的判断能力与年轻人之间的差异程度尚不明确。有研究发现,60岁以上的老年人在推断他人思想和情感时会出现困难,并且特定的认知功能,如抑制能力,对老年人心理理论能力的影响更大,即心理理论能力发生变化出现在60岁左右。③ 由于心理理论能力测试的方式之间存在差异,有关抑制能力以及其他的认知能力对老年人心理能力的影响,还需要更多研究来确定。同时,有关心理理论能力在老年前期衰退的具体开始年龄,也需要进一步的研究来证实。

4.动作发展特征:平衡能力显著下降,精细动作能力持续下降且降幅明显

随着年龄的增长,老年人的动作能力下降。在65岁以上的老年人中,有过跌倒经历的老年人所占比例超过三分之一。④ 60岁左右开始,老年人的平衡能力每10年将下降16%甚至更多,70岁之后下降幅度更大。⑤ 平衡能力是指在静止状态或者运动状态下维持身体姿势或动作的能力。老年人身体形态等的变化使得身体重心升高,加之腿部肌肉丧失和骨质丢失,老年人的支撑更不稳定,平衡能力随之

---

① Henry J D,Phillips L H,Ruffman T,et al. A Meta-Analytic review of age differences in theory of mind[J]. Psychology and Aging,2013(3):826-839.

② Cavallini E,Lecce S,Bottiroli S,et al. Beyond false belief:Theory of mind in young,young-old,and old-old adults[J]. The International Journal of Aging and Human Development,2013(3):181-198.

③ Moran J M. Lifespan development:The effects of typical aging on theory of mind[J]. Behavioural Brain Research,2013,237:32-40.

④ 侯慧磊,刘习方,田素斋,等.步态平衡训练对老年人平衡功能、神经功能及抗跌倒风险的影响[J].河北医药,2020(8):1227-1230.

⑤ 冯晓念.动作发展视角下老年人动作技能的增龄变化及影响机制[J].中国老年学杂志,2020(19):4248-4252.

下降,且 60 岁之后平衡能力会出现显著下降。① 在 70 岁之后,视觉对于维持平衡有着较大作用②,这时进行视觉训练有助于平衡能力的发展,视觉信息与注意力改变有关,从而影响目标定向能力。准确的视觉定向可产生更快的反应,老年人在观察事物时视觉注意转移能力减慢,引起视觉信息搜寻能力下降。对无关视觉信息的持续注意给老年人造成干扰,导致其反应能力降低、日常生活风险增加。③ 例如,在不平整或有障碍物的路面上行走时,老年人由于注意力分配不足而未能快速做出身体反应,导致跌倒。前庭功能是身体维持平衡的重要因素,对身体姿势控制起着决定作用,并且能与视觉反射相结合,共同对动作进行控制。65—74 岁老年群体患外周前庭性疾病的比例是 75 岁以上老年人的 2 倍左右,这一病变导致老年人产生眩晕感,对平衡能力有很大的负面影响。④ 综上,平衡是一个受多维度因素共同影响的能力,涵盖肌力、重心、视觉、前庭功能以及其他因素,如步态、骨骼形态的变化等。在老年前期,前庭功能的评估对评定平衡能力和预防跌倒十分重要,另外,视觉反射对于身体姿势的控制不可或缺,老年人进行相关视觉训练有助于提高平衡能力。

老年前期精细动作能力的减弱主要体现在手部控制能力上。老年人手部精细动作能力的下降会为其独立生活带来不利影响,精细动作的下降先于粗大动作,大脑功能的减退可能是手部精细动作降低的原因。精细动作的下降开始于 60 岁,之后持续下降,且在 75 岁以后下降幅度急剧增大⑤,并且优势手的下降幅度大于非优势手,非优势手的使用频率逐渐接近优势手⑥。手部精细动作的产生开始于视觉反馈,大脑将信息整合后传输到手部进行动作控制;同时,手部感觉器官如皮肤感受器的敏感性下降,导致手部肌肉控制能力减弱。⑦ 老年人手指抓握动作中,小指和无名指参与度较低,与年轻人相比,老年人的拇指向上活动更加靠近食指和中指,产生一种适应性改变。当只使用部分手指运动时,其他手指的参与度要明显高于年轻人,产生多余的无效动作。手的本体感觉也可能是精细动作能力下降的原

① 张勇.网球锻炼对广州市天河区 60—69 岁老年人平衡能力影响的实验研究[D].广州:广州体育学院,2018.

② 李诗芬.老年人运动功能训练方法的实施及其影响的研究[D].北京:北京体育大学,2012.

③ Langley L K,Friesen C K,Saville A L, et al. Timing of reflexive visuospatial orienting in young, young-old,and old-old adults[J]. Attention,Perception,& Psychophysics,2011(5):1546-1561.

④ Jeng Y-J,Young Y-H. Evolution of vestibular disorders in older adults:From young-old to middle-old to oldest-old[J]. Geriatrics & Gerontology International,2020(1):42-46.

⑤ Caçola P,Roberson J,Gabbard C. Aging in movement representations for sequential finger movements:A comparison between young-middle-aged,and older adults[J]. Brain and Cognition,2013(1):1-5.

⑥ 王璐静.规律的运动锻炼对老年人手部精细动作能力影响的研究[D].天津:天津体育学院,2020.

⑦ 赵王芳.老年人手部精细动作控制能力研究进展[J].中国老年学杂志,2012(15):3348-3349.

因，老年人在完成精细动作时，为了更好地完成动作而使用较大的握力，并且其他无关肌肉的对抗力也同时上升，即使所需的力量并不大。这是一种能量上的次优化，虽然能够增加其精细动作的稳定性，但会使动作变得僵硬。① 神经功能的衰退影响手部肌肉精细操作的能力，在 60 岁之后，神经元支配的运动单位数量将会减少；65 岁以前，手部运动的稳定性、速度和震动感觉保持稳定，之后开始减弱。拇指的外展范围和力量从 60 岁就已经开始下降，65 岁之后，手的整体功能开始逐渐下降②，运动神经元兴奋性的下降可能是手部功能退化的原因③。还有研究发现，熟练使用筷子的人，其手指间的单独活动能力更有优势，肌肉支配能力更强，手部肌肉的肌电发放显示出更强的组织性。④ 参考这项研究结果，可以借助筷子让老年人进行手部精细动作的练习，如用筷子夹取物体，从而在一定程度上延缓手部精细动作衰退进程。

运动干预措施方面，针对平衡能力，建议每周至少 180 分钟的锻炼且包含平衡性练习如单脚站立⑤、陆上和水中太极拳锻炼⑥，适度的网球锻炼⑦，八段锦锻炼以及步态平衡锻炼⑧，若有兴趣可进行游戏化的虚拟现实平衡练习与瑜伽锻炼⑨。参与开放性运动，如乒乓球项目可提升视觉信息处理能力⑩，进而间接提高平衡

① Latash M,Shim J K,Shinohara M,et al. Changes in Finger Coordination and Hand Function with Advanced Age[M]//Latash M L,Lestienne F,eds. Motor Control and Learning. Boston:Springer,2006:141-159.

② Carmeli E,Patish H,Coleman R. The aging hand[J]. The Journals of Gerontology:Series A,2003 (2):146-152.

③ Ranganathan V K,Siemionow V,Sahgal V,et al. Skilled finger movement exercise improves hand function[J]. The Journals of Gerontology:Series A,2001(8):518-522.

④ Pang J. A comparative biomechanical analysis of independent finger movement:Between skilled and unskilled chopsticks users[D]. Lowell:University of Massachusetts Lowell,2012:119-139.

⑤ Sherrington C,Michaleff Z A,Fairhall N,et al. Exercise to prevent falls in older adults:An updated systematic review and Meta-Analysis[J]. British Journal of Sports Medicine,2017(24):1750-1758.

⑥ 沙洁.16 周水中太极和陆上太极练习对 60—75 岁老年人平衡能力的效果比较[D].上海:上海体育学院,2020. Wang S-J,Xu D-Q,Su L-N,et al. Effect of long-term exercise training on static postural control in older adults:A cross-sectional study[J]. Research in Sports Medicine,2020(4):553-562.

⑦ Joseph M M. Lifespan development:The effects of typical aging on theory of mind[J]. Behavioural Brain Research,2013,237:32-40.

⑧ 周晶,赵焰,魏蒙.八段锦对老年人平衡能力、跌倒风险及下肢表面肌电图的影响研究[J].时珍国医国药,2020(1):124-126. Pang J. A comparative biomechanical analysis of independent finger movement:Between skilled and unskilled chopsticks users[D]. Lowell:University of Massachusetts Lowell,2012:119-139.

⑨ 吴明寿,王威,孙君毅,等.基于虚拟现实的老年人平衡能力训练系统[J].电子测量技术,2019(21):163-168. Schmid A A,Van Puymbroeck M,Koceja D M. Effect of a 12-week Yoga intervention on fear of falling and balance in older adults:A pilot study[J]. Archives of Physical Medicine and Rehabilitation,2010 (4):576-583.

⑩ 吴浩东.开放与闭锁运动锻炼老年人视空间工作记忆不同成分的差异研究[D].上海:上海体育学院,2020. 李莎.运动类型与强度对老年人注意选择功能的影响[D].上海:上海体育学院,2020.

性。针对精细动作功能,建议参与小球类运动、广场健身舞和传统体育运动①,顺时针和逆时针各 10 分钟的保定健身球练习可改善手部功能②,还可进行使用筷子夹取物体的锻炼、非优势手拿筷子练习、徒手进行抓握动作练习和手部弹力带训练。参考相关研究,建议每周运动 2～4 次,每次 30～60 分钟,中等强度,可视身体状况合理调整锻炼频率与时间。

(二)老年期动作学习发生机制

《"健康中国 2030"规划纲要》指出,要加强制订与实施老年人体质健康干预计划,到 2030 年,建立老年群体的慢性病健康管理体系,促进健康老龄化;强化对于老年人生活方式的指导与干预,促使老年人形成健康生活方式。随着年龄增长,老年人身体健康指标下降,引起身体功能的衰退,如何有针对性地设置干预内容对于预防和减轻老年衰弱至关重要。③ 健康老龄化需要老年人的体育参与,缺少身体活动增加了老年人的健康风险;满足老年人相应的体育活动需求,为其提供个性化的服务,将提高老年群体的健康水平。④

认识与了解老年人群的生活方式、健康行为、身体功能状态、精神、情绪、认知、动作等特征,是指导其科学发展的基础。本部分主要从老年人的身体结构、功能、限制等方面进行阐述。首先界定老年阶段,判断个体进入老年的参数主要包括结构、功能(或机能)、动作、认知、情绪心理、社会性等方面。结构方面,随着个体的成长发育,其身体各个系统逐渐达到生长的峰值,而后就进入结构保持与逐渐变劣的发展过程。当前细胞生物学的研究也指明,儿童青少年的细胞(比如皮肤细胞)比老年的分泌能力或分化能力更强。⑤ 同样的细胞,在不同的阶段功能是不同的,比如老年个体的神经元细胞和年轻个体的神经元细胞有所区别。⑥ 老年人的身体结构特征为:机体水分含量逐渐减少,细胞数量变少,体重逐年降低(34 岁左右,机体细胞数量逐渐减少,细胞内水平逐渐降低)。老年人新陈代谢变慢,三大代谢(糖、蛋白质、脂肪)失调比例增大,其中蛋白质分解大于合成,致使老年人肌肉含量逐年降低(60 岁左右,身体机能开始老化,细胞分裂和组织再生能力逐渐下降,机体代

① 王璐静.规律的运动锻炼对老年人手部精细动作能力影响的研究[D].天津:天津体育学院,2020.
② Ranganathan V K,Siemionow V,Sahgal V,et al. Skilled finger movement exercise improves hand function[J]. The Journals of Gerontology:Series A,2001(8):518-522.
③ 保志军.衰弱的防治:中国健康老龄化面临的挑战和机遇[J].老年医学与保健,2020(4):511-512.
④ 李慧.健康中国建设背景下老年人体育需求凸显研究[J].山东体育学院学报,2020(3):48-53.
⑤ Bonté F, Girard D, Archambault J C, et al. Skin changes during ageing[J]. Sub-Cellular Biochemistry,2019,91:249-280.
⑥ 姚万祥.运动技能学习与控制讲座资料[Z].北京:北京体育大学科技大讲堂,2016.

谢相对缓慢;78岁左右,机能加速衰老进程,逐渐出现慢病症状)。

认知方面,神经系统、运动系统等机能随老年人整体发展而退化。动作方面,随着年龄的增长,多数老年人典型动作模式变化表现为"手和足末端的精细动作与中心平衡能力—肢体动作速度能力—躯体感觉知觉能力—整体动作耐力"随着大时间尺度非线性突降(见图4-13)。具体表现为:①进入老年后个体的精细动作能力随着大脑功能的衰退逐渐降低,随后持续下降;到74岁时,精细动作能力下降幅度急剧增大(精细动作和平衡能力经常性出错),主要表现在手指控制能力与足踝稳定平衡能力。②75—83岁,老年人的动作速度能力下降较为突出,面对应激情况,不能及时做出动作反应,即肢体环节大动作速度能力突降(出现明显的动作迟延)。③84—89岁,老年人的视觉、听觉、触觉等感官能力逐渐降低。视觉能力衰退的主要特征之一是老年人的视觉注意转移能力降低,即在注意某一事物后,对下一个事物的视觉反应能力产生延迟,引起视觉信息搜寻能力下降。④90岁以上,老年人的心肺机能由于生命周期的变化而不能长时间保持动作功能,从而逐渐失去身体的各个肢体环节的动作耐力。

1.功能影响结构

功能是指通过个体结构完成某些任务的体现水平,身体结构是物质性存在,功能是赋予在身体结构上的一种现象。功能对应着行为,结构对应着物质。功能对行为的输出体现出个体某一特定时间和地点的行为水平,结构是身体具体的器官、组织或系统。对老年群体而言,个体的结构是由个体行为产生的功能水平所决定的,功能水平高,即结构稳定性强、结构精密扎实;反之,功能水平低,个体组织、器官或系统功能水平相对低下,其结构较劣质。在儿童青少年的成长发育期,学习从属于发展,各个系统的功能综合体现为发展最慢的功能系统的水平;老年期的衰退是基于"功能决定结构的变化"这一规则,其衰退后的总体水平体现为最先下降的功能系统的水平。

老年身体发展特征体现为心肺机能和肌力下降显著,皮肤和感官功能退化。BMI反映体质,衡量人体胖瘦程度和健康水平。调查显示,66—70岁开始,BMI指数处于超重状态,65岁前BMI均值为22左右,65岁后升至24左右。① 腰围高的老年人更容易出现身体虚弱、体重不足,健康风险较高,这充分表明对老年人进行饮食和身体活动管理的重要性,特别是要关注BMI指数较低或正常但腹部肥胖

---

① 胡蓉,戴曦,王素英,等.社区61—80岁老年人健康体适能的人群分布特点研究[J].全科护理,2020(21):2766-2769.

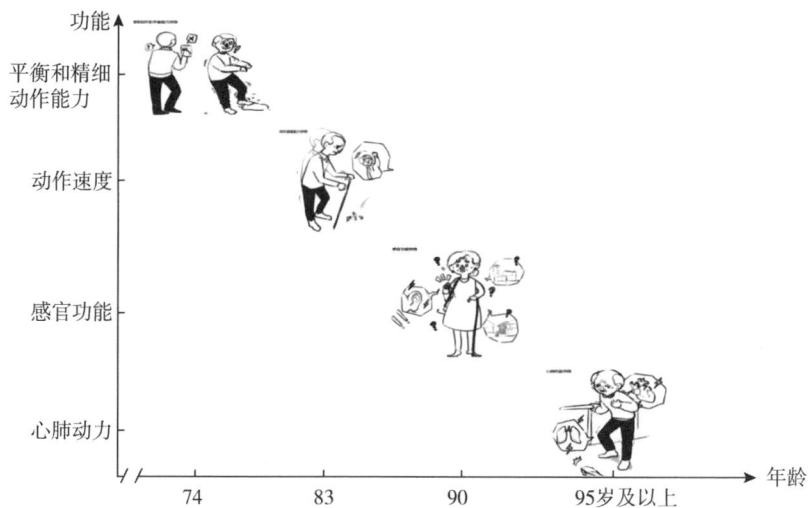

图 4-13　典型发展视野下老年不同阶段个体动作特征

的老年人群。① 一项研究发现,70 岁以上人群中超重老年人死亡率比正常体重老年人要低,这一结果与身体营养储备有关,揭示了体重丧失可能与更高的死亡率关

① Hubbard R E,Lang I A,Llewellyn D J,et al. Frailty, body mass index, and abdominal obesity in older people[J]. The Journals of Gerontology:Series A,2009(4):377-381.

联性更强,65 岁以上超重人群和正常人群在死亡风险方面差别不大,后续研究需要解释为何处于正常体重范围的老年人死亡率更高,针对饮食营养与身体活动制订科学的计划是降低死亡率的途径之一。① 身体机能方面,65—69 岁老年人在运动后的即刻心率较 60—64 岁老年人略高;在 60 岁以后,肺活量由于呼吸肌萎缩、胸腔脏器功能衰退等减少 50% 左右;60—69 岁健康群体的心血管机能较为稳定,安静脉搏无显著差异,收缩压出现小幅度的升高。② 但女性在 65 岁时收缩压升高明显,之后又趋于稳定,不能确定是否所有老年人均表现如此,对老年人 65 岁时的血压变化需要及时关注。③ 在对 70 岁以上老年人心电图的研究中发现,70 岁以后,健康老年人的心脏交感神经活性明显减弱,而迷走神经活性减退幅度相对较小,这使得 70 岁以后老年人心率相对降低,增加了患心脏相关疾病的风险④;对老年人的心脏活动进行监测,如运动强度控制和对运动过程中心率的实时监控,对于指导运动干预具有重要意义。

老年人神经系统对心血管的调节能力减弱,同时血管管径减小影响体内血液的分配,肌肉组织中的毛细血管数量减少,这导致肌肉的能量和物质的供应量下降,引起肌力的改变。50 岁之后,每年有 1%～2% 的肌肉将会丢失,并且伴随肌肉力量 1.5% 的丧失;60 岁之后,肌肉力量丧失可增至 3%。⑤ 这表明,在老年前期,肌肉力量将丧失 15%～30%。年龄是老年人肌力下降的因素之一,但身体活动的大幅度减少对肌力的影响更为重要,60 岁以后老年人的体重显著下降,这可能是由于肌肉的丢失,75 岁可能是男性老年人肌肉力量和耐力迅速降低的关键点。⑥关于在 75 岁之前对老年人进行力量训练干预对肌肉力量和肌肉耐力变化的长期影响,还需进一步的研究。在以 70 岁老年人为对象的实验中发现,下肢肌肉比上肢肌肉减少更为明显,以 10 年为单位,上肢会减少 2.8% 的肌肉量,而下肢则为 3.9%,与 30 岁相比,70 岁人群骨骼肌质量减少 4.12kg⑦,这导致老年人肌肉力量

---

① Flicker L,Mccaul K A,Hankey G J,et al. Body mass index and survival in men and women aged 70 to 75[J]. Journal of the American Geriatrics Society,2010(2):234-341.

② 闫林,徐莹莹.老龄化背景下 60—69 岁老年人体质特征研究:以安徽省为例[J].石家庄学院学报,2019(3):117-123.

③ 池德壮.北京市育新小区 60—70 岁老年人体质调查与研究[D].北京:北京体育大学,2013.

④ 李郁,潘婷婷,赵军,等.70 岁以上老年人心率和心率变异性分析[J].心脑血管病防治,2009(6):429-431.

⑤ 李晓娜.太极拳运动对 60—69 岁老年人身体素质影响的研究[D].济南:山东体育学院,2011.

⑥ 阮佳杰.合肥市 70 岁以上老年人体质状况增龄变化研究[D].苏州:苏州大学,2019.

⑦ 陈敏,林轶凡,孙建琴,等.老年人随年龄增加肌肉衰减变化特点研究[J].肠外与肠内营养,2012(5):263-266.

下降。75 岁前,老年人每年的骨质丢失量比较稳定,骨矿物质含量在 55—64 岁下降最快①,可推测 65 岁之后骨质疏松现象将愈发严重。对老年人握力和步态的研究指出,男性在 69 岁以后,握力以每年 0.9kg 的速度均匀下降;到 65 岁以后,步态速度开始加速下降,每年下降 1%～2%,下降速度表现出不均匀特点。② 握力是反映衰弱程度和肌肉力量的关键指标,较弱的握力和残疾与死亡率具有相关性,与整体肌肉力量具有强相关性,40 岁之前握力就开始下降,在 60 岁之后握力的下降速度略有加快,65 岁以后下降速度加快较为明显。③ 综上,老年前期手部力量下降明显,手部力量的练习对促进健康老龄化和健康评估具有临床价值;老年前期步速也由于腿部力量下降而减慢,虽然每年的下降幅度不太明显,但在 65—74 岁年龄段内,步速将会下降 10%～20%,制约着活动能力。对于 70—74 岁老年人,男女身体指标方面的差异性较为明显,如握力和反应能力等,且此阶段群体相对活跃,因此,针对 70—74 岁老年人群的干预活动和评价指标体系构建需要重点对待,且需要考虑性别差异。④

　　人们普遍认为,个体进入老年阶段后,结构会逐渐变劣。但是,当前进入实验研究的多数数据表明,老年阶段如果能进行功能重塑,比如身体功能练习(或体适能提高),结构会随着功能的提高逐渐优化。功能影响结构,这是老年个体应该了解的生活理念,无论老年个体发展到哪个阶段,寻找适于个体功能提高的练习方式、改善自己的生理结构,是完全可能的。即使患病(慢病,比如高血压、糖尿病等),仍然可以遵循这个原则。慢病个体的"功能适应—功能提高—身体环境改善—身体器官结构质变"过程,属于自组织的适应性过程,也是人体自愈能力的体现。美国的最新研究表明,肿瘤或癌症患者进行功能提高(或运动锻炼),可以使血液中的氧气浓度提高,作为厌氧细胞的癌细胞因此减少。McCullough 等在一项基础研究指出:小鼠进行低到中等强度运动时,肿瘤内部血流增加 200%,减少缺氧比例 57%,即通过运动可以改变肿瘤的生存环境,减少癌细胞。⑤ 身体功能的变化

————————

　　① 陈乐琴,杨泽丽,刘晓军.中老年人身体成分特征与其骨矿含量的关系研究[J].北京体育大学学报,2010(11):67-70.

　　② Auyeung T W,Lee S W J,Leung J,et al. Age-associated decline of muscle mass,grip strength and gait speed:A 4-year longitudinal study of 3018 community-dwelling older Chinese [J]. Geriatrics & Gerontology International,2014(S1):76-84.

　　③ Dodds R M,Syddall H E,Cooper R,et al. O4.17:Grip strength across the life course:Normative data from twelve British studies[J]. European Geriatric Medicine,2014(S1):77-78.

　　④ 吕俊.70—79 岁老年人体质测评指标的筛选[D].成都:成都体育学院,2018.

　　⑤ Mccullough D J,Stabley J N,Siemann D W,et al. Modulation of blood flow,hypoxia,and vascular function in orthotopic prostate tumors during exercise[J].Journal of the National Cancer Institute,2014(4):dju036.

是"自我刺激干预—恢复提高—适应"的过程,只有个体意识到身体功能的变化来源于行为的改变,自我身体结构的塑造就能有所改善,并且无论自我身体发展到哪个地步(健康、亚健康、慢病、癌症等),都可以得到改善。在老年阶段,"功能影响结构"是一个有关自我塑造的理念。个体身体成分的变化需要微观监测,比如,血液细胞成分、内环境中 Na^+ 和 K^+ 离子成分,微观要素同时还指内环境、分子运动及数量分布(600 万/秒的细胞死亡和生长速率)。这些微观成分的变化是宏观行为(睡眠、饮食、运动、工作方式等)的变化所导致的。宏观整体活动影响或调节微观要素,而微观要素作为一种机制影响宏观整体活动的表现水平。个体只有控制好自己的宏观行为,其微观成分才会向着行为驱使的方向转化,这也是主动健康的立论之一。主动健康将不规则、不确定看作基本特征,认为人体可以从远离平衡的波动复杂性中获益,可控性的波动越大,人体获益越大。[1] 人体可以在内外环境的刺激下产生新的自组织行为,形成新结构,实现慢病逆转。人体是一个复杂系统,具有强大的自我修复能力和自组织能力,而人体各个系统(除了肌肉和骨骼之外)均自动发挥作用。人体时时刻刻不断进化,其疾病的发生是一个随机的过程,人体的自主或被动干预(或特训)可以激发人体形成修复能力,进而逆转疾病。马尔可夫链体现了"微观分子(或原子)变化—宏观功能变化(失衡)—器官器质变化",见图4-14。人体的健康状态是不确定的,是身体各种机能发生变化的过程;健康状态的转移过程是非线性的。[2] 对个体进行宏观运动行为干预可以引发机体微观结构(神经递质、激素等)自组织变化。

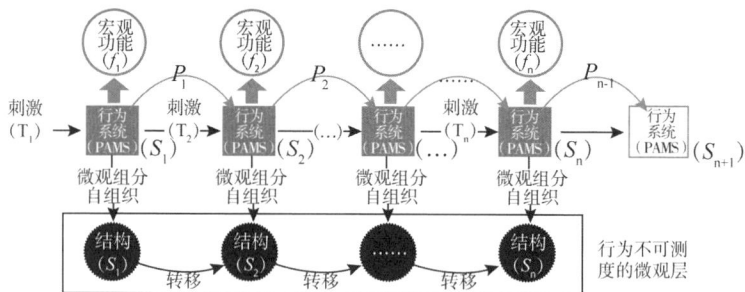

图 4-14　宏观行为引导微观变化的马尔可夫链示意

资料来源:整理自郑坚坚.随机过程[M].合肥:中国科学技术大学出版社,2016:87-134.

---

① 李祥臣,俞梦孙.主动健康:从理念到模式[J].体育科学,2020(2):83-89.

② 王兴泽,易清.个体化运动健康行为 AI 辅助干预关键技术研究(2021 年度报告)[R].上海体育学院,中国科学院深圳先进技术研究院,2021:1-10.

主动健康是指,依照复杂性科学理论,人体可在远离平衡态下形成自组织行为,通过主动对人体施加可控的刺激增加人体复杂性,从而达到健康干预的目的。健康状态的变化不是一次刺激的结果,它需要反复练习。另外,需要辅以个体纵向时间维度上的跟踪及随机过程干预。主动健康视野下的慢病治疗,是机体自身动态演化的过程。通过施加合理的人为刺激,并反复练习,可激发人体多样性进化,引发人体自组织行为,重建与之对应的新功能结构,实现慢病逆转。人体机能变化的过程遵循生物学进化规律,即在人体系统内外环境的刺激下,人体微观组分(各类细胞)产生应激,消耗能量,产生熵增,其结果是形成系统的进化多样性,从而固定有利基因。

2. 限制原理

老年个体只要学习就会取得效果,其动作学习的表现主要遵循限制原理,但这与儿童青少年的生长发育期的限制原理不同。儿童青少年成长期的限制是以发展最慢的系统、器官、组织等机体功能表现决定机体整体的动作表现功能;老年衰退期的限制是以发展最早的系统、器官、组织等的机体功能表现决定机体整体的动作表现功能,其变化节奏是非线性的。比如,老年前期平衡能力和精细动作能力发生改变,突然有一天,老年个体的平衡能力就下降了,影响因素可能有肌肉骨骼系统功能、神经系统传导、关节自由度等。儿童青少年动作特征的发展也是非线性的、突然的。比如,儿童学习一项运动技能,练习过程中一直不协调,突然有一天,他做到位了,基本掌握了动作技能。这种动作学习后的获得同样是非线性的,不是按照时间节奏线性发展的。老年阶段个体的动作学习与动作功能是基于动作发展特征表现的。动作发展是终身的,从孕期、婴儿、儿童、青少年、成年、中年到老年等的发展历程,需要自然发展,并且这几十年(甚至上百年)的生命历程影响因素众多,基本因素有遗传基因特质、饮食营养供给、作息规律的遵守、工作性质、家庭物质和精神富裕程度、身体运动情况、个体的意志力等。

限制原理主要从个体、环境、任务 3 个领域解释个体的表现行为。[1] 个体因素对发展历程的影响更大一些。在个体纵向发展历程中,任何学习或经历都可以为后面的行为做准备(或准备就绪),如果要取得良好的表现,则还需要具备充足的内部动机和前须技能。[2] 在老年个体的动作表现过程中,个体的各个系统功能的衰退节奏、器官衰老的时间节奏主要遵循以下顺序:皮肤、肺功能→大脑神经系统→

[1]　Newell K M. Physical constraints to development of motor skills[M]//Thomas J, ed. Motor Development During Childhood and Adolescence[M]. Minneapolis: Burgess Publishing Company, 1984: 105-120.

[2]　罗宾·S. 维莱, 梅利莎·A. 蔡斯. 青少年体育运动指导与实践(修订版)[M]. 徐建方, 王雄, 译. 北京: 人民邮电出版社, 2020: 85-107.

头发和肌肉→骨骼→骨骼、乳房（女）→心脏、牙齿、眼睛→肾脏、前列腺→听力、肠→舌头、鼻子→喉咙、膀胱→肝脏等。衰老是一个自然规律，同样的衰老，不同个体的进程不同。①

认知方面，认知功能下降是老年人患阿尔茨海默病或失去自立能力的主要风险因素。大脑认知功能衰退与大脑抑制能力有关，老年人由于大脑功能退化而无法抑制一些不相关信息，导致对目标注意的分散，从而影响了大脑资源分配，这是工作记忆下降的原因之一。运动对改善认知具有促进作用，且在不同年龄阶段其效果不同，已有研究发现，运动对66—70岁老年人认知促进效果最明显。② 60多岁老年群体的轻度认知衰退的患病率达到10%，受教育程度是轻度认知障碍发生的重要影响因素。③ 除了受教育程度，环境是影响认知的又一因素，老化悖论揭示了在自然情况下和实验室状态下认知之间的差别：61—74岁群体与年轻人相比，虽然在实验状态下其记忆能力不如年轻人，但是在基于生活事件的前瞻记忆方面，其并不亚于年轻群体甚至表现更好。④ 60—69岁老年人的持续注意和短时记忆能力以及视觉辨认能力，比更高年龄段老年人下降得更快，并且此阶段低龄老年人的空间记忆能力和理解能力显著下降。⑤ 另有研究发现，老年人的认知功能随年龄的增长而衰退，但在60—69岁群体中，年龄与认知变化的相关性不大。⑥ 在69岁之前，老年人的认知能力随年龄的变化较为稳定，认知功能的衰退增加了患阿尔茨海默病的风险；65岁以后，每过5年，患阿尔茨海默病的风险将增加1倍。⑦ 另一项研究发现，65—69岁老年人患阿尔茨海默病的概率为1.22%，而70—74岁老年

① 高军，陈佳印.让老年人做到老而少病、病而不残、残而不废：全国政协委员、北京医院党委书记王建业谈老年医疗和健康事业发展[J].首都食品与医药，2016(13):37.王建业.很多"病"其实不是病，就是老了[J].老年人，2020(1):59.

② 纪之光.高认知要求运动改善老年人抑制功能的特征及其机制[D].上海：上海体育学院，2018.

③ Anstey K J，Cherbuin N，Eramudugolla R，et al. Characterizing mild cognitive disorders in the young-old over 8 years：Prevalence，estimated incidence，stability of diagnosis，and impact on IADLs[J]. Alzheimer's & Dementia，2013(6):640-648.

④ Kvavilashvili L，Cockburn J，Kornbrot D E. Prospective memory and ageing paradox with event-based tasks：A study of young，young-old，and old-old participants[J]. Quarterly Journal of Experimental Psychology，2013(5):864-875.

⑤ 董洁.广州城区60岁以上老人认知功能特点及正常老人认知功能变化特征的随访研究[D].广州：广州医科大学，2017.

⑥ 刘瑾彦，陈佩杰，牛战斌，等.不同运动项目对老年人认知能力的影响[J].上海体育学院学报，2016(3):91-94.

⑦ 艾亚婷，胡慧，王凌，等.武汉市老年人认知功能现状及危险因素[J].中国老年学杂志，2019(10):2507-2510.

人的患病率提升至 3.20%，并且最显著的发病年龄在 70—80 岁①，即在 65 岁这个分水岭，认知能力出现较明显的变化，对 65—74 岁老年人进行认知功能的变化监测对于预防阿尔茨海默病具有重要作用。据研究，老年人的知识经验等能力在 70 岁以后才会出现明显下降，而且 70 岁以后信息加工速度的减慢更为显著，而反应快慢与大脑的信息处理、加工速度有关；同时，70 岁以上老年人群的工作记忆也出现明显下降。② 这进一步揭示了老年群体理解能力、短时记忆能力等下降的原因。老年前期，个体并不是所有的认知能力均随年龄增加而下降，65 岁可能是认知出现变化的拐点，70 岁之后，认知能力可能会随年龄增加而更快速地下降。

　　认知通过记忆会直接影响动作的表现，衰老的动作变化主要包括步行（位移）、步速等，如减缓的步速、变短的步长、加快的步频、双脚支撑时间更长、迈步时后脚力量变小、变慢的步行速度、胳膊摆动幅度减小、外八字姿势走路等。健康老人的步行速度也会随着年龄的递增而明显下降。大部分老年人都有健康问题，没有健康问题的健康老年个体和年轻人拥有一样的步行速度。关于老年个体跌倒现象，老年人跌倒所反映出来的内部变化是：神经传导速度降低，要花更长时间激活相关序列肌肉；肌肉力量下降，保持平衡的力量不够，即反应强度小；感觉能力下降，失去平衡时不能及时做出反应，即反应慢。③ 从外部因素看，预防老年人跌倒的措施主要是设计适合老年人生活的用具和生活环境。老年期个体的心血管变化包括：①收缩压升高，原因是同样的运动所消耗的能量比年轻时更多；②动脉硬化，原因是脂肪增加和结缔组织渗透到肌肉组织中；③最大心率每 10 年下降 5～10 次，原因是心血管系统对激素的感应灵敏性下降；④姿势性低血压（postaral hypotension），原因是对老年人心血管系统的神经刺激不会再加快其心脏跳动（年轻健康个体站立时对心血管系统的神经刺激会加快其心脏跳动，血压足以给大脑供血；老年人姿势改变时对神经刺激的反应不会发生，血压下降引起眩晕、无力、昏厥甚至跌倒现象）。④

　　环境的发展变化也是一个因素。当前，中国社会经济发展迅速，社会环境改善明显，但存在不平衡，有些地区达到中等发达国家水平，其环境建设已经基本满足

① 刘云.岳阳市岳阳楼区 65 岁以上老年期痴呆患病率及危险因素的调查[D].衡阳：南华大学,2017.
② 李德明,陈天勇.认知年老化和老年心理健康[J].心理科学进展,2006(4):560-564.
③ 马雅军,李晓东,胡志灏,等.老年人认知功能和跌倒的关系研究[J].中国全科医学,2019(15):1784-1788.
④ Greg Payne,耿培新,梁国立.人类动作发展概论[M].北京：人民教育出版社,2008:322-336. Kathleen Haywood,Nancy Getchell. 动作发展：终身观点[M].杨梓楣,陈重佑,等译.台北：禾枫书局,2016:5-17.

个体发展的需求,比如上海部分小区目前出现的"长者之家"①。环境在个体学习与发展中是一个促进因素,同时环境可以产生行为。② 社会发展促进环境的极大变化,影响老年人的群体行为,过去的公园遛弯、朋友打牌聚会等休闲活动随着社会环境、社区环境的变化而发生改变。当个体身体足以维持自我功能时,环境的主动性是首选;当个体身体完全自主胜任大部分活动时,个体的主动性是首选。在个体、环境、任务交互影响个体行为表现的过程中,没有哪个因素比其他的因素更重要,只是在某个阶段某个因素会占据主要地位。在个体纵向发展历程(儿童青少年、成年、中老年)中,也没有哪个阶段比其他的阶段更重要,每个阶段都不能忽视,认真做好当下每一天的工作或过好每一天的生活是最合适的。③

---

① 东方网.在这里,站、坐、躺都能做运动!上海首批"长者之家"揭牌,"十四"五期间将建上百家[EB/OL].[2021-12-01]. https://n.eastday.com/pnews/162337678177011316.

② 卡尔,谢菲尔德.神经康复:优化运动技能(第 2 版)[M].王宁华,黄真,主译.北京:北京大学医学出版社,2015:3-14.

③ 黄麟雏.《道德经》系统思想探讨[J].系统辩证学学报,1994(3):19-25.从茜.每一天都是最好的生活:杨绛传[M].武汉:华中科技大学出版社,2016.

第五章　动作学习的理论、研究方法和案例分析

动作学习是通过经验或练习获得具有持久性的动作技巧的过程。其特点有：难以测评或观察；针对个体中枢神经系统的改善；持久性改变的主要是特定练习，很难迁移，改变主要来自练习或经验。动作学习的理论主要涉及动作发展和动作控制的相关理论，比如阶段学习理论、动态系统理论、动作程序理论、生态任务分析等。研究方法主要是观察法、现代运动生物力学、神经科学、脑科学研究的方法。本章主要从动作学习研究的理论、方法和案例 3 个方面进行阐述。

第一节　动作学习的理论

指导动作学习的理论或方法主要有联结主义理论、闭环理论、图式理论、动作程序理论、学习阶段理论、动态系统理论、生态任务分析、生态学习理论等。下文分述之。

一、联结主义理论

1927 年，美国心理学家桑代克（Edward L. Thorndike）依据"刺激—反应"联结现象提出联结主义理论。他观察了个体的学习过程，发现个体通过试错等行为得到反馈，继而改变自我行为。比如打字，开始时个体逐字逐句照搬，熟悉之后依据感官与手指的反应提高速度，当数量任务在规定时间内能够完成时个体再提高打字的精准度，但如果数量任务加大，个体为了完成数量任务而不可避免地会降低精准度。这种反馈可以指导个体更好地安排打字任务。该理论主要注重外在反馈

的作用,以及自我中枢建构的过程。对人体复杂性、系统功能和认知、情绪心理、社会性等方面基本没有涉及。当时桑代克是通过实验观察个体功能特征的一个方面而得出结论,虽然已经过时,但仍然具有指导运动技能学习探索的价值。

联结主义理论把动作技能的形成归结于联结的形成和加强,认为练习和强化在动作技能形成过程中起关键性作用,同时把环境看作刺激,机体行为看作反应,学习者学到什么主要由环境控制而非个体决定,学习者的行为是他们对环境刺激所做出的反应,所有行为都是习得的。应用在教育教学方面,则教师的职责就是创设一种环境的行为。该理论简化了学习过程,实验方法较粗糙简单,难以经受他人的检验。① 这也是其难以解释复杂技能获得、动作的创新表现等现象的原因。

二、闭环理论

1971 年,亚当斯(J. A. Adams)根据自己的研究提出闭环理论。通过研究观察,亚当斯发现个体动作技能学习过程中除了需要外在的反馈、组织安排等外,还需要自我知觉的参与,他由此提出了"知觉痕迹"这一概念。② 个体在模仿一个新的动作时,在内部会产生知觉反馈与自我记忆,这些与之前的动作参数形成比较,不断使自我知觉能力与实际动作表现相吻合,从而使新动作日益娴熟。知觉痕迹和动作修正之间存在动作记忆痕迹,个体在动作模仿或反应中出现的错误行为由于个体记忆和知觉痕迹逐渐减少,最终达到掌握新动作的目的或使知觉痕迹和动作参数相吻合。闭环理论是对动作学习的内部控制原理的部分解释,人体在生命发展历程中还有很多特征是闭环理论不能解释的,比如环境或任务的设计等会影响运动技能表现或学习的进程。

在实际生活中,比如驾驶汽车等动作,汽车在道路上行驶时驾驶员必须在特定的路线内,通过视觉和本体感觉的反馈信息来控制骑车做出适当调整,使其不会偏离路线。但这需要高度集中注意力执行和纠正动作,且只能用于执行相对慢速的动作。③ 闭环理论初步揭示了技能学习的内部心理机制,它所提出的知觉反馈、试误、矫正、过程控制等为后续研究开拓了思路,但闭环理论自身也存在着一些限制和理论困境。一是逻辑上的不一致,即知觉痕迹既要引导动作至最终的正确位置,又要侦测动作的错误量,身兼裁判与运动员两项职责,记忆也难以储存大量的动作

---

① 施良方.学习论[M].北京:人民教育出版社,2001:14-39.
② Adams J A. A Closed-loop theory of motor learning[J]. Journal of Motor Behavior,1971(2):111-150.
③ 张英波.动作学习与控制[M].北京:北京体育大学出版社,2003:73-78.

细节并在需要的时候准确提取;二是反馈时间限制,闭链式反馈仅仅适用于慢动作,对于多变的快速动作,无法在瞬间做出反馈;三是动作的新异性和创造性学习问题,闭环理论难以解释人何以在新情境下根据环境和任务等约束产生灵活多样的适应性动作,因为即使是每天都在练习中的走路动作,每一步的动作也不可能完全相同,可以说几乎所有动作都有变异性。

三、图式理论

1975 年,美国学者施密特(Richard A. Schmidt)在研究中提出了图式理论。根据该理论,个体在运动技能学习过程中,通过观察和练习,大脑发生变化,形成概括化的动作结构,即框架结构。[①] 整个过程包括信息启动、动作程序的参数赋值、结果追加反馈和结果感知。图式理论更加强调中枢神经系统的功能参与,体现动作学习的复杂性。

根据图式理论,无论我们完成的动作是否正确,只要产生动作行为,就都会带来积极的结果;同时,通过增加练习期间的变化性,练习者也可以很好地完成新动作。[②] 比如,在学习足球射门动作时,在经过大量练习后,我们学习到以不同角度、力度、步伐、速度等完成的动作各自会产生什么样的动作效果,以动作方式与结果间的关系为基模,我们可以采取一种从未练习过的方式进行射门,学习越成功,基模越完整,射门成功次数就越多。尽管当时的情境是过去从未经历过的,但能够完成这项技能是因为人可以应用图式的规则,产生参数并附加到一般动作程序中。[③] 在教练或治疗师层面,应协助学习者建立基模,鼓励学习者自己进行总结归纳。此外,可以在练习的早期先减少练习的变化性以建立通用动作程序,再在练习的中后期增加练习的变化性以促进基模的建立,达到最佳的技能学习效果。图式理论作为心理学概念,较为全面地揭示了动作技能学习中的记忆容量、动作适应性、动作灵活性、创造性、反馈速度、观察学习和心理练习对动作学习的促进效应问题,但仍未对动作表现的涌现现象等作清晰解释。

① Schmidt R A, Zelaznik H, Hawkins B, et al. Motor-output variability: A theory for the accuracy of rapid motor acts[J]. Psychological Review, 1979(5):415-451. Schmidt R A, Mcgown C. Terminal accuracy of unexpectedly loaded rapid movements[J]. Journal of Motor Behavior, 1980(2):149-161.

② Shea C H, Qin L, Wright D L, et al. Consistent and variable practice conditions: Effects on relative and absolute timing[J]. Journal of Motor Behavior, 2001(2):139-152.

③ Richard A. Magil. 运动技能学习与控制[M]. 张忠秋,等译. 北京:中国轻工业出版社,2006:53-63.

四、动作程序理论

个体在执行动作之前,中枢神经系统预先设计或者组织好动作指令,使个体能够在没有反馈的前提下完成动作。动作程序被认为是一种以记忆为基础的结构控制协调运动。其依据是开环控制系统,即主要控制那些在稳定和可预料的环境中发生的、不需要修正或反馈、可调节动作的方式方法。这些动作程序存储在长时记忆中,是个体经过练习或经验获得的永久性动作模式。在运动技能学习的初期阶段或儿童青少年阶段,运用动作程序理论指导个体的动作学习或技能获得,可以产生较好的效果。在高水平竞技表现中,比如,由于环境诱导而产生新动作的涌现、任务适合的最佳动作表现等,动作程序理论尚不能对此作出解释。

在实际的动作表现中,动作程序内每一块肌肉收缩的顺序、收缩的起始时间、收缩长短、相对力量、动作各部分的顺序和次序等参数,可以根据动作表现的情境变化进行适应性调整。如在控制动作程序进行走或跑的动作时,每种步态模式都可以调整时间参数,同时保持动作每一部分相对时间不变。这类似于乐谱,无论用哪种乐器、节拍、调子,只要按乐谱输入都可得到同一首曲子的旋律。作为开放控制系统中的重要组成部分,随着练习的增加,动作记忆储存的长时记忆就会越深刻,也就越能在需要的时候高效地提取。同时,动作参量的变化越多,也越有利于掌握动作技能,且不需要很多注意的参与。① 以羽毛球的战术制定为例,在体育教学和运动训练中,应尽可能多地变换动作时间、动作速度、动作幅度等参量,进而取得更好的练习和执行效果。动作程序主要聚焦动作表征在记忆中作为动作程序的一部分,以及动作开始之前的组织或准备(即动作意图),对动作完成过程中的环境影响、随机性与不确定性等问题缺乏相应的阐述。

五、学习阶段理论

金泰尔(A. M. Gentile)先后提出了运动技能学习的阶段理论,将运动学习分为两个阶段,即开始阶段和后期阶段。② 费茨(P. M. Fitts)和波斯纳(M. I. Posner)共同提出运动技能学习的三阶段理论,即认知、联结和自动化阶段。③ 后

① Schmidt R A,Wrisberg C A. Motor Learning and Performance[M]. Champaign:Human Kinetics,2000.
② Gentile A M. A Working model of skill acquisition with application to teaching[J]. Quest,1972(1):3-23.
③ Fitts P M,Posner M I. Human Performance[M]. Belmont:Brooks/Cole,1967.

来,安德泰(J. C. Anderson)等对三阶段运动技能学习理论加以完善,从外在动作协调性、多余动作、耗能、注意、心理紧张度、中枢神经系统功能、知觉、视觉利用度、反馈信息的利用、兴奋与抑制等方面,针对认知、联结和自动化3个阶段进行特征分析。① 在目前的运动技能教学与训练中,大部分是借用或引用该三阶段学习理论。

　　根据三阶段理论,在第一阶段即认知阶段,学习者的主要目标应集中在动作技能相关的各种认知问题上,强调对任务的知觉和理解相关动作的术语、要领、原理或规则,即了解所学动作的目的、要求、如何达成等。比如进行足球技能学习,首先要了解足球是什么、几人一队、有什么规则、目的是什么等方面的知识内容。教学者通过指导、示范、追加反馈等帮助学习者快速形成认知框架,更有效地投入对动作问题的解决中。第二阶段即联结阶段,学习者应尝试运用不同的动作方式,并了解不同的动作方式可以达到什么效果,动作如何操作、如何提高动作完成的成功率等是该阶段的重点。如练习足球射门,就尝试不同踢球角度、跑动速度等不同方式的射门技巧,在不断练习后联结练习成果与其他因素,获得在各种情况下的最佳动作完成策略。在经过长时间大量的练习之后,学习者进入技能形成的第三阶段即自动化阶段,这一阶段的动作技能几乎变成自动的、习惯化的,无须特殊的注意和纠正,大大减少注意和心理需求,这使得操作者可以把更多的注意放在策略制定等方面,如足球比赛中的技战术运用等。尽管动作学习过程可以划分为不同阶段,但实际的学习过程是连续的,并不存在明显的界限。②

六、动态系统理论

　　动态系统理论是基于复杂科学理论而提出来的。个体的运动技能学习的过程是一个受多方面限制的表现过程,既受个体的发展变化的影响,又有环境的诱导和任务的趋势等的交互影响。人体的复杂性特征主要表现为非线性、不可逆、开放性、动态性、自适应性、多层次性等方面,即人体是一个发展的非线性动态巨系统。③ 比如,自适应性表现,即人体是一个可以不断进化的系统,各器官组织的结构和功能会不断适应外界环境,最终朝着有利于自身的方向进化。在不断适应的

---

①　Anderson J C,Gerbing W. Structural equation modeling in practice:A review and recommended two-step approach[J]. Psychol Bull,1988(1):5-24.

②　王树明.运动技能学习与控制[M].北京:高等教育出版社,2018:205-207.

③　仇乃民.竞技能力非线性系统理论与方法[M].北京:北京体育大学出版社,2016:75-89.

过程中,复杂性也不断增加,即"适应性造就复杂性"。① 个体在学习场景中不断适应动作规则,推进技能学习按由简入繁的方式演化,最终形成完整的运动技能,这也可以解释个人技术动作风格从何而来。

在动作系统中,动作的产生与控制是由多个次系统参与完成的,如自身结构、外界环境等。次系统越多,动作的可变性越大,需要控制的因素也越多。相对地,如果可控因素少,则难以通过最有效率的方式完成动作。动作的构成元素,如不同肌肉组合、关节活动、个体的情绪情感、环境认知与感觉信息等,通过次系统自我重组将原本较多的自由度限制为功能单元或协调结构以达到功能目标。② 由于其每一个次系统都有不同的自由度,同时控制是一件困难的事,人们只能依赖于其自组织能力,直到它的发展达到完成某一动作所需的里程碑式程度,动作就会自然产生。如影响行走的次系统主要包括下肢动作形态产生、单关节控制能力、姿势控制、视觉信息、张力控制、伸肌肌力、身体形态、动机等八项③,这些能力的发展呈非线性模式,这也导致某一次系统的微小变化会引起动作形态发生改变,而我们应选择最高效的动作形态,并以此作为优先动作形态,使个体更稳定地完成动作。动态系统理论将复杂系统简化以便于分析,但主要局限于人体自身各次级系统的动态分析上,对环境、任务及其相互作用关系的动态分析有所不足。

七、生态任务分析

生态任务分析(ecological task analysis,ETA)是由 Davis 与 Burton 教授于1991年提出的一种建立于生态心理学、动作科学理论基础上的动作教学综合模型。④ ETA 非常重视以学生为中心的教育理念,其旨在提供个性化的教学策略,促进学生运动技能、自主决策与自我调节能力的发展。⑤ ETA 教学模式操作步骤如下:①呈现任务,即教师通过示范、讲解与环境构建,使学生了解任务的目标、条件与标准;②提供选择,即在学生进行动作技能练习时,给予学生选择动作任务、练习设备等的权利,激发学生学习的内在动机;③操控变量,即教师通过操控环境或

① 约翰·H.霍兰.隐秩序:适应性造就复杂性[M].上海:上海科学技术出版社,2019:78-83.
② 胡名霞.动作控制与动作学习[M].北京:人民卫生出版社,2017:70-74,116-118.
③ Thelen E,Ulrich B D. Hidden skills:A dynamic systems analysis of treadmill stepping during the first year[J]. Monographs of the Society for Research in Child Development,1991(1):1-98;discussion 9-104.
④ Davis W E,Burton A W. Ecological task analysis:Translating movement behavior theory into practice[J]. Adapted Physical Activity Quarterly,1991(2):154-177.
⑤ Balan C M,Davis W E. Ecological task analysis:An approach to teaching physical education[J]. Journal of Physical Education,Recreation & Dance,1993(9):54-62.

任务的某些变量,使动作任务与学生的技能水平相匹配,促进学生运动技能的持续发展;④反馈指导,即教师为学生提供及时、具体、积极的反馈与指导,并以学生先前的动作表现作为后续教学设计的线索与依据(见图3-3)。

ETA 目前已经被运用于学校体育、竞技体育与医疗领域。[①] 在体育教学的应用中,ETA 重视以学生为中心的教育理念,其旨在提供个性化的教学策略,促进学生的运动技能发展,培养学生的自主决策、自我调节与承担责任的能力。[②]

八、生态学习理论

纽厄尔(Alan Newell)基于限制理论和动态系统理论,于 1991 年提出生态学习理论。该理论认为,动作学习是在练习过程中,在个体和环境限制下,实现个体感知和动作反应的最佳配合。这种感知动作的过程包括形成感知框架、动作反馈和学习探索,如图 5-1 所示。

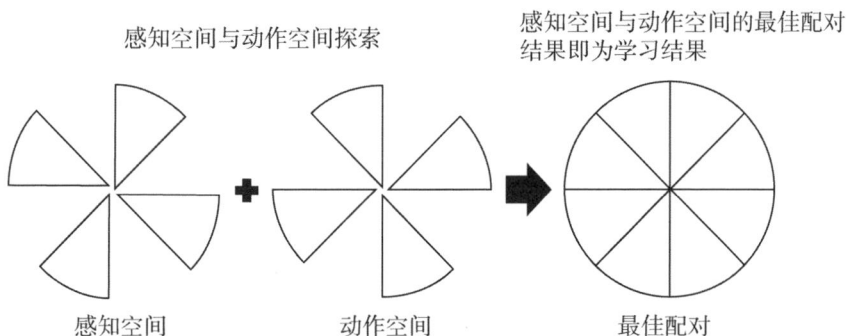

图 5-1 生态学习理论

资料来源:胡名霞.动作控制与动作学习[M].北京:人民卫生出版社,2017:116-118.

该理论的应用方面,比如,在学习如何恰当地拿起一杯水的过程中,不仅要练习不同动作,同时要学习分辨不同的感知线索,例如杯子的形状、质地、重量等,才能每次均使用最佳的策略完成举起杯子的动作和学习的目标。根据该理论,我们首先要让学习者了解动作与感知的工作空间,其次是让学习者了解可使用的策略,最后是提供增强的感知线索帮助其学习。该理论的限制主要在于其缺乏临床实证,若该理论为真,则应发现学习的转移与两项动作的最佳完成策略的相似性有关,而与完成动作

①　Davis W E, Broadhead G D. Ecological Task Analysis and Movement[M]. Champaign: Human Kinetics, 2007: 1-28.

②　Balan C M, Davis W E. Ecological task analysis: An approach to teaching physical education[J]. Journal of Physical Education, Recreation & Dance, 1993(9): 54-62.

所需的肌肉力量或动作过程中使用的器材等关联不大。而实际上,由于人体的复杂性特征,任何外界刺激都可能影响动作行为,因此,必须考虑包括周围环境、早期经验、人际交往等在内的所有影响因素,并同时考虑这些因素对动作学习的速度等的影响。此外,物质世界同样具有复杂性,所有事物都在不断变化,且其与人的交互作用方式也在不断进行着非线性演化,学习是在发展、变化中进行的,个体与环境间的必要互动使个体的学习过程充满了互动与变化。① 每进行一次练习,学习情境就会在此基础上发生变化,这一过程既作用于环境又反作用于环境,任意因素发生明显变化,对机体产生的影响都有可能导致整体性的突变②;学习过程是在个体、环境以及任务的动态交互过程中,以一种复杂且随机的方式涌现的结果。

以上介绍了运动技能学习或动作学习的指导理论部分,这些理论是前人在运动技能学习等实践过程中,经过仔细观察、思考、探索而发现总结出来的,虽然有些许弊端或不足,但它们是动作学习探索的真实历程,学习与了解这些动作学习理论,能够让现在的个体知道今后动作学习的探索来源与未来探索方向。

第二节　动作学习的研究方法

动作学习是通过经验或练习获得持久性的动作技巧的过程,其相关内容主要包括动作学习的示范、指导、练习、反馈、保持与迁移等几个方面。针对这些内容的过程研究主要从教、学和表现 3 个方面进行解释,国内一般叫作体育教学法或中小学体育教学法,主要是指运动技能的学习与传授等;国外一般叫教法学(pedagogy),主要是指动作的学习与发展(或评价)等。动作学习的研究国内一般归结为体育教学类研究范式,国外一般归为动作表现类范式。本节主要基于动作学习的过程介绍几种研究的方法。

一、运动结果的表现曲线

动作学习即个体通过学习后逐渐掌握、保持某一特定新动作(从未接触过,包括视觉)的过程。结果研究即测量即刻获得的技能是否掌握。大多数情况下,随着学习或练习时间的增加,错误率、正确掌握技能的概率或减小或增加。可以通过

① 聂晶.复杂系统控制内隐学习范式的特点研究[J].心理科学,2007(3):647-649.
② 尹晓峰,刘志民,郭莹.运动领域中复杂性表达的应用与展望[J].体育学刊,2016(1):97-103.

4种曲线来呈现动作学习结果,即线性加速曲线、消极加速曲线、积极加速曲线、S型曲线(见图5-2)。另外,还可以通过运动特征来检验动作学习的效果,即将运动过程中的速度、加速度、角度等动作方式进行测评。

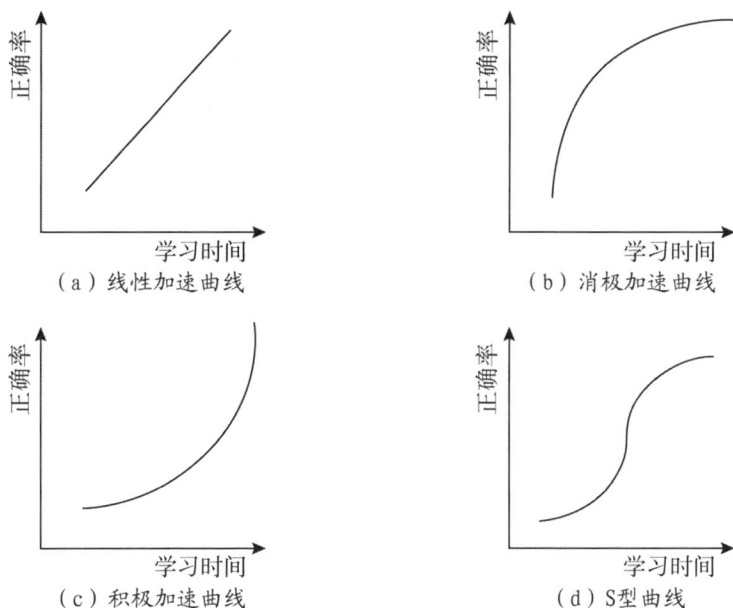

图 5-2　不同动作学习表现(或掌握)曲线

资料来源:Magill R,Anderson D. Motor Learning and Control:Concepts and Applications[M]. 10th ed. New York:McGraw-Hill,2014:261.

二、动作序列观察法

该方法主要适用于对动作学习过程的记录与描述,涉及学习一个新动作的完整过程——从认知阶段、联结阶段到自动化阶段。整个过程中,动作方面、注意范围、神经系统、心理紧张度、能量消耗等均存在不同。动作序列观察法包括整体序列观察法和部分序列观察法。整体序列观察法主要是将个体作为一个整体,对其动作学习过程进行定性描述。总体分为几个阶段,比如第一、第二、第三、第四等阶段,每个阶段具备特定的总体特征,见图5-3。部分序列观察主要用于描述身体不同环节在动作学习过程中的变化特征,见图5-4。

目前,国际上动作发展视野下的基本动作模式包括下蹲、弓箭步、弯身、转体、步态、提拉、推撑、上举、爬动、翻滚等10个;基本动作技能包括跑、飞奔、单足跳、跳跃、立定跳远、侧滑、击打、运球、接、踢、上手抛球、下手推滚等12个;基本运动技能包括敏捷、地面单双足平衡、协调、位移速度、摆臂高跳、攀爬、快走、滑冰、单双足跳上

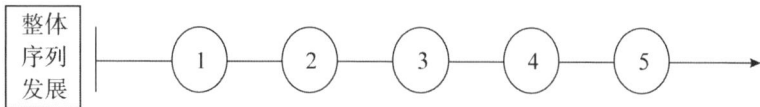

图 5-3　实验个体整体动作发展序列

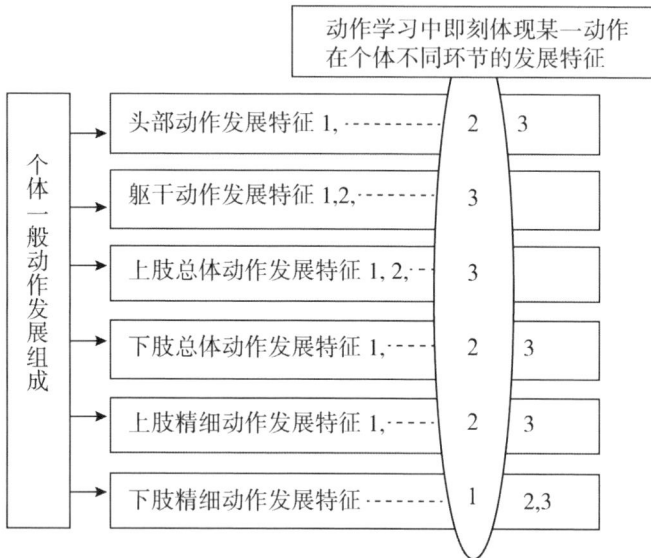

图 5-4　个体部分动作发展序列

资料来源：Roberton M A. Stability of stage categorizations across trials：Implications for the "stage theory" of overarm throw development［J］. Journal of Human Movement Studies，1977,3:49-59. Greg Payne,耿培新,梁国立.人类动作发展概论［M］.北京：人民教育出版社,2008:210-211. 王兴泽,黄永飞,谢东北,等.动作发展序列理论及体育教学案例分析［J］.北京体育大学学报,2014(3):98-106. 邵志南,周谋琴.以"踢毽子"动作发展为例分析教学内容的选择［C］//中国教育学会,中国中学生体育协会.首届全国中小学体育教学改革北京论坛论文集.2011:101-104.

跳下、游泳、跨步跳、骑车平衡、投抛物体、足球运球、足球踢球、上手投掷、持物击打物体、接物等 18 个。基本运动能力障碍是通过学习获得基本动作模式、基本动作技能和基本运动技能后的综合运动能力,也只有具备了基本动作模式、基本动作技能和基本运动技能,个体才能够突破基本运动能力障碍,进入下一个阶段进行组合技能、完整项目技能和特定项目技能提高的学习与练习。图 5-4 勾勒出不同阶段学龄期动作发展的学习内容序列,正如前文所述的篮球学习发展过程(见表 3-3)。

采用 Hudson 模型(1985)确定个体动作定性分析的整体动作发展的核心观察变量[①],采用 Gangstead 和 Beveridge 的定性分析观察模型(1984)确定部分动作发

---

① 季春.运动生物力学高级教程［M］.北京：北京体育大学出版社,2007:240-241.

展序列的观察变量①,见表 5-1。身体不同部位(头部、肩部、手臂、下肢等)在不同动作学习发展的阶段具有不同的运动轨迹。比如,足球运球射门过程中,下肢、躯干、上肢在不同的发展阶段分别处于不同的运动轨迹,在踝关节的运动可能处于最初运球射门的最适宜水平时,躯干的维持平衡运动可能处于不太适宜的运动水平,即每个部位的发展进步是不同步的。比如,在立定跳远的过程中,踝关节部位的发展与肩关节的发展也具有不同的轨迹。② 部分发展序列理论的研究方法突破了成熟论的整体阶段处于一定学习阶段的解释。③

表 5-1　动作特征分析中整体和部分动作发展序列采用的定性分析模型和观察变量

基于 Hudson 模型的整体动作发展序列核心观察变量		基于 Gangstead 和 Beveridge 的定性分析观察模型的部分动作发展序列观察变量			
		身体部位/体外器械	试踢准备	试踢过程中	随后阶段
①踢毽子数量	⑤躯干与下肢的一致性	头的动作			
②屈膝幅度	⑥髋膝踝关节的协调性	上肢的动作			
③屈髋幅度	⑦整个身体的平衡性	下肢的动作	髋关节的动作		
			膝关节的动作		
			踝关节的动作		
④踝关节的协调性	⑧毽子运动轨迹及范围	躯干的动作			
		毽子的轨迹及范围			

资料来源:金季春.运动生物力学高级教程[M].北京:北京体育大学出版社,2007:240-241.王兴泽.踢毽子动作发展序列特征研究及案例教学分析[J].北京体育大学学报,2016(11):89-96,118.

三、感官、心理、神经、认知功能测试法

动作学习过程中,个体感官系统的功能表现是不同的,比如视觉系统、听觉系统和触觉系统针对动作学习不同阶段的反应存在明显的差别。通过观察感官系统的不同表现,能够认识不同动作学习阶段的特征。如视觉系统,在动作学习的初级阶段,个体视觉系统中视觉注意的应用相对较多(70%),随着学习的推进,视觉注

---

① 王兴泽.踢毽子动作发展序列特征研究及案例教学分析[J].北京体育大学学报,2016(11):89-96,118.

② 王兴泽,黄永飞,谢东北,等.动作发展序列理论及体育教学案例分析[J].北京体育大学学报,2014(3):98-106.

③ Roberton M A, Williams K, Langendorfer S. Pre-longitudinal screening of motor development sequences[J]. Research Quarterly for Exercise and Sport,1980(4):724-731.

意或应用的比例逐渐下降,到达自动化阶段,视觉注意的应用比例仅为 30% 左右。

心理紧张度在不同的动作学习阶段同样存在差异,比如在动作学习的认知阶段,紧张度相对要高,随着自动化阶段的到来和技术动作的完全掌握,紧张度逐步下降,趋于常态化。神经兴奋性在动作学习的不同阶段存在差异,从初始阶段的兴奋—抑制神经同时起作用,发展到兴奋神经、抑制神经各自控制相关肌肉神经等。

动作认知中运动技能发展的历程体现大脑的发育,即神经元增殖、迁移、决定和分化、突触生成、加强和丢弃的过程,或者说也是神经元之间建立连接的过程。[1] 突触通过形成通路将大脑各个部分连接起来,从而控制个体动作行为。基于动作认知发展理论可知,U6—9 阶段,神经连接(突触发育,通过学习创建连接);U10—13 阶段,神经剪枝(积极参与,用进废退);U14—17 阶段,髓鞘化(专业练习,精准控制)。[2] 人类基础行为的改变(从先天结构到获得知识、技能)过程中,进化出了认知过程和机制,这使人类能抑制经验并超越经验给出的动作指令。[3] 不同学习阶段的动作认知特征见表 5-2。

表 5-2　不同学习阶段的动作认知特征

阶段	神经系统反应过程	心理范围(注意范围、紧张程度)	感觉、知觉、视觉、空间能力	动作表现	动作学习理解实践
认知阶段	泛化,内抑制未建立	注意范围窄,紧张程度低	知觉准确性较低,意识参与较多,视觉控制动作多,动觉感受性差	不协调,多余动作较多	初学者(初中阶段的动作技能学习)
联系阶段	分化	注意范围进一步扩大,紧张程度减缓	时空上更加准确,视觉不是主导,肌肉运动感觉逐渐明确	动作准确性较高,多余动作减少	学习一项动作技能 2 年左右(高中阶段的动作技能学习)
自动化阶段	稳定,形成比较稳定的动力定型	注意范围扩大到能对环境变化信息进行加工,紧张程度不存在(比较放松)	视觉控制下降,动作控制上升(主导),空间记忆识别化	动作自动化	学习一项动作技能 3 年及以上的专业练习者

① 米歇尔·德·哈恩,马克·H.约翰逊.人类发展的认知神经科学[M].刘一,李红,译.杭州:浙江教育出版社,2017:1-19.唐纳·科克,库尔特·W.费希尔,杰拉尔丁·道森.人类行为、学习和脑发展:典型发展[M].宋伟,梁丹丹,主译.北京:教育科学出版社,2013:75-109.

② Jeannerod M. Motor Cognition: What Actions Tell the Self[M]. New York: Oxford University Press,2006:129-143.

③ 斯特兰·奥尔松.深层学习:心智如何超越经验[M].赵庆柏,唐云,陈石,等译.北京:机械工业出版社,2017:133-139.

第三节　U6—17运动技能案例教学分析

本节基于前述 U6—7"学习运用自我"、U8—9"基本动作过程学习"、U10—11"基本动作组合技能的学习和应用"、U12—14"基本动作技术向专门动作技术过渡",以及 U15—17"专项动作技术控制"的典型性动作发展特征,通过 U6—11 案例教学,分析了当前发展视野下中小学运动技能学习情况,主要体现在 U6—7 部分运动技能学习项目难度较大,且学习领域过于宽泛,U6—11 认知发展从表征周期系统水平向单一抽象水平过渡,心理情绪发展呈现出自我意识占首位、男女生爱好趋同、易萌发情境性启动等特征,动作发展呈现突发性,动作学习呈现从属性。

一、动作发展对运动技能教学的指导意义

动作学科包括动作发展、动作学习、动作控制、动作纲要、动作筛查等相关学科理论体系。体育教育训练学则主要体现为动作发展、动作学习和动作控制三方面的交互影响上,其中,动作发展是动作学习和动作控制的基础。典型性动作发展特征是多数(70%以上)个体在不同发展阶段体现的一般或常见的动作现象或里程碑式的动作模式。科学合理运用动作发展理论知识、展开实践操作,能够促进体育教育、运动训练、全面健身的科学发展。

(一)发展视野下的体育教学

发展具有质变性、有序性、累积性、方向性、多维性、个体性等相关特征,这些特征的交互会产生个体行为反应。[1] 采用发展的视野指导体育教学有着明显的教育意义。儿童青少年个体在发展过程中,都是以不同的速度,通过不同动作技术发展,所以,同一年级、同一班级的不同个体在学习同一动作技能时常常会有不同的动作表现。发展视野的应用包括两个主要流程,即:理解健康个体典型性发展;依据典型的发展特征评判个体是否发展滞后。[2] 生活经验(个体体验)、遗

---

① 耿培新,梁国立.美国学校体育国家标准研究[M].北京:人民教育出版社,2007:2-3;James W,Thomas L,Corinne H. Human Development[M]. New York:McGraw-Hill,2007:380-388.

② Herbert M. Typical and Atypical Development:From Conception to Adolescence[M]. New York:Wiley-Blackwell,2003:1-15.

传基础以及二者的交互作用对动作行为的发展至关重要,因而,发展是一个交互作用的过程,这个过程导致了个体一生中动作行为的变化。评判个体是否发展滞后,应与该年龄多数(70%)个体进行比较,而不是和发展成熟的成年人比较。比如,多数儿童在学习单手投掷时,其最初不会向前迈一步,之后他们会迈出一步,并且迈出的是与投掷手同侧的步子,但是,最终经过学习和练习投掷动作,儿童个体将获得成熟的投掷动作模式,即向前迈步,并且迈出的腿和投掷的手是异侧的。当儿童个体做出同侧迈步时,体育教师或工作者了解与掌握相关规律,认为该个体的行为属于该年龄阶段的正常动作的发展过程,而不是将之与成熟的动作比较而判定为错误动作。这样的指导教学、训练就属于发展视野下的教学、训练。

(二)典型性动作发展特征及其指导运动技能教学的价值

动作是人类生存、发展的直接表现方式。动作发展是个体一生中动作行为的变化以及这些变化的过程、原因。[①] 它与身体发展、认知发展、情绪心理发展交互影响着个体的不同阶段。在不同的发展阶段,个体的不同动作表现受到自我身体赋使特征、环境条件和具体任务的约束影响。[②] 个体典型的动作发展水平与年龄相关,但不是由年龄决定的。[③] 儿童青少年每一个阶段的动作表现都是有原因的,没有好与坏之分。典型性动作发展特征是多数(70%以上)个体历经不同发展阶段,在动作发展、认知发展、情绪心理、身体发展等方面交互作用下体现的综合性个性特征,也是多数个体不同阶段里程碑式的动作模式体现。运动是个体多关节及躯干部分参与的特定动作模式,是动作技能的组成部分。技能的表现有两种方式,即具备一个特定目的或目标任务、具备完成或胜任该任务的能力。比如,外科大夫或高尔夫球运动员,技能体现个体有质量的专业执行能力。技能属性有三个标准,即可以持续完成任务、在不同条件下达到完成任务的效果、完成任务更有效率。运动技能是身体在展现动作技术或技巧过程中体现的动作能力水平。体育教育工作者了解运动技能特征,是科学进行体育教学的基础。特定动作技能的影响因素包

① Greg Payne,耿培新,梁国立.人类动作发展概论[M].北京:人民教育出版社,2008:3-4,305-317. Gallahue D L,Ozmun J C. Understanding Motor Development:Infants,Children,Adolescents,Adults[M]. 6th ed. New York:McGraw-Hill,2006:7,186-242,314.

② Newell K M. Physical constraints to development of motor skills[M]//Thomas J,ed. Motor Development During Childhood and Adolescence[M]. Minneapolis:Burgess Publishing Company,1984:105-120.

③ Whitall J. Introduction to human motor development[C]. The 2009 International Forum and Teacher's Workshop on Motor Behavior,Physical Education and Health Promotion Throughout the Lifespan,2009:18-28.

括技能本身的生物力学特征、个体自身的赋使特征和生理心理功能状态、技能执行的环境条件。

　　体育教育工作者了解、掌握不同阶段个体典型性动作发展特征对于科学施教意义重大。人类一生的生长发育模式是相似的，义务教育阶段（U6—14）的动作发展依附于其生长发育特征，不同的生长现象会伴随着动作行为的差异。儿童个体的生长是一个综合现象，它涉及身高（骨骼）、体重（肌肉）、体脂、神经内分泌、神经肌肉支配能力等，其会影响动作行为的表现。身体不同部位的生长有不同的比例，不同部位开始生长和结束生长是在不同的时间，如 U8—9 阶段身体比例的变化这一特殊生长现象，其导致重心下移，儿童中后期动作行为的质量和形式的优化均与这一特征相关。儿童成长各个阶段又是相对独立的，有其各自阶段性的生长发育特征、动作特征、认知特征和情绪心理特征等。儿童诸阶段的动作发展特征建立在遗传、生长、成熟、环境等基础之上，并与认知、身体、情绪心理相互影响。比如，儿童身高增长，随后的 5 个月伴随着体重的增加，而随后 14 个月带来肌肉力量的自然增加。[1] 这些生长特征会影响不同阶段的动作发展特征，以及运动技能学习与训练行为。学生个体和体育教师理解不同阶段个体动作发展特征，对于个体从事体育锻炼、形成终身体育锻炼意识意义重大。本部分基于不同阶段个体动作发展特征，以及发展视野下 U6—17 阶段的案例教学，分析归纳出其指导运动技能学习的意义与价值。

二、研究对象与方法

（一）研究对象

　　为了深入研究 U6—17 典型动作发展特征下指导健康个体的运动技能学习，选用整群抽样，采用××小学、××中学健康个体为实验调查对象，按照班级平均年龄、BMI 选择正常范围内，剔除肥胖、各种遗传疾病等不健康者。所有调查个体均得到家长或监护人的同意，其所在学校均同意进行运动技能教学实验。每个年级选择一个整群班级为调查对象。具体案例教学实验干预对象情况见表 5-3。

---

① Thomas J R. Motor Development During Children and Adolescence［M］. Minneapolis：Burgess Publishing Company，1984：128.

表 5-3　实验对象不同生理阶段(年级)、数量、年龄和 BMI 特征统计

年级(生理年龄阶段)	实验对象数量 N(个)	年龄(岁)	BMI(Kg/M²)
U6(1 年级)	62 人(男 34,女 28)	6.3±0.32	16.56±2.6
U7(2 年级)	60 人(男 30,女 30)	7.4±0.45	18.33±3.1
U8(3 年级)	56 人(男 28,女 28)	8.4±0.33	17.47±3.6
U9(4 年级)	64 人(男 32,女 32)	9.3±0.44	17.12±2.6
U10(5 年级)	62 人(男 30,女 32)	10.4±0.48	18.29±2.6
U11(6 年级)	66 人(男 34,女 32)	11.4±0.44	17.64±2.3
U12(7 年级)	60 人(男 30,女 30)	12.5±0.46	19.65±1.6
U13(8 年级)	62 人(男 34,女 28)	13.3±0.46	19.48±2.3
U14(9 年级)	62 人(男 32,女 30)	14.4±0.35	20.57±2.4
U15(高一年级)	128 人(男 64,女 64)	15.6±0.6	21.38±3.5
U16(高二年级)	120 人(男 64,女 56)	16.5±0.5	21.54±4.5
U17(高三年级)	132 人(男 64,女 68)	17.5±0.5	22.45±4.4

注:所有实验个体均得到家长或监护人的同意,所在学校均同意进行案例教学实验。

(二)研究方法

1.案例教学法

教学实验目的和研究问题:"以学生发展为本"的教学理念体现了教育的自然之道,是发展视野下探索 U6—17(小学、初中、高中)阶段健康个体运动技能学习的典型特征,也是同一生理年龄阶段运动技能学习过程中,多数实验个体呈现的典型性教学特征。本部分采用 U6—17 阶段小学、初中和高中健康实验个体,在正常教学条件下学习"体育与健康"课程所应掌握的运动技能教学内容,依据动作学科理论与实践,通过该案例教学得出健康个体运动技能学习中典型的教学特征,以及探索其教学内容设置的科学性。

教学实验设计:采用现行"体育与健康"课程运动技能学习设置的教学内容和课时安排进行案例实验教学,以发展的视角进行体育教学,教学内容与教学学时、教学评价见表 5-4。案例教学时间为 2018 年 9 月至 2020 年 12 月。测试时间安排为:在该运动项目教学结束后,学习另一新的运动项目之前,指定时间进行运动技能测试。

实验体育教师:采用该校体育教育专业体育教师,且工作时间 10 年以上。首先,对执教的体育教师进行动作发展理论培训(共 16 学时),培训内容主要有动作

发展理论与实践(4 学时)、终身动作发展理论(4 学时)、发展视角的体育教学(4 学时)、功能发展理论(4 学时)。培训主要教学资料为:《动作学习与控制》(张英波等)、《人类动作发展概论》(Greg Payne、耿培新等)、《运动技能学习与控制》(张忠秋等)、《动作发展视野下体育与健康课程标准研究》(王兴泽)等。培训体育教师的师资人员为完成国家社会科学基金项目(11CTY021)的教授,以及参与国家社科重大项目(16ZDA227)的教授等。测评达标后再进行案例实验教学。运动技能案例实验教学与测评分离,测评人员采用×××市教委注册具有中小学体育教师中级或小学教师高级职称资格的体育专业教师(教龄 10 年以上)进行专业测评,严格按照《体育与健康》教材要求的标准进行测评。

变量:自变量为 U6—17 阶段健康个体随生理年龄增加而在身体、认知、情绪心理发展交互下产生的典型动作特征,即不同生理年龄阶段的动作发展特征。因变量为发展视野下通过案例教学实践得出 U6—17 阶段运动技能学习效果,即经过常规教学后 6 个领域范围不同运动项目的掌握程度。严格控制无关变量,主要包括正常体育教学、教学讲解与测评时间、合适的教学设备、教学班额、室内教学地点等,同时,尽量避免不利天气的影响。

实验过程:案例教学前调查,包括运动技能掌握程度(问卷调查和测试)和个体健康检查;案例教学,规定学生学习不同运动技能项目。

本研究为横断研究,即实验个体不一定具备一定的前须技能,如 U8—9 阶段的个体不一定完全掌握 U6—7 阶段运动技能教学的相关运动技能,U10—11 阶段的个体也不一定掌握 U8—9 阶段学习过的运动技能。教学效果检测方面,在教学后测试不同运动项目动作技战术是否达到测评标准,掌握该项目运动技能采用"1"标记,未掌握采用"0"标记。采用该项目运动技能掌握百分比进行统计分析,比如,调查对象总数为 A,其经过运动技能测试掌握该项技能的调查对象为 a,其掌握运动技能百分比为 $a/A \times 100\%$。

表 5-4　实验过程中教学内容、学时、评价指标概述

年级	学习范围	教学内容	教学学时	测试学时	评价标准
小学 1 年级 U6	身体活动	走、跑、跳(单脚); 投、抛、接	40	0.5	能够比较熟悉地完成走、跑、跳的动作(单脚跳的技术动作不评价),即掌握该动作;能够独立完成撤步上手投、抛实物动作和躯干区域接到轻物,即掌握该动作

续　表

年级	学习范围	教学内容	教学学时	测试学时	评价标准
	球类	小篮球	12	0.5	能够比较熟练地进行使用小篮球的游戏,即掌握该项目
	体操	向左(右)转、立正、稍息、踏步、齐步走、站立、蹲立、仰卧;个体舞蹈:韵律动作	30	0.5	能够在教师口令指挥下独立正确完成队形队列练习,即掌握该项目;能够在音乐指引下独立正确完成韵律动作,即掌握该项目
	区域类	水中呼吸	14	0.5	能够在教师指引下独立完成水中换气动作,即掌握该项目
	武术	手型、抱拳、马步、蹬腿、冲拳	6	0.5	能够在教师动作口令指挥下独立正确完成手型、抱拳、马步(5秒)、蹬腿(到位)、冲拳(有力)动作,即掌握该项目
	民族民间类	滚铁环、跳皮筋(膝下)、跳绳(单脚落地)	6	0.5	能够独立正确完成滚铁环、跳皮筋、单脚跳绳动作,即掌握该项目
小学2年级U7	身体活动	挥击、攀爬、钻滚、平板支撑(3秒)	38	0.5	能够在教师口令指挥下独立正确完成动作,即掌握该项目
	球类	乒乓球、小足球	24	0.5	能够用乒乓球拍完成独立推挡练习,即掌握该项目;能够使用小足球完成相关游戏,即掌握该项目
	体操	横队、纵队看齐;技巧动作:纵叉、横叉;轻器械动作:棍、球、绳;集体舞蹈(《初升的太阳》集体舞)	30	0.5	能够在教师口令指挥下独立正确完成队形队列练习,即掌握该项目;能够在音乐指引下正确完成轻器械动作和集体舞蹈动作,即掌握该项目
	区域类	蛙泳	14	0.5	能够独立正确完成蛙泳的上下肢动作和换气动作,并游出5米以上,即掌握该项目
	武术	3～5个简单动作组合	6	0.5	能够独立正确完成儿童拳(5式),即掌握该项目
	民族民间类	抽陀螺、荡秋千、踢毽子	6	0.5	能够独立正确完成抽陀螺(10秒钟)、荡秋千(自我荡到与垂直线成60度角)、踢毽子(连续2次),即掌握该项目

年级	学习范围	教学内容	教学学时	测试学时	评价标准
小学 3 年级 U8	基本身体活动	快速曲线跑、合作跑、持物跑、单脚连续向高和向远跳跃；单手投掷和抛、爬绳、爬杆	30	0.5	能够比较熟练地完成快速曲线跑、合作跑、持物跑、单脚连续向高和向远跳跃的动作，即掌握该项目；能够独立完成单手的投掷和抛、爬绳、爬杆动作，即掌握该项目
	球类	小篮球、小足球	12	0.5	能够比较熟悉地进行使用小篮球的游戏，即掌握该项目
	体操	有队形的跑步走、齐步走变跑步走、各种队列队形变换	20	0.5	能够在教师口令指挥下独立正确完成队形队列练习，即掌握该项目
	区域类	蛙泳基本动作	8	0.5	能够在教师指引下独立完成水中换气、上肢划水、下肢蹬夹并腿等动作，即掌握该项目
	武术	武术基本动作，压腿、转肩、纵横叉	6	0.5	能够在教师动作口令指挥下独立正确完成压腿、转肩、纵横叉动作，即掌握该项目
	民族民间类	跳皮筋（膝下）、跳绳的基本动作	6	0.5	能够独立正确完成跳皮筋（膝下）、跳绳（单或双），即掌握该项目
小学 4 年级 U9	基本身体活动	双脚连续向高和向远跳跃；双手的投掷和抛物，有一定速度的攀、爬、钻动作	30	0.5	能够在教师口令指挥下独立正确完成位移类、操作控物类动作，即掌握该项目
	球类	羽毛球、乒乓球	24	0.5	能够用乒乓球拍完成独立击打羽毛球练习（简单高远球），即掌握该项目；能够使用乒乓球完成推挡练习，即掌握该项目
	体操	单杠、双杠、山羊等器械类动作；技巧、健美操、校园集体舞等韵律活动和舞蹈动作	30		能够在教师口令指挥下独立正确完成器械类动作，即掌握该项目；能够在音乐指引下独立正确完成集体舞蹈动作，即掌握该项目
	区域类	蛙泳，进行一定距离的动作练习	8	0.5	能够独立正确完成蛙泳的上下肢动作和换气动作，并游出 10 米以上，即掌握该项目
	武术	6～8 个动作组成的武术套路	6	0.5	能够独立正确完成儿童拳（8 式），即掌握该项目
	民族民间类	荡秋千、踢毽子的基本动作	6	0.5	能够独立正确完成荡秋千（自我荡到与垂直线成 60 度角）、踢毽子（连续 2 次），即掌握该项目

续 表

年级	学习范围	教学内容	教学学时	测试学时	评价标准
小学5年级U10	基本身体活动	后蹬跑、连续纵跳摸高、有一定速度要求的滑步、攀、爬、钻等动作;各种方式的投掷动作	20	0.5	能够比较熟练地完成位移类动作,即掌握该动作;能够独立完成不同方式的投掷动作,即掌握该动作
	球类	小篮球、软式排球、小足球	20	0.5	能够比较熟练地完成小篮球运球、胸前传接球、近距离儿童篮球架投篮动作,能够比较熟练地完成软式排球的传垫球结合练习,能够比较熟练地完成小足球运球和射门技术动作,即掌握该项目
	体操	有一定难度的队形变换和队列动作、健美操、街舞、啦啦操、校园集体舞成套动作	20	0.5	能够在教师口令指挥下独立正确完成队形队列练习,即掌握该项目;能够在音乐指引下独立正确完成韵律动作,即掌握该项目
	区域类	蛙泳的基本动作	10	0.5	能够在教师指引下独立完成水中换气动作,以及上下肢划水、蹬腿、并腿划行等动作,即掌握该项目
	武术	少年拳	8	0.5	能够独立正确完成少年拳动作,在完成过程中具有3处以上体现手眼配合和拳脚劲力效果,即掌握该项目
	民族民间类	竹竿舞、抖空竹	6	0.5	能够独立正确完成竹竿舞(不夹踝)、抖空竹(简单动作)动作,即掌握该项目
小学6年级U11	基本身体活动	急行跳远	10	0.5	能够独立正确完成急行跳远动作(助跑、踏跳、腾空、落地),即掌握该项目
	球类	乒乓球、短拍羽毛球、短拍网球	20	0.5	能够用短拍羽毛球和短拍网球拍完成独立羽毛球高远球和网球中线以前对击练习,即掌握该项目;能够独立完成乒乓球推挡10次以上练习,即掌握该项目
	体操	单杠、双杠、山羊器械类练习	20	0.5	能够在教师口令指挥下独立正确完成单杠、双杠、山羊等器械类练习,即掌握该项目

续　表

年级	学习范围	教学内容	教学学时	测试学时	评价标准
	区域类	蛙泳动作要领与距离	10	0.5	能够独立正确完成蛙泳的上下肢动作和换气动作，并游出20米以上，即掌握该项目
	武术类	9~10个动作组成的武术套路	4	0.5	能够独立正确完成少年拳(10式)，即掌握该项目
	民族民间类	花样跳绳、踢花毽	6	0.5	能够独立正确完成花样跳绳(3类不同简单动作)、踢花毽(10次以上)，即掌握该项目

注:通过口头方式来概述实验内容和评价标准、教学学时等，教学与测试学时按照教学要求来安排。

2.运动生物力学测量方法

本研究借鉴运动生物力学测量方法(录像观察运动学指标和动作特征分析)①描述调查对象的动作发展特征，包括3个方面:①录像材料的收集。采用高速摄像机三维成像技术收集调查个体动作学习过程中的动作的运动学指标，包括基本运动学指标、移动性动作的运动学指标、操作性动作的运动学指标。②录像内容的观察。同一研究者首次观看一定项目或动作资料5遍后提炼出描述性语言特征;第二次观看同样的项目或动作资料5遍后修订前一次的描述性语言特征;第三次观察隔两天进行，研究者观看5遍同样的项目或动作资料，再次修订后，获得该项目或动作的描述性语言特征。③观察和动作分析的理论基础是动作发展序列理论，其作为识别典型动作发展特征的基本方法，包括整体动作发展序列和部分动作发展序列。整体动作发展序列描述的是同时出现在多数调查个体身上的一般运动学特征，部分动作发展序列描述的是出现在身体不同部位的运动学特征。

三、结果与分析

本研究主要对U6—11(小学)、U12—14(初中)、U15—17(高中)等不同发展阶段动作特征进行梳理，基于不同阶段运动技能案例教学结果，依据动作发展理论知识体系进行案例分析。

---

① 王兴泽.踢毽子动作发展序列特征研究及案例教学分析[J].北京体育大学学报,2016(11):89-96,118.

(一)U6—11典型性动作发展特征及运动技能案例教学分析

U6—11阶段,按照国内教育学制属于小学阶段,进一步区分:U6—7阶段是小学1—2年级,U8—9阶段是小学3—4年级,U10—11阶段是小学5—6年级。研究小学阶段动作发展特征,能更好地践行"以学生发展为本"的教学理念,在运动技能学习方面,动作发展特征是指导其教学与训练的基本理论体系。

1.U6—7典型性动作发展特征及运动技能案例教学分析

根据国内外相关学者的研究,U6—7阶段健康儿童动作发展特征主要体现为"学习运用自我"。[1] 该动作发展特征在指导体育教学训练中应该发挥积极的指导作用。

(1)典型性动作发展特征

U6—7阶段的动作特征为"学习运用自我"。该阶段伴随着用力动作的作用,骨骼、肌肉力量得以增长,儿童需要时间来学习适应成长中的骨骼和肌肉系统功能的发展。由于儿童成长速度较快,其肢体功能不能同步跟随,需要通过一定时间的日常行为或特意的锻炼来适应由于快速生长而带来的功能变化。儿童早期"迅速成长"这一生长特征成为其动作行为表现的主要依据。

动作表现效果方面,U6—7阶段的儿童逐渐学会适应控制自我成长中的身体,多数儿童在艰难地学习基本动作的位移技能、非位移技能、操作类技术技能。基于动作发展特征,健康个体在身体行为表现方面,主要以肢体徒手动作学习为主来促进其学习运用自我肢体动作的合理发展。

U6—7阶段的多数儿童的认知领域发展介于前运算阶段、表征周期系统水平阶段[2],个体对空间的认知能力较差。心理情感方面,该阶段的儿童个体在3人以上的集体中活动能力较差或不具备该能力,活动兴趣主要依赖于环境的变化,性别之间的兴趣差异不大(或趋同)。[3] 在其他领域(认知、情感、身体)交互发展的作用下,该阶段多数儿童个体的动作行为表现出以四肢徒手的基本动作活动为主的自我练习、学习过程。

---

① 施良方.学习论[M].北京:人民教育出版社,2001:182-185.王兴泽.U12—14阶段动作发展特征及武术运动技能案例教学分析[J].北京体育大学学报,2015(9):101-110.艾米莉·李,向平,潘绍伟,等.小学体育教学法——动作和学习:面向未来的小学体育课程[M].北京:教育科学出版社,2015:37-55.

② Wadsworth B J. Piaget's Theory of Cognitive and Affective Development[M]. 5th ed. New York: Longman Publishers,2004:137-146.

③ Committee on Sports Medicine,Fitness. Intensive training and sports specialization in young athletes[J]. Pediatrics,2000(1):154-157.

（2）运动技能案例教学分析

"学习运用自我"是 U6—7 阶段的动作发展特征。发展视野下的运动技能教学能够产生自然的育人效果。该阶段运动技能案例教学过程表明,健康个体通过常规教学能够在 3 个左右的动作领域内较好地体现运动技能教学效果,而并不是在 6 个动作领域都能取得较好的教学效果。

案例教学（见表 5-5）中显示：第一,操作类（包括基本身体活动类和民族民间类）项目掌握比例较低,说明该阶段个体能力有限,学习领域较多。第二,运动技能操作类项目学习中,简单位移类和操作类、大肢体活动类项目,实验个体通过努力学习能够掌握,其他项目通过正常学习不能掌握,说明项目难度相对较大。第三,精细类项目学习中,多数实验个体在正常体育教学后不能掌握,如乒乓球推挡、小足球游戏活动等项目,说明该阶段多数实验儿童个体没有达到发展该项目的动作能力,精细类动作的动作速度发展受到限制,因而难以完成乒乓球这类精准类项目。基本身体类、体操的队形队列类、武术基本动作类、其他简单轻器械类项目的运动技能学习,体现出较好的测评效果,其他项目的教学效果一般,有些项目（如集体舞蹈、荡秋千和踢毽子）多数实验个体甚至不能正常完成,说明项目教学内容对于 U6—7 阶段儿童来说难度较大。

表 5-5　U6—7 运动技能案例教学效果

年级	运动技能（掌握该项目的学生占比）
小学 1 年级 U6	走、跑、跳（97%）,投、抛、接（88%）
	小篮球（88%）
	队形队列（94%）、个体舞蹈（81%）
	水中呼吸（45%）
	手型（100%）、抱拳（100%）、马步（73%）、蹬腿（82%）、冲拳（91%）
	滚铁环（57%）、跳皮筋（57%）、跳绳（41%）
小学 2 年级 U7	挥击（65%）、攀爬（83%）、钻滚（61%）、支撑（54%）
	乒乓球（44%）、小足球（56%）
	队形队列（83%）、技巧动作（96%）、轻器械动作（64%）、集体舞蹈（35%）
	蛙泳（63%）
	儿童拳（75%）
	抽陀螺（41%）、荡秋千（58%）、踢毽子（55%）

发展视野下的体育教学认为,某类项目若多数个体能够掌握,说明其设置能够促进多数个体积极的健康学习行为;常模(70%)以下没有掌握,则说明多数个体通过正常学习不能获得教师、同伴、家长等环境的认可与鼓励,该类项目的教学内容设置有待商榷。但是,没有掌握不能说明该实验个体发展水平不高或质量不好,该个体仍然是健康、良好的学习者,只是在该领域内的发展相对较慢而已。只有掌握个体在该阶段的动作发展特征,发展理念下的育人才能科学落实。

2.U8—9典型性动作发展特征及运动技能案例教学分析

(1)典型性动作发展特征

U8—9阶段的动作特征表现为"基本动作过程学习",该阶段运动技能的学习主要体现在采用正确的方式方法获得科学合理且适合个体的运动技术(或动作表现形式)。多数儿童个体在动作学习方面呈现较高的学习效率,但只是动作过程学习,而不涉及动作技能效果(即运动技能成绩)。

身体发展方面,U8—9阶段是一个身体成长更慢更稳定的时期。[①] U8—9阶段的儿童,其腿部生长速度超过头部的生长速度,导致身体重心由腹部转到臀部。这有助于动作学习与动作控制,如平衡能力的提高。该阶段身体比例相对稳定,即肩宽与臀宽的变化不大。这种身体比例的稳定状态有助于增强动作记忆的功能。如在立定跳远的学习中,大多数个体通过一定的练习,可以完成完整的立定跳远动作(预备姿势、预摆下蹲、腾空跳起、屈膝下落)。但动作质量存在差异,有些个体技术不成熟,屈膝下落过程中缓冲不够、预摆臂高度不够等。

认知和情绪方面,U8—9阶段的儿童个体认知水平介于具体运算阶段、系统水平向单一抽象的过渡阶段。心理情感方面,体现出性别之间兴趣的差异化。在认知、情感、身体发展的交互下,该阶段的动作发展特征体现为"基本动作过程学习"现象。

(2)运动技能案例教学分析

U8—9阶段的儿童动作表现时好时差,实质过程是神经系统通过多次动作反应,巩固适应当前经过多次练习所获得的动作效应。

案例教学显示(见表5-6),一些功能类项目的学习效果较差,如体操中的器械类运动项目、蛙泳项目,以及精细类项目中的羽毛球等。多数实验个体通过正常体育教学没能掌握该项目的动作技能,主要原因是该阶段多数个体不具备这些项目所需动作能力。如体操中的单杠、双杠、山羊跳等动作,需要学习者具备一定的上肢相对力量才能完成。在评价实验个体学习效果时,体育教师采用发展视角会产

---

① Malina R M, Bouchard C. Growth, Maturation, and Physical Activity[M]. Champaign: Human Kinetics, 2004.

生另外的教学效应。例如,有部分个体能够完成功能类项目就说明,除了动作技术外,个体体能中的力量成分发挥较大作用。随着个体生理年龄的增加,体能功能增强,这些动作技能通过一定的练习还能够掌握或体现,但一定的练习是必须的。如果没有动作技术的掌握和一定的练习,个体仍然不能自动产生较为协调的动作能力。

表 5-6　U8—9 运动技能案例教学效果

年级	运动技能(掌握该项目的学生占比)
小学 3 年级(U8)	位移类(100%)、投、抛、接(100%)
	小篮球(100%)、小足球(100%)
	队形队列(100%)
	水中呼吸(53%)
	压腿(100%)、转肩(100%)、纵横叉(56%)
	跳皮筋(膝下)(83%)、跳绳(85%)
小学 4 年级(U9)	位移类(95%),操作控物类(91%),攀、爬、钻(100%)
	羽毛球(50%)、乒乓球(51%)
	器械动作(31%)、集体舞蹈(65%)
	蛙泳(55%)
	少年拳(65%)
	荡秋千(55%)、踢毽子(73%)

3.U10—11 典型性动作发展特征及运动技能案例教学分析

(1)典型性动作发展特征

U10—11 阶段的动作特征表现为"基本动作技能的学习和应用"。这一阶段"体重的增长速度大于身高的增长速度",体现生长现象。体重的增加在身体功能(对抗、冲击、撞击等)中有较好的表现,其促进运动技能的发展。儿童中后期出现"肌肉力量发展滞后于身高增长现象",肌肉力量的增长比身高增长至少晚一年。因此,儿童在动作行为上显示出类似成人的动作技能行为,但动作效果远远不如成人。如体操类技巧的练习中,儿童支持自身体重的能力比较差,但技巧类活动中的技术动作通过学习、练习是可以完全掌握的,由于力量发展的滞后,儿童在动作技巧的力度、连贯性等方面表现较差。故,在技能评价时应以过程性评价为主、结果性评价为辅。当儿童到了肌肉力量正常发展后的阶段,通过练习,其成绩自然达到应有的水平。U10—11 阶段,进入青春期的个体的性别差异开始表现出来,但两性之间的差异没有明显地表现出来。一般而言,女生较早进入青春期,但男女生在身体上还未出现明显的差异。① 儿童后期,由于男生青春突增期的影响,部分男生(20%左右)出现"青春期尴尬"现象,这一行为特征会影响部分个体的动作发展。

U10—11阶段,根据皮亚杰认知理论,多数个体进入情景特定化时期的具体运算阶段。在心理兴趣和情感方面,男女生之间出现明显的兴趣差异。在认知、情绪和身体发展等因素的交互影响下,该阶段个体的动作发展特征为:平衡、稳定方面有了很大发展,视—动协调关系已经建立,具备对不同方向运动物体的视觉动作能力。

(2)运动技能案例教学分析

U10—11阶段,多数实验个体动作发展特征虽然体现出基本动作组合技能的学习与应用,但是案例教学显示(见表5-7),对于操作类项目特别是精细类操作项目,如小球类运动技能、体操类运动技能,多数实验个体通过正常学习不能掌握。

表 5-7　U10—11 运动技能案例教学效果

年级	教学内容	运动技能(掌握该项目的学生占比)
小学5年级U10	位移类:后蹬跑,连续纵跳摸高,有一定速度要求的滑步、攀、爬、钻等动作。操作类:各种方式的投掷动作	位移类(100%)、操作类(88%)
	小篮球、软式排球、小足球	小篮球(55%)、软式排球(52%)、小足球(47%)
	有一定难度的队形变换和队列动作、健美操、街舞、啦啦操、校园集体舞成套动作	队形队列(100%)、集体舞蹈(100%)
	蛙泳的基本动作	蛙泳(61%)
	少年拳	少年拳(72%)
	竹竿舞、抖空竹	竹竿舞(63%)、抖空竹(55%)
小学6年级U11	急行跳远	急行跳远(65%)
	乒乓球、短拍羽毛球、短拍网球	乒乓球(34%)、短拍羽毛球(54%)、短拍网球(66%)
	单杠、双杠、山羊器械练习	单杠(55%)、双杠(58%)、山羊器械(44%)
	蛙泳动作要领与距离	蛙泳(80%)
	9~10个简单动作组成的武术套路	少年拳(80%)
	花样跳绳、踢花毽	花样跳绳(81%)、踢花毽(65%)

① James W,Thomas L,Corinne H. Human Development[M]. New York:McGraw-Hill,2007:380-388.

该阶段应该具备基本动作能力、组合基本动作能力、尝试学习与练习具体项目的辅助动作技术能力。在具备组合动作类（2个或2个以上动作的组合）能力后，进行捕获性动作、移动接物、俘获截留等有一定难度的动作技术能力，再进一步发展动态、静态交替的平衡类的持续动作能力。然而，这些动作能力是实验个体或普通人群具备了身体赋使条件后再进行学习、练习所获得的。如果仅仅具备了身体赋使条件，而不去学习、练习这些动作能力，个体是永远也不会具备这些动作技能的。只有具备了上面提到的基本动作能力后，学习综合类项目才有可能。① 体育教学和运动训练中，运动项目设置的基本原则之一是遵循动作发展规律。儿童早期，个体一般具有基本的动作能力，即移动类、操作类、稳定类的动作能力。儿童中后期，个体一般具备移动类动作能力、操作类动作能力、稳定类动作能力等相互组合的能力。个体进入青春期或初中阶段，才逐渐接触具体的运动项目的专项技能学习，即学习专项的技术动作、组合技术动作、辅助专项技术动作，以及比赛类技术动作（动作发展视野下的发展阶段、发展特征、项目序列、领域发展见图4-3）。一般不建议在儿童中后期进行专项运动项目的技术动作学习，但是，为了让其熟悉运动项目的特征、规则、知识，设置一些相关的游戏是可行的。在评价中，建议引导个体通过练习来完全掌握基本动作技术以及组合动作能力，巩固个体的基本动作能力、组合基本动作能力，促进其整体动作能力的充分发展。

4.U6—11典型性动作发展特征及运动技能案例教学分析

个体在U6—11阶段的动态发展，虽然有数字上的阶段划分，实质上现实中是没有明显的界限的。不同阶段的发展是一个由内向外的生长过程，外部环境具备较好的发展条件，个体就会发展得充分完满，如果条件欠缺，个体发展就会呈现滞后和赶上生长现象。② 儿童青少年的发展主要是通过与成人（或更有经验的同伴）的社会交往而获得的。③ 个体的学习与发展是与社会合作完成的，教师或家长多半扮演促进者或帮助者的角色。表5-8概括了U6—11阶段各领域的发展特征和教学建议。

①　Thomas K T，Thomas J R. Principles of motor development for elementary school physical education [J]. Elementary School Journal，2008(3)：181-195.

②　Emons J A M. Regulators of growth plate maturation[D]. Leiden：Leiden University，2010.

③　Beliavsky N. Revisiting Vygotsky and gardner：Realizing human potential [J]. The Journal of Aesthetic Education，2006（2）：1-11. Mooney C G. Theories of Childhood：An Introduction to Dewey，Montessori，Erikson，Piaget & Vygotsky[M]. 2nd ed. Minnesota：Redleaf Press，2013：311-312.

表5-8　U6—11各领域发展特征和教学建议

		U6—7	U8—9	U10—11
生长特征		迅速生长	稳定生长	稳定生长[部分(20%)男生青春期尴尬现象]
认知特征	皮亚杰	前运算阶段(基本动作模式后期)	具体运算阶段(情境特定化时期)	
	费舍尔	表征周期系统水平	系统水平向单一抽象水平过渡	抽象周期单一抽象水平
情感特征		集体活动组织能力困难期,男女爱好兴趣趋同,情绪依赖于外部环境	男女兴趣逐渐出现分歧	
动作特征	总特征	动作特征总论:U6—11阶段是一个标志性的过渡阶段,从改善基本动作行为到进行竞技技能练习获得等。男孩和女孩在整个儿童阶段差别不大,其可以接纳大量运动技能学习输入,并且可以达到基本、完全技术掌握的水平,其中,男孩大动作表现占优势,女孩精细动作占优势		
	发展特征	学习运用自我过程	基本动作技能学习	基本动作组合技能学习和应用
	具体发展阶段特征	(1)大环节动作技能方面可以做到完好的单脚跳、双脚跳、纵跳、攀爬等 (2)儿童仅能对原地运动物体进行控制,对运动物体通过视觉产生的动作比较迟缓,即仅能对静止的物体做出单一的动作 (3)视—动协调能力的准备阶段,即视—动不协调	(1)大环节动作技能方面已经具有很好的身体平衡能力,可以从事体力消耗较大的动作行为,如篮球、足球等 (2)精细动作方面已经达到写字时能够隔开一些字母的能力,可以更准确、更协调地完成相关精细动作技术 (3)视—动初步建立协调关系,对运动物体能够做出空间判断并能表征单一的动作行为	(1)平衡、稳定方面有了很大发展 (2)视—动协调关系已经建立起来,能够达到对不同方向运动物体的控制。比如手眼协调动作中可以接到移动的物体,以及进行踢毽子等协调动作 (3)具备空间感觉,同时本体感觉,动作控制及时有效,动作技能趋于细化
力学特征		形态不成比例	身体重心下移	体重的增长速度大于身高的增长速度
关节自由度		仅有髋关节运动控制协调,其他关节控制不协调	U8,髋、膝关节控制比较协调;U9—11,髋、膝、踝关节协调	
生理特征	形态功能	身体形态变化早于功能适应	肌肉力量薄弱	肌肉力量发展滞后于身高和体重的发展(身高——体重——肌肉功能)
	力量能力	男孩较女孩稍大(10%)左右。力量发展滞后于体重和身高发展,首先是身高发展,其次是体重发展,最后是力量发展。具体来说,一名儿童身高生长的5个月之后是体重的发展,体重发展之后的14个月是力量功能的发展		

	U6—7	U8—9	U10—11
视觉特征	眼与四肢的合作能力较差,70%的失误率	9—10岁时眼与四肢的合作能力逐渐建立起来,30%以下的失误率	
运动技能学习目标设定建议	学习灵活运用自我,体操、韵律操等运用自我肢体的基本动作技能	全面学习一切基本动作技能,如静止、移动的目标击打等动态环境中技能学习任务,跑、跳、投等基本技能的获得是通过多次的练习获得的(非生长成熟获得)	学习应用以及增强个人竞技技能,通过一些小型应用比赛熟练、强化所学基本动作技能,主要是应用竞技运动技战术的能力发展(而非成人化的成绩比赛)
动作技能教学内容建议	位移主要是移动、跑跳、滚动等追赶、避让、闪躲游戏,平衡为悬挂、平衡等,简单控物如投网球、沙包等	立定跳、跑步接力、体操类轻器械动作,其他球类小器械动作,学习小球类的运球、射门、对抗过人等,但所有的学习都是为了优化动作质量和形式,而不是追求数量、距离等成绩	排球的连续垫球比赛、跳绳比赛、篮球传接球比赛、足球小配合射门比赛等。随时纠正动作技能的错误等,强化个体竞技实力
教学用具建议	适合U6—7、U8—9、U10—11阶段身体赋使条件、种类丰富的教学用具(形状、重量),比如小篮球、小足球,以及相关场地设施		
小学生典型发展特征	小学生不是微缩的成人;男生和女生的相似度大于差异度;体验产生较好的收益;允许个体存在不足		
教学评价建议	过程性评价,如是否参与以及参与的积极性	动作质量和形式评价(不求成绩是一大特征)	用发展的视角进行动作质量和成绩评价,成绩和动作过程各占一半比较合理

通过表5-8,可知个体一般的身体生长发展特征、认知发展特征、情感心理发展特征、三个领域交互下的动作发展特征,以及不同阶段的力学特征、生理特征和体育教学相关应用实践经验等。

(二)U12—14典型性动作发展特征及运动技能案例教学分析

1.典型性动作发展特征

U12—14阶段的动作特征体现"基本动作技术向专门动作技术的过渡"。即在生理年龄12—14岁,动作上表现出半成品技术到完整技术的转变,该过程是神经建立联系的重塑时期。身体形态方面,随着青春期的到来,个体身高剧增,男生中反射出不协调的笨拙现象时有发生。身体功能方面,身高变化后的5个月肌肉才跟着增长,这之后的14个月肌肉力量才得以体现,这是动作技术不协调、笨拙的生理属性。情绪心理领域,个体显示出充分发展,但该阶段个体理性思维和情绪控制不够,会出现情境性启动等现象。①

认知领域属于抽象周期中单一抽象水平过渡到映射水平阶段,同时大脑额叶同其他脑区之间的联系在内的脑生长指标也会突然变化,在身体、情绪心理和认知交互下的动作特征总体呈现为"基本动作技术向专门动作技术过渡"。

个体在从事某一特定的竞技项目中越来越感觉到身体体能素质的局限性,但一定要严加控制。个体在运动技能发展中,如果因为体能素质的局限而发展体能,其运动成绩会提高,但动作技术不会进一步构建,以至于在下一个发展阶段(U15—17阶段体能的发展),个体的动作技术不能完全正常操控身体肌肉、骨骼等肢体协调行为。即,身体功能由于动作技术的构建缺失而大打折扣;认知功能方面,中枢神经支配肌肉、骨骼、协调、姿势控制、平衡等的能力没有得到及时构建。这一阶段的重点发展任务是使神经系统建立扎实的联系,提高技术的熟练度,促进下一步动作技能的自动化。在该阶段的动作技术学习中,复杂技能被进一步提炼,一些多余的、不协调的动作逐步减少,同时,生物机能的成熟促进神经重塑。②

个体依据该特征(基本动作技术向专门动作技术的过渡)设置相关动作技能学习内容。该阶段主要进行不同项目领域、范围的尝试,使得自身基本动作模式在不同项目需求中得到练习、巩固与发展。由于不同地域存在不同文化的运动项目(南方的游戏项目,北方的滑雪、滑冰等),个体在该阶段从事任何运动项目的学习都要以动作技术的构建为核心,促进大脑皮层针对不同运动回路的构建。

U12—14阶段,性别之间的发展差异明显,女性个体比男性个体早成熟2岁左右③,显示在动作技能中的特征为身体的突增现象为动作技术的进一步构建增添了障碍。男性个体由于身体突增,协调性下降;女性个体身体突增,但前移2岁,且速度低于男性。

2.运动技能案例教学分析

实验教学显示:第一,运动技能学习要求总体偏低,比如基本掌握运动技能等教学要求。第二,评价要点偏重数量化。运动技能学习的浅层因素(动作的力量、幅度、速度)锻炼明显,深度因素(动作的结构、序列、时机)的学习安排明显不足。本阶段的生长特征显示男生青春期身体生长突增,功能不协调,主要任务是学习动

---

① 唐纳·科克,库尔特·W.费希尔,杰拉尔丁·道森.人类行为、学习和脑发展:典型发展[M].宋伟,梁丹丹,主译.北京:教育科学出版社,2013:75-109.

② 葛詹尼加,等.认知神经科学:关于心智的生物学[M].周晓林,高定国,译.北京:中国轻工业出版社,2011:247-255.

③ 林琬生,侯启春,吴南屏,等.儿童身高生长追踪研究[J].人类学学报,2000(2):97-107.徐济达,敖淑清,王杏英,等.青春期身高的追踪观察[J].中国学校卫生,1998(3):201-202.

作技术,不能仅仅追求运动成绩;而女生由于青春期的到来较男生早两年,身体生长持续稳定,同时功能也趋于稳定。U12—14 的生理年龄阶段是建立神经联系、构建神经网络时期,该阶段的动作评价不宜进行较多的数量评价,因为在身体成熟与动作表现的交互影响中,早熟及与其相伴的体型和力量优势会对在身体运动中获得成功产生积极的作用。但是,随着青春期结束,青少年之间成熟状态上的差异由于晚熟的人群追上来而不再那么明显。在竞技运动领域,由于较长的生长发展期,晚成熟的运动员在青春期后一般要比早熟的运动员获得更大的运动成就。第三,性别差异上区分度不够,仅在体操、田径项目上有所区分,见表 5-9。按照动作发展

表 5-9 U12—14 运动技能案例教学效果

阶段/标准/运动表现	田径	体操类	球类(4 号足球、5 号篮球)	武术	民族民间类	区域类
U12	蹲踞式跳远	1 组合动作(AB),2 支撑跳跃(CD)	1 足球(踢球、接球、运球),2 篮球(E),3 排球(F),4 乒乓球(G)	6 式长拳		蛙泳
评价标准	a	b	c	d		e
运动表现(掌握百分比)	(83%)	1(74%),2(24%)	1(75%),2(70%),3(81%),4(77%)	(76%)		(72%)
U13	1 跨越式跳高,2 侧向滑步推实心球	单杠(支撑后摆转体 90 度挺身下,男双足蹬地,女单足蹬地)	1 足球(H),2 篮球(I),3 排球(J),4 乒乓球(K)	10 式南拳	踢花毽	自由泳
评价标准	f	g	h	i	j	k
运动表现(掌握百分比)	1(72%),2(75%)	(36%)	1(77%),2(71%),3(85%),4(73%)	(73%)	(71%)	(70%)
U14	1 跨栏跑,2 背越式跳高,3 后抛实心球	1 技巧(L),1 组合动作(M)	1 足球(N),2 篮球(O),3 羽毛球(P),4 网球(Q)	10 式短棍	1 双摇跳绳,2 两人双绳跳绳,3 三人跳绳	
评价标准	l	m	n	o	p	
运动表现(掌握百分比)	1(70%),2(73%),3(82%)	1(75%),2(52%)	1(82%),2(76%),3(70%),4(82%)	(76%)	1(72%),2(70%),3(73%)	

注:教学评价(评价标准 a—p)基于人民教育出版社《体育与健康》(初中部分,2014 年);A—Q 分别代表不同的运动项目。

理论实践,男生和女生由于存在青春期差异(身体生长、心理社会情感)而在动作发展方面显示不同特征。比如身高方面,在青春期,个体身高的生长分为 4 个阶段,即突长的开始阶段(男 11 岁,女 9 岁)、快速生长的峰值阶段(男 13 岁,女 11 岁)、身体快速生长的下降阶段(男 15 岁,女 13 岁)和身高生长完成阶段(男 18 岁,女 16 岁)。体重的增加大致分为三个阶段,即体重突增的开始阶段(男 11 岁,女 10 岁)、体重突增的峰值阶段(男 13 岁,女 12 岁)和体重突增的完成阶段(男 14 岁,女 16 岁)。峰值发展阶段 6~12 个月,在一个完整的生理年内,男生大约增加体重 18 公斤,女生大约增加体重 16 公斤。① 在脑总容量方面,男性脑总容量在 14.5 岁时达到顶点,而女性在 11.5 岁就达到顶点。② 男性脑总容量平均比女性大 9%,在控制了身高和体重后,这种差别仍具有统计学显著性(有时在同等年龄的正常的健康儿童的脑总容量上存在 50%的差异)。③ 第四,部分教学内容设置延后。跑是在生理年龄 4—5 岁就能掌握的动作发展模式④,"在 U6—7 时能完全学会并掌握短跑"的教学内容放在这里显然是多余的。当前,在美国的学校体育课程中,跑是放在幼儿园阶段的学习内容,在 U6—7 作为巩固提高的教学内容。⑤ 又如,在提高跑速方面,普遍认为应增加步频和步长,而步频在儿童、青少年阶段几乎是不变的,跑速成绩的提高主要靠增加步长(身高或腿长的增加),同时涉及下肢蹬地力量的增加,即身体形态及功能的发展(见图 5-5)。

① Rogol A D, Clark P A, Roemmich J N. Growth and pubertal development in children and adolescents: Effects of diet and physical activity[J]. The American Journal of Clinical Nutrition, 2000(2): 521-528. Rogol A D, Roemmich J N, Clark P A. Growth at puberty[J]. Journal of Adolescent Health, 2002(6): 192-200.

② Giedd J N, Blumenthal J, Jeffries N O, et al. Brain development during childhood and adolescence: A longitudinal MRI study[J]. Nature Neuroscience, 1999(10): 861-863.

③ Lenroot R K, Giedd J N. Brain development in children and adolescents: Insights from anatomical magnetic resonance imaging[J]. Neuroscience & Biobehavioral Reviews, 2006(6): 718-729.

④ Kelso J A, Seefeldt V, Haubenstricker J. Patterns, phases, or stages: An analytical model for the study of developmental movement[M]//Savelsbergh G, Wimmers R, Kamp J, et al. The Development of Movement Control and Coordination. New York: John Wiley & Sons, Inc., 1982: 309-318.

⑤ National Association for Sport and Physical Education. Moving into the Future: National Physical Education Standards[M]. 2nd ed. New York: McGraw-Hill, 2004. National Association for Sport and Physical Education. Moving into the Future: National Physical Education Standards—A Guide to Content and Assessment[M]. New York: McGraw-Hill, 1995. Shape America-Society of Health and Physical Educators. National Standards & Grade-Level Outcomes for K-12 Physical Education[M]. Champaign: Human Kinetics, 2014. Scope & sequence: Early childhood through high school[EB/OL]. [2021-12-01]. https://sparkpe.org/scope-sequence. Mckenzie T, Sallis J, Rosengard P. Beyond the Stucco Tower: Design, development, and dissemination of the SPARK Physical Education Programs[J]. Quest, 2009(1): 114-127.

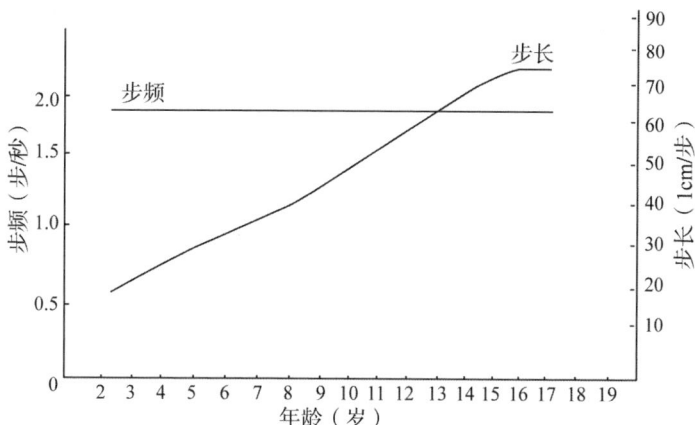

图 5-5 个体步长和步频随年龄增加的变化趋势

资料来源:整理自 Thomas J R. Motor Development During Children and Adolescence[M]. Minneapolis:Burgess Publishing Company,1984:128.

(三)U15—17 典型性动作发展特征及运动技能案例教学分析

1.典型性动作发展特征

U15—17 阶段,动作发展特征为"专项动作技术控制"。

第一,中枢神经系统趋于完善,能够胜任较为完善的运动技能。个体在多数的运动领域内,仅仅只能在 2 个左右的项目中达到竞技运动技能的顶峰状态,其是一个累积性的、个性化的发展过程。第二,该阶段属于生理上的体能萌发阶段,在掌握基本技术动作、专项半技术动作、专项技术动作过程中,重点强调专项技术动作的控制、专项能力的合理发挥以及练习体验专项竞技。第三,神经支配能力进一步强化,运动技能相对协调。该阶段神经系统虽然达到成熟,但仅仅是形态上的成熟,功能上还需进一步发展,如精细动作在大动作发展的基础上进行精细分工的成功率还不是很高,有时动作表现协调,但偶有动作技术的笨拙表现。脑内神经元间信息交流的"微妙的平衡关系"产生了认知。① 当某种借由外界干扰或练习获得的神经构建增强了这种微妙的平衡关系时,系统支配行为的能力就迅速得到提高。

2.运动技能案例教学分析

U15—17 典型性动作发展特征为"专项动作技术控制"。在教学实验中发现,第一,U15—17 体育教学田径项目的设置有待商榷。如短跑和中长跑教学能否放在水平二(U8—9)或水平三(U10—11)的教学内容中,因为短跑和中长跑项目仅仅

---

① Jeannerod M. Motor Cognition:What Actions Tell The Self[M]. New York:Oxford University Press,2006:129-143.

属于基本动作中的位移类基本动作类型,而现行的高中教材还在讲授如何提高步频,教学内容滞后。第二,球类项目的足球、篮球、排球的教学实验中显示该项目的技术应该在 U10—14 进行学习,到了 U15—17 应该在球类技术和简单战术掌握的基础上,增设自我计划的实施过程。但当前的教科书在测评方面仅仅提到技战术的测评,即评价方法略微简单。对此,建议 3 项球类项目的技战术评价改为技战术与应用。基于典型动作发展特征进行课程项目设置,儿童中期(小学 1—2 年级)学习基本动作,儿童后期(小学 3—6 年级)学习组合基本动作,接下来(水平四的初中阶段)才进行独立运动项目的学习,这个过程主要包括该项目的历史知识、技战术知识、心理技能知识和个人生理训练条件等 4 个主要方面的学习。第三,教学领域范围的设置不妥。根据目前普通高中课程标准实验教科书《体育与健康》的教学内容设置,项目领域范围与水平一、水平二、水平三、水平四的相同,都是 6 个领域范围,U15—17 阶段设置了 5 个领域范围的 23 个运动项目作为运动技能学习与掌握的教学内容,见表 5-10。这样的运动项目领域范围与项目设置,不符合国际学校体育课程内容设置的规范要求。

表 5-10　U15—17 运动技能案例教学效果

阶段/标准/运动表现	田径	体操类	球类	武术	区域类
U15	1 短跑, 2 中长跑	1 健美操, 2 技巧	足球(4 号球)	形神拳	1 蛙泳, 2 轮滑
评价标准	a	b	c	d	e
运动表现(掌握百分比)	1(98%), 2(94%)	1(89%), 2(78%)	83%	81%	1(95%), 2(78%)
U16	1 跨栏跑, 2 跳高, 3 推铅球	1 双杠, 2 单杠	篮球(5 号篮球)	1 刀术, 2 女子防身术	1 爬泳, 2 攀岩
评价标准	f	g	h	i	j
运动表现(掌握百分比)	1(87%), 2(75%), 3(91%)	1(75%), 2(70%)	91%	1(75%), 2(82%)	1(86%), 2(83%)
U17	跳远	支撑跳跃	排球	散手	仰泳
评价标准	k	l	m	n	o
运动表现(掌握百分比)	89%	67%	87%	73%	75%

注:教学评价(评价标准 a—o)按照当前人民教育出版社《体育与健康》教师用书和新课标指导教学内容(高中部分,2004、2017)。

四、动作发展与运动技能教学设置原则

动作发展理论是指导运动技能学习、竞技训练、专业技能提升、运动干预促进健康等技能类发展的基本理论知识,其主要的科学依据为全生命周期发展理论、Newell 约束限制理论、人体复杂性机制,与之对应的指导运动技能教学原则为领域性、序列性、平衡性。

(一)领域性原则

从出生到成年,人类个体的学习领域遵循"小—大—小"的梭子型发展模式。动作认知方面,按照生理年龄设计的动作发展领域为:U6—9,少于 3 个;U10—11,多,5 个左右;U12—14,全,7 个左右;U15—17,精,3 个左右;U18 及以上,专,1~2 个。学龄期间动作发展领域情况见图 5-6。

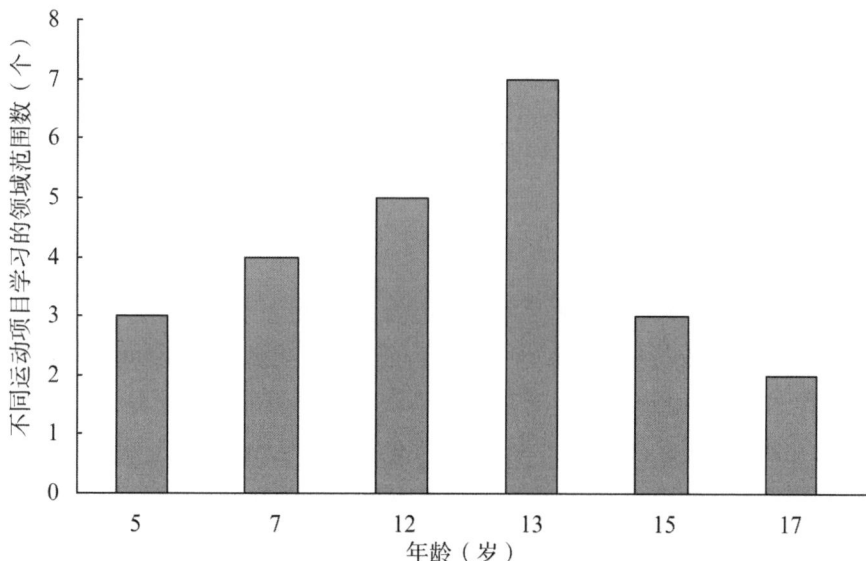

图 5-6 学龄期间动作发展领域

资料来源:National Association for Sport and Physical Education. Moving into the Future:National Physical Education Standards[M]. 2nd ed. New York:McGraw-Hill,2004. National Association for Sport and Physical Education. Moving into the Future:National Physical Education Standards:A Guide to Content and Assessment[M]. New York:McGraw-Hill,1995. Shape America-Society of Health and Physical Educators. National Standards & Grade-Level Outcomes for K-12 Physical Education [M]. Champaign:Human Kinetics,2014. Scope & sequence:Early childhood through high school [EB/OL]. [2021-12-01]. https://sparkpe. org/scope-sequence. Mckenzie T, Sallis J, Rosengard P. Beyond the Stucco Tower:Design,development,and dissemination of the SPARK Physical Education Programs[J]. Quest,2009(1):114-127.

（二）序列性原则

基于"以学生发展为中心"的教学理念，教师将一定的内容以最佳的方式传授给学生，当学生能够从体育课堂的活动中实现收益最大化时，则该体育课堂活动的呈现是适合个体发展的。[①] 教学设计中，教师要根据个体的动作发展阶段特征进行动作学习任务的设计。不同的发展阶段对应于不同的学习内容。个体只有掌握了基本动作模式、基本动作技能和基本运动技能，才能够突破基本运动能力障碍，迈入下一个阶段，进行组合技能、完整项目技能和特定项目技能的学习与练习，不同阶段学龄期的动作发展具有各自的学习内容序列（见图 4-1、图 4-3）。

新课标的运动技能教学设置中体现出一定的序列性，即普通高中新课标中运动技能系统学习的递进设计在某种程度上弥补了个体前须技能的不足。以足球教学模块为例，U15—17 设计了 3 个模块教学，具体教学内容包括足球基本动作技术、基本战术、无球技术、裁判规则、竞赛等足球项目所有教学内容。但是，其重点不突出，没有达到发展该阶段学生专项技术特征的要求，主要是在复习或弥补小学或初中阶段足球技术战术规则的不足，甚至在教学模块 2 和模块 3 中还一直强调五对五、七对七的教学比赛。[②] 接近成人的高中生还没有接触 11 人赛制的教学设计，仅从竞赛赛制上就说明新课标模块教学过于简单。

（三）平衡性原则

1.动作技术学习强弱与运动神经元联结的平衡性

基于动作认知发展理论，U15—17 属于大脑发育（突触发育和修剪）过程中的髓鞘化阶段。髓鞘是让神经纤维绝缘的白色脂肪组织，确保信号能够在大脑突触之间清晰传输。运动技能的髓鞘发育依赖于竞技训练或活动本身。在运动技能学习中，个体历经基本动作模式、基本动作技能、基本运动技能的学习与练习后，突破运动能力障碍，进入特定专项运动技能的学习与练习阶段，体现了运动技能发展的历程。

2.赶上生长、青春期尴尬现象下个体发展差异的平衡问题

赶上生长现象和青春期尴尬现象是儿童青少年多数个体、少数个体经历的不同体验过程。人类发展过程中，相同生理阶段既具有相似性，也具有个体差异性。家庭环境、学习环境、社会环境等的差异导致个体赋使特征的不同，在动作表现上存在差异性。比如，相同生理年龄、相同性别的不同个体，其身高、体型、体重、运动动作表现等存在明显的差异。这是普遍现象，但在发展过程中，多数个体（70%）属

---

① 耿培新,梁国立.美国学校体育国家标准研究[M].北京:人民教育出版社,2007:2-3.
② 季浏.我国《普通高中体育与健康课程标准(2017 年版)》解读[J].体育科学,2018(2):3-20.

于正常发展水平,一部分(10％)个体属于超前发展,一部分(10％)个体由于某种原因(疾病等)发展滞后,一部分(10％)个体在没有任何原因的情况下出现滞后发展。人类在生病、突增期、家庭剧变、营养失衡等情况下,会出现生长暂时停止现象,过一段时间,个体会自动赶上正常的生长水平。青春期尴尬现象是男性个体由于基因控制和外部环境的交互影响,出现青春期发育增速、身高突增等,导致身体动作笨拙。这部分个体的数量在青春期男性个体中占 20％左右。① 青春期尴尬现象体现了部分个体由原来的身体动作较为协调到笨拙的自然发展过程,根据实践或观察,具体年龄阶段在 U11—14。故,根据不同个体的差异性发展原则,运动技能教学设置中应体现出不同的比例或侧重,比如实施分层教学等。

---

① Greg Payne,耿培新,梁国立.人类动作发展概论[M].北京:人民教育出版社,2008:3-4,305-317.

参考文献

英文文献

［1］Adams J A. A Closed-loop theory of motor learning［J］. Journal of Motor Behavior,1971(2):111-150.

［2］Adams J A. Historical review and appraisal of research on the learning,retention, and transfer of human motor skills［J］. Psychol Bull,1987(1):41-74.

［3］Adams J, Veitch J, Barnett L. Physical activity and fundamental motor skill performance of 5-10 year old children in three different playgrounds［J］. International Journal of Environmental Research and Public Health,2018(9):1896.

［4］Alan D,James N,Pamela A. Growth at Pubertal［J］. Journal of Adolescent Health,2002(6):192-200.

［5］Amato M, Goretti B, Viterbo R, et al. Computer-assisted rehabilitation of attention in patients with multiple sclerosis:Results of a randomized,double-blind trial［J］. Multiple Sclerosis,2014(1):91-98.

［6］Anderson J C,Gerbing W. Structural equation modeling in practice:A review and recommended two-step approach［J］. Psychol Bull,1988(1):5-24.

［7］Anderson S,Greisemer B,Johnson M,et al. Intensive training and sports specialization in young athletes［J］. Pediatrics,2000(1):154-157.

［8］Anstey K J,Cherbuin N,Eramudugolla R,et al. Characterizing mild cognitive disorders in the young-old over 8 years:Prevalence,estimated incidence, stability of diagnosis,and impact on IADLs［J］. Alzheimer's & Dementia, 2013(6):640-648.

［9］Auyeung T W,Lee S W J,Leung J,et al. Age-associated decline of muscle mass, grip strength and gait speed:A 4-year longitudinal study of 3018 community-dwelling older Chinese[J]. Geriatrics & Gerontology International, 2014(S1): 76-84.

[10] Baddeley A D, Longman D J A. The influence of length and frequency of training session on the rate of learning to type[J]. Ergonomics, 1978(8): 627-635.

[11] Balan C M, Davis W E. Ecological task analysis: An approach to teaching physical education[J]. Journal of Physical Education, Recreation & Dance, 1993(9):54-62.

[12] Barnett L M, Hnatiuk J A, Salmon J, et al. Modifiable factors which predict children's gross motor competence: A prospective cohort study [J]. International Journal of Behavioral Nutrition and Physical Activity, 2019 (1):129.

[13] Baxter-Jones A D G, Helms P, Baines-Preece J, et al. Menarche in intensively trained gymnasts, swimmers and tennis players [J]. Annals of Human Biology, 1994(5):407-415.

[14] Beckmanj J K. Action-Control: From Cognition to Behavior[M]. Heidelberg: Springer Publishers, 1985.

[15] Beliavsky N. Revisiting Vygotsky and gardner: Realizing human potential [J]. The Journal of Aesthetic Education, 2006(2):1-11.

[16] Bernardi N F, Darainy M, Ostry D J. Somatosensory contribution to the initial stages of human motor learning[J]. Journal of Neuroscience, 2015 (42):14316-14326.

[17] Beunen G, Malina R M. Growth and physical performance relative to the timing of the adolescent spurt[J]. Exercise and Sport Sciences Reviews, 1988 (1):503-540.

[18] Birnbaum M H, Greenwald I. Orthoptics and visual training[J]. Clinical and Experimental Optometry, 1968(4):105-110.

[19] Bolger L E, Bolger L A, O'Neill C, et al. Global levels of fundamental motor skills in children: A systematic review[J]. Journal of Sports Sciences, 2020 (38):1-37.

[20] Bonté F, Girard D, Archambault J C, et al. Skin changes during ageing[J]. Sub-Cellular Biochemistry, 2019, 91:249-280.

［21］ Bronfenbrenner U，Ceci S J. Nature-nuture reconceptualized in developmental perspective：A bioecological model［J］. Psychological Review，1994（4）：568-586.

［22］ Brooks-Gunn J，Warren M P. Biological and social contributions to negative affect in young adolescent girls［J］. Child Development，1989（1）：40-55.

［23］ Brooks-Gunn J，Graber J A，Paikoff R L. Studying links between hormones and negative affect：Models and measures［J］. Journal of Research on Adolescence，1994（4）：469-486.

［24］ Buekers M J，Magill R A. The role of task experience and prior knowledge for detecting invalid augmented feedback while learning a motor skill［J］. The Quarterly Journal of Experimental Psychology Section A，1995（1）：84-97.

［25］ Caçola P，Roberson J，Gabbard C. Aging in movement representations for sequential finger movements：A comparison between young-middle-aged，and older adults［J］. Brain and Cognition，2013（1）：1-5.

［26］ Cantlon J F，Libertus M E，Pinel P，et al. The neural development of an abstract concept of number［J］. Journal of Cognitive Neuroscience，2009（11）：2217-2229.

［27］ Capel S，Susan P. Issues in Physical Education［M］. London and New York：Routledger，2000.

［28］ Carmeli E，Patish H，Coleman R. The aging hand［J］. The Journals of Gerontology：Series A，2003（2）：146-152.

［29］ Cavallini E，Lecce S，Bottiroli S，et al. Beyond false belief：Theory of mind in young，young-old，and old-old adults［J］. The International Journal of Aging and Human Development，2013（3）：181-198.

［30］ Cech D J，Martin S T. Functional Movement Development Across the Lifespan［M］. Champaign：Saunders Publishers，2011.

［31］ Chow B C，Louie L H T. Difference in children's gross motor skills between two types of preschools［J］. Perceptual and Motor Skills，2013（1）：253-261.

［32］ Cole P M，Martain S E，Dennis T A. Emotion regulation as a scientific construct：Methodological challenges and directions for child development research［J］. Child Development，2000（2）：317-333.

［33］ Committee on Sports Medicine，Fitness. Intensive training and sports specialization in young athletes［J］. Pediatrics，2000（1）：154-157.

[34] Crain W. Theories of Development：Concepts and Applications[M]. 6th ed. Englewood Cliffs：Prentice Hall Publishers，2010.

[35] Davies P L，Rose J D. Motor skills of typically developing adolescents： Awkwardness or improvement？[J]. Physical & Occupational Therapy in Pediatrics，2000(1)：19-42.

[36] Davis W E，Broadhead G D. Ecological Task Analysis and Movement[M]. Champaign：Human Kinetics，2007.

[37] Davis W E，Burton A W. Ecological task analysis：Translating movement behavior theory into practice[J]. Adapted Physical Activity Quarterly，1991(2)：154-177.

[38] D'Hondt E，Deforche B，Bourdeaudhuij I D，et al. Relationship between motor skill and Body Mass Index in 5- to 10-year-old children[J]. Adapted Physical Activity Quarterly，2009(1)：21-37.

[39] Dodds R M，Syddall H E，Cooper R，et al. O4.17：Grip strength across the life course：Normative data from twelve British studies[J]. European Geriatric Medicine，2014(S1)：77-78.

[40] Doyon J，Gabitov E，Vahdat S，et al. Current issues related to motor sequence learning in humans[J]. Current Opinion in Behavioral Sciences，2018，20：89-97.

[41] Draganski B，Gaser C，Busch V，et al. Changes in grey matter induced by training[J]. Nature，2004，427：311-312.

[42] Duncan P，Badke M. Stroke Rehabilitation：Recovery of Motor Control[M]. Chicago：Year Book Medical Publishers，1987.

[43] Emons J A M. Regulators of growth plate maturation[D]. Leiden：Leiden University，2010.

[44] Ferrari M. Observing the observer：Self-regulation in the observational learning of motor skills[J]. Developmental Review，1996(2)：203-240.

[45] Fischer K W. A theory of cognitive development：The control and construction of hierarchies of skills[J]. Psychological Review，1980(6)：477-531.

[46] Fischer K，Rose S. Growth cycles of brain and mind[J]. Educational Leadership：Journal of the Department of Supervision and Curriculum Development，NEA，1998(3)：56-60.

[47] Fisher A，Reillly J，Kelly L，et al. Fundamental movement skills and habitual physical activity in young children[J]. Medicine & Science in Sports &

Exercise,2005(68):4-8.

[48] Fitts P M. The information capacity of the human motor system in controlling the amplitude of movement[J]. Journal of Experimental Psychology:General,1992(3):262-269.

[49] Fitts P M,Posner M I. Human Performance[M]. Belmont:Brooks/Cole,1967.

[50] Flicker L,Mccaul K A,Hankey G J,et al. Body mass index and survival in men and women aged 70 to 75[J]. Journal of the American Geriatrics Society,2010(2):234-341.

[51] Frick P,Morris A S. Temperament and development pathways to severe conduct problems[J]. Journal of Clinical Child and Adolescent Psychology,2004(1):54-68.

[52] Gafni R I,Baron J. Catch-up growth:Possible mechanisms[J]. Pediatric Nephrology,2000(7):616-619.

[53] Gallahue D L,Ozmun J C. Understanding Motor Development:Infants,Children,Adolescents,Adults[M]. 6th ed. New York:McGraw-Hill,2006.

[54] Gallahue D L,Ozmun J C. Understanding Motor Development:Infants,Children,Adolescents,Adults[M]. 12th ed. New York:McGraw-Hill,2012.

[55] García-Betances R I,Waldmeyer M T A,Fico G,et al. A succinct overview of virtual reality technology use in Alzheimer's disease[J/OL]. (2021-12-01). https://www. docin. com/p-1680902254. html.

[56] Garnefski N,Kraaij V. Relationships between cognitive emotion regulation strategies and depressive symptoms:A comparative study of five specific samples[J]. Personality and Individual Differences,2006(8):1659-1669.

[57] Gentile A M. A Working model of skill acquisition with application to teaching[J]. Quest,1972(1):3-23.

[58] Gentile A M. Movement organization and delayed alternation behavior of monkeys following selective ablation of frontal cortex[J]. Acta Neurobiologiae Experimentalis,1972(2):277-304.

[59] Giedd J N,Blumenthal J,Jeffries N O,et al. Brain development during childhood and adolescence:A longitudinal MRI study[J]. Nature Neuroscience,1999(10):861-863.

［60］ Gross J J, John O P, Srivastava S. Emotion regulation and peer-rated social functioning: A 4-year longitudinal study［J］. Journal of Research in Personality,2012(6):780-784.

［61］ Haibach-Beach P S, Reid G W, Collier D H. Motor Learning and Development［M］. Champaign: Human Kinetics,2011.

［62］ Haywood K, Getchell N. Life Span Motor Development［M］. Champaign: Human Kinetics Publishers,2009.

［63］ Henry J D, Phillips L H, Ruffman T, et al. A Meta-Analytic review of age differences in theory of mind［J］. Psychology and Aging,2013(3):826-839.

［64］ Herbert M. Typical and Atypical Development: From Conception to Adolescence［M］. New York: Wiley-Blackwell,2003.

［65］ Hoeksema S N, Aldao A. Gender and age differences in emotion regulation strategies and their relationship to depressive symptoms［J］. Personality and Individual Differences,2011(6):704-708.

［66］ Hondt E, Deforche B, Debourdeaudhuij I. Relationship between motor skill and Body Mass Index in 5- to 10-year-old children［J］. Adapted Physical Activity Quarterly,2009(26):21-37.

［67］ Hood L. A personal view of molecular technology and how it has changed biology［J］. Journal of Proteome Research,2002(5):399-409.

［68］ Hua J, Duan T, Gu G, et al. Effects of home and education environments on children's motor performance in China［J］. Developmental Medicine and Child Neurology,2016(8):868-876.

［69］ Hua J, Jin H, Gu G, et al. The influence of Chinese one-child family status on developmental coordination disorder status［J］. Research in Developmental Disabilities,2014(11):3089-3095.

［70］ Hubbard R E, Lang I A, Llewellyn D J, et al. Frailty, body mass index, and abdominal obesity in older people［J］. The Journals of Gerontology: Series A,2009(4):377-381.

［71］ James W, Thomas L, Corinne H. Human Development［M］. New York: McGraw-Hill,2007.

［72］ Jeannerod M. Motor Cognition: What Actions Tell the Self［M］. Oxford: Oxford University Press,2006:129-143.

［73］ Jeng Y-J，Young Y-H. Evolution of vestibular disorders in older adults： From young-old to middle-old to oldest-old［J］. Geriatrics & Gerontology International，2020(1)：42-46.

［74］ Jin H，Hua J，Shen J，et al. Status and determinants of motor impairment in preschool children from migrant families in China［J］. Iranian Journal of Pediatrics，2016(5)：e5427.

［75］ John W S. Life-Span Development［M］. 3rd ed. New York：McGraw-Hill，2011.

［76］ Joseph M M. Lifespan development：The effects of typical aging on theory of mind［J］. Behavioural Brain Research，2013，237：32-40.

［77］ Kalaja S，Jaakkola T，Watt A，et al. The associations between seventh grade finnish students' motivational climate，perceived competence，self-determined motivation， and fundamental movement skills ［J］. European Physical Education Review，2009(3)：315-335.

［78］ Kandel E R，Schwartz J H，Jessell T M. Principles of Neural Science［M］. New York：McGraw-Hill，2000.

［79］ Karwowski W，Soares M，Stanton N. Human Factors and Ergonomics in Consumer Product Design：Methods and Techniques［M］. Boca Raton： Taylor & Francis Group，2012.

［80］ Kaufmann L，Koppelstaetter F，Siedentopf C，et al. Neural correlates of the number-size interference task in children［J］. Other，2006(6)：587-591.

［81］ Kayama H，Okamoto K，Nishiguchi S，et al. Effect of a kinect-based exercise game on improving executive cognitive performance in community-dwelling elderly：Case control study［J］. Journal of Medical Internet Research，2014 (2)：e61.

［83］ Kay's S K，Hindmarsh P C. Catch-up growth：An overview［J］. Pediatric Endocrinology Reviews，2006(4)：365-378.

［84］ Kelso J A，Seefeldt V，Haubenstricker J. Patterns，phases，or stages：An analytical model for the study of developmental movement［M］//Savelsbergh G，Wimmers R，Kamp J，et al. The Development of Movement Control and Coordination. New York：John Wiley & Sons，Inc. ，1982：309-318.

［85］ Kolkman M E，Kroesbergen E H，Leseman P P M. Involvement of working memory in longitudinal development of number-magnitude skills［J］. Infant and Child Development,2014(1):36-50.

[86] Kuhl J, Beckman J. Action-Control: From Cognition fo Behavior[M]. Heidelberg:Springer Publishers,1985.

[87] Kvavilashvili L,Cockburn J,Kornbrot D E. Prospective memory and ageing paradox with event-based tasks: A study of young, young-old, and old-old participants[J]. Quarterly Journal of Experimental Psychology,2013(5): 864-875.

[88] Kwon S,O'neill M. Socioeconomic and familial factors associated with gross motor skills among US children aged 3-5 years: The 2012 NHANES National Youth Fitness Survey[J]. International Journal of Environmental Research and Public Health,2020(12):4491.

[89] Langley L K,Friesen C K,Saville A L,et al. Timing of reflexive visuospatial orienting in young,young-old,and old-old adults[J]. Attention,Perception, & Psychophysics,2011(5):1546-1561.

[90] Langton C G. Artificial Life[M]. New York:Andson-Wesley Publishing Company,1995.

[91] Latash M,Shim J K,Shinohara M,et al. Changes in finger coordination and hand function with advanced age[M]//Latash M L,Lestienne F,eds. Motor Control and Learning. Boston:Springer,2006:141-159.

[92] Lenroot R K,Giedd J N. Brain development in children and adolescents: Insights from anatomical magnetic resonance imaging[J]. Neuroscience & Biobehavioral Reviews,2006(6):718-729.

[93] Lindahl L G. Movement analysis as an industrial training method[J]. Journal of Applied Psychology,1945(6):420-436.

[94] Liong G H E, Ridgers N D, Barnett L M. Associations between skill perceptions and young children's actual fundamental movement skills[J]. Perceptual and Motor Skills,2015(2):591-603.

[95] Magill R A. Motor Learning and Control:Concepts and Applications [M]. 8th ed. New York:McGraw-Hill,2007.

[96] Magill R,Anderson D. Motor Learning and Control:Concepts and Applications [M]. 10th ed. New York:McGraw-Hill,2014.

[97] Malina R M,Bouchard C. Growth,Maturation,and Physical Activity[M].

Champaign：Human Kinetics，2004.

［98］ Mao Y，Chen P，Li L，et al. Virtual reality training improves balance function［J］. Virtual Reality Training Improves Balance Function，2014（17）：1628-1634.

［99］ Mccracken H D，Stelmach G E. A test of the schema theory of discrete motor learning［J］. Journal of Motor Behavior，1977（3）：193-201.

［100］ Mccullough D J，Stabley J N，Siemann D W，et al. Modulation of blood flow，hypoxia，and vascular function in orthotopic prostate tumors during exercise［J］. Journal of the National Cancer Institute，2014（4）：dju036.

［101］ Mckenzie T，Sallis J，Rosengard P. Beyond the stucco tower：Design，development，and dissemination of the SPARK Physical Education Programs［J］. Quest，2009（1）：114-127.

［102］ Moliner D，Ruiz J. Associations of muscular and cardiorespiratory with total and central body fat in adolescents：The HELENA Study［J］. British Journal of Sports Medicine，2011（10）：1-8.

［103］ Mooney C G. Theories of Childhood：An Introduction to Dewey，Montessori，Erikson，Piaget & Vygotsky［M］. 2nd ed. Minnesota：Redleaf Press，2013.

［104］ Moran J M. Lifespan development：The effects of typical aging on theory of mind［J］. Behavioural Brain Research，2013，237：32-40.

［105］ Moreno J A，González-Cutre D，Martín-Albo J，et al. Motivation and performance in physical education：An experimental test［J］. Journal of Sports Science & Medicine，2010（1）：79-85.

［106］ Land M F. Do we have an internal model of the outside world？［J］. Philosophical Transactions of the Royal Society B：Biological Sciences，2014（1636）：20130045.

［107］ National Association for Sport and Physical Education. Moving into the Future：National Physical Education Standards［M］. 2nd ed. New York：McGraw-Hill，2004.

［108］ National Association for Sport and Physical Education. Moving into the Future：National Physical Education Standards—A Guide to Content and Assessment［M］. New York：McGraw-Hill，1995.

［109］ Newell K M. Physical constraints to development of motor skills［M］//

Thomas J, ed. Motor Development During Childhood and Adolescence. Minneapolis:Burgess Publishing Company,1984:105-120.

[110] Nickerson R S,Kalikow D N,Stevens K N. Computer-aided speech training for the deaf[J]. The Journal of Speech and Hearing Disorders,1976(1): 120-132.

[111] Nobre F S S, Valentini N C, Rusidill M E. Applying the bioecological theory to the study of fundamental motor skills[J]. Physical Education and Sport Pedagogy,2020(1):29-48.

[112] O'rourke N,Cappeliez P,Claxton A. Functions of reminiscence and the psychological well-being of young-old and older adults over time[J]. Aging & Mental Health,2011(2):272-281.

[113] Okely A D,Chey T. Relationships between body composition and fundamental movement skills among children and adolescents[J]. Research Quarterly for Exercise and Sport,2004(2):38-47.

[114] Pang J. A comparative biomechanical analysis of independent finger movement:Between skilled and unskilled chopsticks users[D]. Lowell: University of Massachusetts Lowell,2012.

[115] Payne V, Isaacs L. Human Motor Development:A Lifespan Approach[M]. 8th ed. New York:McGraw-Hill,2012.

[116] Penney D. Gender and Physical Education:Contemporary Issues and Future Directions[M]. London and New York:Routledge,2002.

[117] Purdie V, Downey G. Rejection sensitivity and adolescent girls' vulnerability to relationship-centered difficulties[J]. Child Maltreatment, 2000(4):338-349.

[118] Ranganathan V K,Siemionow V,Sahgal V,et al. Skilled finger movement exercise improves hand function[J]. The Journals of Gerontology:Series A,2001(8):518-522.

[119] Rivera S M,Reiss A L,Eckert M A,et al. Developmental changes in mental arithmetic: Evidence for increased functional specialization in the left inferior parietal cortex[J]. Cerebral Cortex,2005(11):1779-1790.

[120] Robert M M,Claude B. Growth,Maturation and Physical Activity[M]. 2nd ed. Champaign:Human Kinetics,2004.

［121］Robert S. Personal Space. The Behavioral Basis of Design［M］. Englewood Cliffs：Prentice-Hall，1969.

［122］Roberton M A，Williams K，Langendorfer S. Pre-longitudinal screening of motor development sequences［J］. Research Quarterly for Exercise and Sport，1980(4)：724-731.

［123］Roemmich J N，Sinning W E. Sport-seasonal changes in body composition，growth，power and strength of adolescent wrestlers［J］. International Journal of Sports Medicine，1996(2)：92-99.

［124］Rogol A D，C Lark P，Roemmich J N. Growth and pubertal development in children and adolescents：Effects of diet and physical activity［J］. American Journal of Clinical Nutrition，2000(2)：521-528.

［125］Rogol A D，Roemmich J N，Clark P A. Growth at puberty［J］. Journal of Adolescent Health，2002(6)：192-200.

［126］Santrock J W. Life-span Development［M］. 13th ed. New York：McGraw Hill，2011.

［127］Schmid A A，Van Puymbroeck M，Koceja D M. Effect of a 12-week yoga intervention on fear of falling and balance in older adults：A pilot study［J］. Archives of Physical Medicine and Rehabilitation，2010(4)：576-583.

［128］Schmidt R A，Lee T D. Motor Control and Learning：A Behavioral Emphasis［M］. Champaign：Human Kinetics，1999.

［129］Schmidt R A，Lee T D. Motor Learning and Performance［M］. 5th ed. Champaign：Human kinetics，2013.

［130］Schmidt R A，Mcgown C. Terminal accuracy of unexpectedly loaded rapid movements［J］. Journal of Motor Behavior，1980(2)：149-161.

［131］Schmidt R A，Wrisberg C A. Motor Learning and Performance［M］. Champaign：Human Kinetics，2000.

［132］Schmidt R A，Zelaznik H，Hawkins B，et al. Motor-output variability：A theory for the accuracy of rapid motor acts［J］. Psychological Review，1979(5)：415-451.

［133］Schmidt R A. A schema theory of discrete motor skill learning［J］. Psychological Review，1975(4)：225-260.

［134］Scope & sequence：Early childhood through high school［EB/OL］. ［2021-

12-01]. https://sparkpe. org/scope-sequence.

[135] Shape America-Society of Health and Physical Educators. National Standards & Grade-Level Outcomes for K-12 Physical Education[M]. Champaign:Human Kinetics,2014.

[136] Shea C H,Kohl R,Indermill C. Contextual interference:Contributions of practice[J]. Acta Psychol,1990(2):145-157.

[137] Shea C H,Qin Lai,Wright D L,et al. Consistent and variable practice conditions:Effects on relative and absolute timing[J]. Journal of Motor Behavior,2001(2):139-152.

[138] Shea J B,Morgan R L. Contextual interference effects on the acquisition, retention,and transfer of a motor skill [J]. Journal of Experimental Psychology:Human Learning and Memory,1979(2):179-187.

[139] Shebilskem W L,Regian J W,Arthur W,et al. A dyadic protocol for training complex skills[J]. Human Factors,1992(3):369-374.

[140] Sherrington C,Michaleff Z A,Fairhall N,et al. Exercise to prevent falls in older adults:An updated systematic review and Meta-Analysis[J]. British Journal of Sports Medicine,2017(24):1750-1758.

[141] Sherwood D E. Hand preference,practice order,and spatial assimilations in rapid bimanual movement [J]. Journal of Motor Behavior, 1994 (2): 123-134.

[142] Siervo M, Harrison S L, Jagger C, et al. Metabolic syndrome and longitudinal changes in cognitive function:A systematic review and Meta-Analysis[J]. Journal of Alzheimer's Disease,2014(4):151-161.

[143] Silk J S,Steinberg L,Morris A S. Adolescents'emotion regulation in daily life: Links to depressive symptoms and problem behavior [J]. Child Development,2003(6):1869-1880.

[144] Singh-Manoux A,Kivimaki M,Glymour M M,et al. Timing of onset of cognitive decline:Results from Whitehall Ⅱ prospective cohort study[J]. BMJ,2012,344:d7622.

[145] Sugden D, Wade M. Typical and Atypical Motor Development [M]. London:Mac Keith Press,2013.

[146] Tanner S M. Weighing the risks, strength training for children and

adolescents[J]. Physician & Sports Medicine,1992(6):104-106,114,116.

[147] Thelen E, Ulrich B D. Hidden skills: A dynamic systems analysis of treadmill stepping during the first year[J]. Monographs of the Society for Research in Child Development,1991(1):1-98; discussion 9-104.

[148] Thomas J R, Lee A M, Thomas K T. Physical Education for Children: Concepts into Practice[M]. Champaign:Human Kinetics,1988.

[149] Thomas J R. Motor Development During Children and Adolescence[M]. Minneapolis:Burgess Publishing Company,1984.

[150] Thomas K T, Thomas J R. Principles of motor development for elementary school physical education[J]. Elementary School Journal,2008(3):181-195.

[151] Valentini N C,Logan S W,Spessato B C,et al. Fundamental motor skills across childhood: Age,sex,and competence outcomes of Brazilian children [J]. Journal of Motor Learning and Development,2016(1):16-36.

[152] Vallence A-M,Hebert J,Jespersen E,et al. Childhood motor performance is increased by participation in organized sport:The CHAMPS Study-DK[J]. Scientific Reports,2019(1):1-8.

[153] Vander L D W,Cauraugh l H,Greene T A. The effect of frequency of kinetic feedback on learning an isometric force production task in nondisabled subjects[J]. Physical Therapy,1993(2):79-87.

[154] Wadsworth B J. Piaget's Theory of Cognitive and Affective Development [M]. 5th ed. New York: Longman Publishers,2004.

[155] Wallis C. What makes teens tick[J]. Time,2004(19):56-62,65.

[156] Wang S-J,Xu D-Q,Su L-N,et al. Effect of long-term exercise training on static postural control in older adults:A cross-sectional study[J]. Research in Sports Medicine,2020(4):553-562.

[157] Whitall J. Introduction to human motor development [Z]. The 2009 International Forum and Teacher's Workshop on Motor Behavior,Physical Education and Health Promotion Throughout the Lifespan,2009:18-28.

[158] Wightman D C,Lintern G. Part-task training for tracking and manual control[J]. Human Factors,1985(3):267-283.

[159] Williams J P. Catch-up growth [J]. Journal of Embryology and Experimental Morphology,1981,65(Suppl):89-101.

［160］Woodworth R S. Experimental Psychology［M］. New York：Henry Holt,1938.

［161］Wulf G,Shea C H,Whitacre C A. Physical-guidance benefits in learning a complex motor skill［J］. Journal of Motor Behavior,1998(4):367-380.

［162］Wulf G,Weigelt C. Instructions about physical principles in learning a complex motor skill:to tell or not to tell...［J］. Research Quarterly for Exercise and Sport,1997(4):362-367.

［163］Wulf G. Self-controlled practice enhances motor learning:Implications for physiotherapy［J］. Physiotherapy,2007(2):96-101.

［164］Yoshimura K,Yamad Ma,Kajiwara Y,et al. Relationship between depression and risk of malnutrition among community-dwelling young-old and old-old elderly people［J］. Aging & Mental Health,2013(4):456-460.

［165］Zeng N,Johnson S L,Boles R E,et al. Social-ecological correlates of fundamental movement skills in young children［J］. Journal of Sport and Health Science,2019(2):122-129.

中文文献

［1］Anne Shumway-Cook,Marjorie H. Woollacott. 运动控制原理与实践（第3版）［M］. 毕胜,燕铁斌,王宁华,主译. 北京:人民卫生出版社,2009.

［2］埃尔温·薛定谔. 生命是什么［M］. 仇万煜,左兰芬,译. 海口:海南出版社,2017.

［3］艾米莉·李,向平,潘绍伟,等. 小学体育教法学——动作和学习:面向未来的小学体育课程［M］. 北京:教育科学出版社,2015.

［4］艾亚婷,胡慧,王凌,等. 武汉市老年人认知功能现状及危险因素［J］. 中国老年学杂志,2019(10):2507-2510.

［5］包力,沈丽琴. 2012—2017年儿童青少年近视患者近视年平均增长度数分析［J］. 预防医学情报杂志,2018(8):1100-1104.

［6］保志军. 衰弱的防治:中国健康老龄化面临的挑战和机遇［J］. 老年医学与保健,2020(4):511-512.

［7］陈乐琴,杨泽丽,刘晓军. 中老年人身体成分特征与其骨矿含量的关系研究［J］. 北京体育大学学报,2010(11):67-70.

[8] 陈敏,林轶凡,孙建琴,等.老年人随年龄增加肌肉衰减变化特点研究[J].肠外与肠内营养,2012(5):263-266.

[9] 陈月文,胡碧颖,李克建.幼儿园户外活动质量与儿童动作发展的关系[J].学前教育研究,2013(4):25-32.

[10] 陈占峰.6—12岁儿童踢定位球动作发展特征研究:以河北师范大学附属小学为例[D].石家庄:河北师范大学,2015.

[11] 池德壮.北京市育新小区60—70岁老年人体质调查与研究[D].北京:北京体育大学,2013.

[12] 从茜.每一天都是最好的生活:杨绛传[M].武汉:华中科技大学出版社,2016.

[13] 戴清华,李靖,陈启平.足球运动视觉训练探析[J].安徽师范大学学报(自然科学版),2009(4):400-403.

[14] 邓欣媚,王瑞安,桑标.情绪调节的发展及其与情绪体验、情绪能力、情绪调节态度的关系[J].心理科学,2011(6):1345-1352.

[15] 迪特里希·哈雷.训练学:运动训练的理论与方法学导论[M].蔡俊五,郑再新,译.北京:人民体育出版社,1985.

[16] 刁玉翠,董翠香,李静.4—9岁儿童基本运动技能与其自我知觉的关系研究[J].天津体育学院学报,2017(4):326-331.

[17] 刁玉翠.3—10岁儿童基本动作技能发展比较研究[J].中国体育科技,2013(3):129-132.

[18] 董洁.广州城区60岁以上老人认知功能特点及正常老人认知功能变化特征的随访研究[D].广州:广州医科大学,2017.

[19] 杜鹏飞.太原市城区老年人身体形态、机能的现状研究及对策[D].太原:太原理工大学,2008.

[20] 段好阳,闫兆红,刘福迁,等.动态平衡训练仪中的视觉反馈任务导向性训练对脑卒中后倾斜综合征的影响[J].中华物理医学与康复杂志,2017(9):674-676.

[21] 樊江波.从"视—动协调"分析体育教学内容的选择:以凌空踢球动作为例[J].体育教学,2011(5):29-31.

[22] 樊泽民,刘芳丽,刘立京,等.中国综合防控儿童青少年近视行动方兴未艾[J].中国学校卫生,2019(12):1767-1770.

[23] 房红芸,郭齐雅,琚腊红,等.2010—2013年中国15—49岁育龄妇女体重认知

及控制状况[J].卫生研究,2019(6):888-891,944.

[24] 菲尔·佩治,克莱尔·C.弗兰克,罗伯特·拉德纳.肌肉失衡的评估与治疗：杨达治疗法[M].焦颖,主译.北京:人民体育出版社,2016.

[25] 费尔德曼.发展心理学：一生的发展（第 3 版）[M].北京:北京大学出版社,2006.

[26] 冯晓念.动作发展视角下老年人动作技能的增龄变化及影响机制[J].中国老年学杂志,2020(19):4248-4252.

[27] 福禄培尔.人的教育[M].孙祖复,译.北京:人民教育出版社,2012.

[28] Greg Payne,耿培新,梁国立.人类动作发展概论[M].北京:人民教育出版社,2008.

[29] 高军,陈佳印.让老年人做到老而少病、病而不残、残而不废：全国政协委员、北京医院党委书记王建业谈老年医疗和健康事业发展[J].首都食品与医药,2016(13):37.

[30] 高留红,张予南,谢建中.对体操的再认识[J].北京体育大学学报,2009(5):117-123.

[31] 高青,刘懿卿,叶茜雯,等.辽宁省四至六年级小学生近视现况及其影响因素[J].中国学校卫生,2020(6):929-931.

[32] 高天.传统综合训练与智能化多维视觉训练对屈光不正性弱视的疗效对比及其影响因素研究[J].眼科新进展,2014(11):1059-1061.

[33] 葛詹尼加,等.认知神经科学：关于心智的生物学[M].周晓林,高定国,译.北京:中国轻工业出版社,2011.

[34] 耿博,冯翰超,张健,等.基于镜像视觉反馈的康复训练治疗老年脑卒中偏瘫患者疗效研究[J].康复学报,2020(4):270-274.

[35] 耿培新,陈珂琦.体育与健康（七年级）[M].北京:人民教育出版社,2013.

[36] 耿培新,梁国立.美国学校体育国家标准研究[M].北京:人民教育出版社,2007.

[37] 郭建军."运动是营养"及对青少年体育的启示[C].2016 年儿童少年动作发展与身体活动促进国际论坛,2016:112-147.

[38] 郭雷,才娜,郭秀荣.双眼视觉训练对屈光不正及屈光参差性弱视的疗效观察[J].眼科新进展,2008(11):847-849.

[39] 何珊茹,马佳,静进.青春期女性心理行为问题表现特征分析[J].中国妇幼保健,2005(13):1669-1671.

[40] 何玉霞.对儿童进行视觉综合干预对预防其发生近视的效果分析[J].当代医药论丛,2019(10):109-110.

[41] 侯慧磊,刘习方,田素斋,等.步态平衡训练对老年人平衡功能、神经功能及抗跌倒风险的影响[J].河北医药,2020(8):1227-1230.

[42] 胡名霞.动作控制与动作学习[M].北京:人民卫生出版社,2017.

[43] 胡蓉,戴曦,王素英,等.社区61—80岁老年人健康体适能的人群分布特点研究[J].全科护理,2020(21):2766-2769.

[44] 黄麟雏.《道德经》系统思想探讨[J].系统辩证学学报,1994(3):19-25.

[45] 黄永飞,王兴泽.动作发展视野下学校武术课程设置研究[J].北京体育大学学报,2016(6):102-109.

[46] 黄志剑,邵国华.不同类型运动技能保持特征的比较研究[J].体育科学,2008(9):66-69,79.

[47] 霍斯特·韦恩.青少年足球运动员培养训练宝典[M].陈柳,译.北京:人民邮电出版社,2016:14-17.

[48] 吉姆·加兰.少年足球训练圣经[M].马东芳,译.北京:人民邮电出版社,2016.

[49] 纪之光.高认知要求运动改善老年人抑制功能的特征及其机制[D].上海:上海体育学院,2018.

[50] 季浏.我国《普通高中体育与健康课程标准(2017年版)》解读[J].体育科学,2018(2):3-20.

[51] 贾齐,李捷.运动学习:认识世界的一种方式——身与心如何走向统一[J].体育与科学,2003(4):36-39,48.

[52] 姜春平,张成刚.动作概念学习对运动技能保持作用的研究:以太极拳学习为例[J].哈尔滨体育学院学报,2008(1):140-141,144.

[53] 姜媛,白学军,沈德立.中小学生情绪调节策略的发展特点[J].心理科学,2008(6):1308-1312.

[54] 金军辉.动作发展视角下U12—14乒乓球课程设置研究及案例教学分析[D].赣州:赣南师范大学,2018.

[55] Kathleen Haywood,Nancy Getchell.动作发展:终身观点[M].杨梓楣,陈重佑,等译.台北:禾枫书局,2016:5-17.

[56] 卡尔,谢菲尔德.神经康复:优化运动技能(第2版)[M].王宁华,黄真,主译.北京:北京大学医学出版社,2015.

［57］库克.动作:功能动作训练体系［M］.张英波,梁林,赵洪波,译.北京:北京体育大学出版社,2011.

［58］雷内·托姆.结构稳定性与形态发生学［M］.成都:四川教育出版社,1992.

［59］李德明,陈天勇.认知年老化和老年心理健康［J］.心理科学进展,2006(4):560-564.

［60］李恒威,肖家燕.认知的具身观［J］.自然辩证法通讯,2006(1):29-34,110.

［61］李慧.健康中国建设背景下老年人体育需求凸显研究［J］.山东体育学院学报,2020(3):48-53.

［62］李梦晓,冯丽娟,张福蓉,等.镜像视觉反馈疗法在康复训练中的研究进展［J］.中国康复理论与实践,2017(12):1403-1406.

［63］李莎.运动类型与强度对老年人注意选择功能的影响［D］.上海:上海体育学院,2020.

［64］李韶辉,盛佑祥,杨万章,等.视觉反馈结合减重平板步行训练对急性脑卒中患者运动功能的影响［J］.中华物理医学与康复杂志,2007(9):621-622.

［65］李诗芬.老年人运动功能训练方法的实施及其影响的研究［D］.北京:北京体育大学,2012.

［66］李士勇,田新华.非线性科学与复杂性科学［M］.哈尔滨:哈尔滨工业大学出版社,2006.

［67］李喜太,李志芳,李志敏.生命信息［M］.北京:科学技术文献出版社,2012.

［68］李晓静,孙海兰,刘利.体操训练中动作技能学习问题的探讨［J］.北京体育大学学报,2000(2):278-279,282.

［69］李晓娜.太极拳运动对60—69岁老年人身体素质影响的研究［D］.济南:山东体育学院,2011.

［70］李郁,潘婷婷,赵军,等.70岁以上老年人心率和心率变异性分析［J］.心脑血管病防治,2009(6):429-431.

［71］梁国立.教法学及其地位和意义［J］.教育研究,2012(10):141-147.

［72］林琬生,侯启春,吴南屏,等.儿童身高生长追踪研究［J］.人类学学报,2000(2):97-107.

［73］刘华,李洋,郭修兰,等.运动表象训练对运动员视觉表象和运动觉表象的短时和长期效应［J］.中国运动医学杂志,2017(8):706-711.

［74］刘瑾彦,陈佩杰,牛战斌,等.不同运动项目对老年人认知能力的影响［J］.上海体育学院学报,2016(3):91-94.

[75] 刘隆炎.孕妇与娱乐运动[J].家庭医学,1996(24):5.

[76] 刘文俐.我国老年心理研究概况[J].中国老年保健医学,2008(6):34-36.

[77] 刘霞,王兴泽.动作发展视野下初中阶段篮球教学实验研究:动作发展山峰模式与传统单元模式篮球教学比较研究[J].赣南师范学院学报,2015(6):1-5.

[78] 刘莹莹.山东省3—6岁幼儿大肌肉动作发展特征研究[J].山东体育科技,2018(3):57-61.

[79] 刘云.岳阳市岳阳楼区65岁以上老年期痴呆患病率及危险因素的调查[D].衡阳:南华大学,2017.

[80] 刘展.儿童青少年动作和运动技能以及运动能力评价的理论和方法[Z].北京:2016年儿童少年动作发展与身体活动促进国际论坛,2016:10-66.

[81] 刘展.基本动作发展模式[Z].北京:2016年儿童少年动作发展与身体活动促进国际论坛,2016:1-47.

[82] 刘展.人体动作模式和运动链的理念在运动损伤防护和康复中的应用[J].成都体育学院学报,2016(6):1-11.

[83] 刘长辉,魏栋栋,梁玲.配戴减少周边远视离焦眼镜对近视儿童眼部参数的影响[J].国际眼科杂志,2019(5):878-880.

[84] 柳倩,曾睿.3—5岁儿童动作发展及其与早期认知、学习品质的关系研究[J].全球教育展望,2018(5):94-112.

[85] 卢梭.爱弥儿[M].彭正梅,译.上海:上海人民出版社,2014.

[86] 陆作生,赵修涵,谭丽.视觉训练:防控儿童青少年视力低下的方法及应用[J].上海体育学院学报,2020(8):27-32.

[87] 罗宾·S.维莱,梅利莎·A.蔡斯.青少年体育运动指导与实践(修订版)[M].徐建方,王雄,译.北京:人民邮电出版社,2020.

[88] 洛勇平.人体生物节律浅谈[J].东疆学刊,1991(2):12.

[89] 吕俊.70—79岁老年人体质测评指标的筛选[D].成都:成都体育学院,2018.

[90] 马瑞,沈建华,王改芳.美国"幼小衔接"动作技能学习对我国学前运动教育的启示[J].体育学刊,2020(4):121-126.

[91] 马伟娜,朱蓓蓓.自动情绪调节策略对焦虑个体负性情绪的作用[J].中国临床心理学杂志,2012(4):510-513.

[92] 马雅军,李晓东,胡志灏,等.老年人认知功能和跌倒的关系研究[J].中国全科医学,2019(15):1784-1788.

[93] 蔄茂强,宋顺鹏,Peter M. Elias. 老年人皮肤生物物理特性的改变及其意义[J]. 中国皮肤性病学杂志,2010(6):570-572.

[94] 毛荣华. Brain HQ 视觉训练对脑卒中患者认知功能的影响[D]. 唐山:华北理工大学,2016.

[95] 米歇尔·德·哈恩,马克·H.约翰逊. 人类发展的认知神经科学[M]. 刘一,李红,译. 杭州:浙江教育出版社,2017.

[96] 苗东升. 复杂性科学研究[M]. 北京:中国书籍出版社,2013.

[97] 苗东升. 系统科学概览[M]. 北京:中国书籍出版社,2018.

[98] Michael S. Gazzaniga,Richard B. Ivry,George R. Mangund. 认知神经科学:关于心智的生物学[M]. 周晓林,高定国,等译. 北京:中国轻工业出版社,2011:247-255.

[99] 摩谢·费登奎斯. 动中觉察[M]. 若宇,曹晓东,郭建江,译. 北京:北京科学技术出版社,2019:150-160.

[100] 聂晶. 复杂系统控制内隐学习范式的特点研究[J]. 心理科学,2007(3):647-649.

[101] 潘泰陶. 7—12 岁儿童动作协调能力性别差异的研究[J]. 中国体育科技,2002(11):15-17.

[102] 钱建龙. 对动作教育的若干思考[J]. 体育学刊,2007(1):82-84.

[103] 乔玉成. 进化·退化:人类体质的演变及其成因分析:体质人类学视角[J]. 体育科学,2011(6):87-97.

[104] 琼·利特菲尔德·库克,格雷格·库克. 儿童发展心理学[M]. 和静,张益菲,译. 北京:中信出版社,2020.

[105] 仇乃民. 竞技能力非线性系统理论与方法[M]. 北京:北京体育大学出版社,2016.

[106] Richard A. Magil. 运动技能学习与控制[M]. 张忠秋,等译. 北京:中国轻工业出版社,2006.

[107] 阮佳杰. 合肥市 70 岁以上老年人体质状况增龄变化研究[D]. 苏州:苏州大学,2019.

[108] 沙洁. 16 周水中太极和陆上太极练习对 60—75 岁老年人平衡能力的效果比较[D]. 上海:上海体育学院,2020.

[109] 邵志南,周谋琴. 以"踢毽子"动作发展为例分析教学内容的选择[C]. 中国教育学会,中国中学生体育协会. 首届全国中小学体育教学改革北京论坛论文

集,2011:101-104.

[110] 佘振苏,倪志勇.人体复杂系统科学探索[M].北京:科学出版社,2012.

[111] 佘振苏.复杂系统学新框架:融合量子与道的知识体系[M].北京:科学出版社,2012.

[112] 施良方.学习论[M].北京:人民教育出版社,2001.

[113] 斯特兰·奥尔松.深层学习:心智如何超越经验[M].赵庆柏,唐云,陈石,等译.北京:机械工业出版社,2017.

[114] 孙亚.社会参与、孤独感与老年人主观幸福感的关系研究[D].济南:山东大学,2019.

[115] 唐纳·科克,库尔特·W.费希尔,杰拉尔丁·道森.人类行为、学习和脑发展:典型发展[M].宋伟,梁丹丹,主译.北京:教育科学出版社,2013.

[116] 田麦久,刘大庆.运动训练学[M].北京:人民体育出版社,2012.

[117] 田麦久.论运动训练过程[M].成都:四川教育出版社,1988.

[118] 佟伟.舞蹈基础训练中的视觉动作跟踪分解方法[J].现代电子技术,2018(13):70-73.

[119] 童甜甜,陈美媛,徐勤萍,等.幼儿基本动作技能发展影响因素的研究进展:基于社会生态学模型的视角[J].北京体育大学学报,2020(5):66-76.

[120] 托马斯·赖利,A.马克·威廉姆斯.足球与科学(第2版)[M].曹晓东,译.北京:人民体育出版社,2011.

[121] 宛小昂.人类路径整合的现象与机制[M].杭州:浙江大学出版社,2016.

[122] 王东宇,王丽芬.影响中学留守孩心理健康的家庭因素研究[J].心理科学,2005(2):477-479.

[123] 王建业.很多"病"其实不是病,就是老了[J].老年人,2020(1):59.

[124] 王丽霞.3—11岁儿童击打高远球动作发展特征研究[D].石家庄:河北师范大学,2014.

[125] 王璐静.规律的运动锻炼对老年人手部精细动作能力影响的研究[D].天津:天津体育学院,2020.

[126] 王美丽.北京市城区妊娠妇女体育活动状况研究[D].北京:北京体育大学,2008.

[127] 王鹏,王继艳.体育教育学哲学基础探寻:从"现象学"到"具身化"的身心观[J].体育学刊,2019(4):81-87.

[128] 王瑞元,苏全生.运动生理学[M].北京:人民体育出版社,2012.

[129] 王树明.运动技能学习与控制[M].北京:高等教育出版社,2018.

[130] 王穗苹.动作技能学习的迁移研究[J].华南师范大学学报(社会科学版),1997(6):65-70.

[131] 王兴泽,黄永飞,谢东北,等.动作发展序列理论及体育教学案例分析[J].北京体育大学学报,2014(3):98-106.

[132] 王兴泽,黄永飞,谢东北,等.小学生个体(U6—11)动作发展与运动技能学习目标研究[J].课程·教材·教法,2015(7):94-100.

[133] 王兴泽,易清.个体化运动健康行为 AI 辅助干预关键技术研究(2021 年度报告)[R].上海体育学院,中国科学院深圳先进技术研究院,2021.

[134] 王兴泽.U12—14 阶段动作发展特征及武术运动技能案例教学分析[J].北京体育大学学报,2015(9):101-110.

[135] 王兴泽.人类动作发展视野下的体育与健康课程标准研究[M].北京:北京体育大学出版社,2017.

[136] 王兴泽.踢毽子动作发展序列特征研究及案例教学分析[J].北京体育大学学报,2016(11):89-96,118.

[137] 王学民.老年皮肤的特点及其护理[J].实用老年医学,2004(6):283-286.

[138] 威廉·J.霍耶,保罗·A.路丁.成人发展与老龄化(第 5 版)[M].黄辛隐,等译.南京:江苏教育出版社,2008.

[139] 沃建中,刘彩梅,曹凌雁.中学生情绪调节能力的发展特点[J].中国临床康复,2005(20):240-242.

[140] 吴浩东.开放与闭锁运动锻炼老年人视空间工作记忆不同成分的差异研究[D].上海:上海体育学院,2020.

[141] 吴家睿.后基因组时代的思考[M].上海:上海科学技术出版社,2007.

[142] 吴捷.城市低龄老年人的需要、社会支持和心理健康关系的研究[D].天津:南开大学,2010.

[143] 吴敏,李士雪,Ning Jackie Zhang,等.济南市 65 岁以上老年人精神健康状况影响因素研究[J].山东大学学报(医学版),2011(1):120-123.

[144] 吴明寿,王威,孙君毅,等.基于虚拟现实的老年人平衡能力训练系统[J].电子测量技术,2019(21):163-168.

[145] 肖志刚,邓姿峰.角膜塑形镜对青少年儿童近视的矫正效果及对角膜形态和屈光度的影响[J].国际眼科杂志,2018(10):1934-1936.

[146] 辛飞,蔡玉军,施铭炘,等.澳门 6—10 岁儿童基本动作技能与身体活动的关

系[J].体育学刊,2019(4):129-134.

[147] 徐济达,敖淑清,王杏英,等.青春期身高的追踪观察[J].中国学校卫生,1998(3):201-202.

[148] 徐茂云,卢兆桐,刘世君.虚拟现实技术在医学中的应用进展[J].实用医药杂志,2007(11):1379-1381.

[149] 闫林,徐莹莹.老龄化背景下 60—69 岁老年人体质特征研究:以安徽省为例[J].石家庄学院学报,2019(3):117-123.

[150] 杨涵深,游振磊.义务教育"大班额":现状、问题与消减对策[J].教育学术月刊,2019(12):57-64.

[151] 杨叶红,王树明.动作技能学习神经生理机制研究[J].武汉体育学院学报,2018(8):85-89.

[152] 杨永录,卜舒,陈冰.老年人体温调节的研究进展[J].成都医学院学报,2013(5):624-628.

[153] 姚君弘.痛证等常见病症的病因与手法治疗:关节肌肉的失衡与矫正[M].北京:北京科学技术出版社,2007.

[154] 姚万祥.运动技能学习与控制讲座资料[Z].北京:北京体育大学科技大讲堂,2016.

[155] 殷治国,王林,范运祥.身体认知论视野下的运动学习实践[J].成都体育学院学报,2018(3):81-7.

[156] 尹晓峰,刘志民,郭莹.运动领域中复杂性表达的应用与展望[J].体育学刊,2016(1):97-103.

[157] 于素梅."乐动会"体育课堂教学评价体系研究[J].体育学刊,2018(4):87-92.

[158] 于素梅.一体化体育课程的旨趣与建构[J].教育研究,2019(12):51-58.

[159] 余震球.维果茨基教育论著选[M].北京:人民教育出版社,2005.

[160] 约翰·H.霍兰.隐秩序:适应性造就复杂性[M].上海:上海科学技术出版社,2019.

[161] 湛垦华,沈小峰,等.普利高津与耗散结构理论[M].西安:陕西科学技术出版社,1998.

[162] 张陈平.运动与老年人嗅觉衰退的关系研究[D].上海:上海体育学院,2019.

[163] 张诚,王兴泽.动作学习视野下校园足球课程设置及案例教学分析[J].北京体育大学学报,2017(5):73-80.

[164] 张春燕.青少年身体素质敏感期及锻炼方法[J].中国青年政治学院学报,2014(5):68-70.

[165] 张慧芳.我国老年人群认知功能及其影响因素研究[D].北京:中国疾病预防控制中心,2012.

[166] 张敏,林宇驰,蒋平,等.视知觉训练治疗对弱视儿童视觉表征和双眼视功能的影响[J].国际眼科杂志,2019(9):1629-1632.

[167] 张秀丽,张威,刘改成.少年儿童身体运动功能训练[M].北京:科学出版社,2018.

[168] 张英波,夏忠梁.动作学习与控制[M].北京:北京科学技术出版社,2019.

[169] 张英波.动作学习与控制[M].北京:北京体育大学出版社,2003.

[170] 张勇.网球锻炼对广州市天河区60—69岁老年人平衡能力影响的实验研究[D].广州:广州体育学院,2018.

[171] 章建成.运动技能学[M].北京:高等教育出版社,2018.

[172] 章丽平.功能性练习对原发性高血压老年患者干预的实验研究[D].赣州:赣南师范大学,2019.

[173] 赵王芳.老年人手部精细动作控制能力研究进展[J].中国老年学杂志,2012(15):3348-3349.

[174] 中华人民共和国教育部.3—6岁儿童学习与发展指南[M].北京:首都师范大学出版社,2012.

[175] 中央教育科学研究所比较教育研究室.人的发展[M].北京:教育科学出版社,1999.

[176] 周晶,赵焰,魏蒙.八段锦对老年人平衡能力、跌倒风险及下肢表面肌电图的影响研究[J].时珍国医国药,2020(1):124-126.

[177] 周乐,高强,Bernard Andrieu."从生成到涌现:生命体意识的身体知觉"译与析(英文)[J].成都体育学院学报,2019(3):7-16.

[178] 周喆啸,孟欢欢,赵焕彬,等.功能性训练促进5—6岁幼儿粗大动作发展的实证研究[J].成都体育学院学报,2016(5):16-22.

[179] 朱美红,王晶,顾旭东,等.视觉反馈训练对脑卒中患者日常生活活动能力的影响[J].中华护理杂志,2015(5):577-581.

[180] 朱为模.运动抗癌的过去、现在与未来[J].成都体育学院学报,2021(2):1-8.

后　记

2008年9月10日，在北京西单新华书店的教育学图书区域，我看到教书架上有一本《人类动作发展概论》。这是我首次接触"动作发展"一词。随即，从网上查阅动作发展相关新闻、报道、资料等信息，发现天津体育学院于2009年10月20—25日举办"2009动作行为、体育教学与终身健康促进国际论坛"，果断报名参加，得以学习动作发展的相关知识、理论、实践等。从此，动作发展植入了我的大脑并渗透到我的教学、训练等工作环境中。

随着工作岗位的调整，我从赣南师范大学来到上海体育学院，又转到湖州师范学院，尽管工作几经变动，但我对动作发展的研究热情丝毫未减，目前研究的是老年大时间尺度动作发展。无论研究哪一个年龄段，都和动作相关（动作发展、动作学习、动作控制、动作纲要、动作筛查、动作模式等），都是我喜欢的内容。

回顾过去十几年的求学和科研生涯，我感到自己非常幸运。首先，感谢梁国立先生和刘展先生的指导。其次，感谢赣南师范大学、上海体育学院、湖州师范学院在生活、学习、工作、科研方便提供诸多便利。再次，感谢我的学生们（肖全根、金军辉、章丽平、袁浩、贾君强、钟滔、张威等）和我讨论动作发展、动作学习相关内容，促进我积极思考，贾君强同学还帮忙校对了书稿。最后，感谢浙江大学出版社的支持，感谢家人的理解与支持！

王兴泽

2021年12月31日